首都科技创新
调研报告

SHOUDU KEJICHUANGXIN DIAOYAN BAOGAO

丁辉　申建军　主编

图书在版编目（CIP）数据

首都科技创新调研报告/丁辉，申建军主编 . —北京：经济管理出版社，2016.12
ISBN 978-7-5096-4282-5

Ⅰ.①首… Ⅱ.①丁…②申… Ⅲ.①技术革新—研究报告—北京市 Ⅳ.①F124.3

中国版本图书馆 CIP 数据核字（2016）第 047454 号

组稿编辑：陆雅丽
责任编辑：杜　菲
责任印制：黄章平
责任校对：张　青

出版发行：经济管理出版社
（北京市海淀区北蜂窝 8 号中雅大厦 A 座 11 层　100038）
网　　址：www.E-mp.com.cn
电　　话：（010）51915602
印　　刷：北京玺诚印务有限公司
经　　销：新华书店
开　　本：720mm×1000mm/16
印　　张：21.75
字　　数：348 千字
版　　次：2017 年 1 月第 1 版　2017 年 1 月第 1 次印刷
书　　号：ISBN 978-7-5096-4282-5
定　　价：88.00 元

·版权所有　翻印必究·

凡购本社图书，如有印装错误，由本社读者服务部负责调换。
联系地址：北京阜外月坛北小街 2 号
电话：（010）68022974　邮编：100836

《首都科技创新调研报告》编委会

总顾问

熊大新　傅惠民　闫仲秋

（以下按姓氏笔画排序）

主　编

丁　辉　申建军

副主编

王　立　王海芸　卢晓明　阮培颖　陈　昕　苗立峰
胡新生　郭德富　郭文莉　焦志忠

编　委

于　洪　王　新　李成龙　吴长林　张钰凤　周宇超
赵莉楠　陶晓丽　黎　凡

序　言

2016年5月30日，习近平总书记在全国科技创新大会、两院院士大会、中国科协第九次全国代表大会上指出："纵观人类发展历史，创新始终是一个国家、一个民族发展的重要力量，也始终是推动人类社会进步的重要力量。"当前，从全球范围看，科学技术越来越成为推动经济社会发展的主要力量，创新驱动是大势所趋。"科技兴则民族兴，科技强则国家强。"我们要实现"两个一百年"奋斗目标，实现中华民族伟大复兴的中国梦，必须坚持走中国特色自主创新道路，面向世界科技前沿、面向经济主战场、面向国家重大需求，加快各领域科技创新，掌握全球科技竞争先机，建设世界科技强国。要建设世界科技强国，必须"尊重科技创新的区域集聚规律，因地制宜探索差异化的创新发展路径，加快打造具有全球影响力的科技创新中心，建设若干具有强大带动力的创新型城市和区域创新中心"。

北京作为我们国家的首都，有高等学校90多所，科研院所近300家，研发人员30多万，科技企业和创新基地数量众多，科技智力资源丰富，在国内首屈一指，完全有条件成为创新型城市和区域创新中心，发挥引领全国、辐射周边的带动作用。为此，2014年2月习近平总书记视察北京时，明确提出把北京建成全国科技创新中心。北京承担建设全国科技创新中心的重任，使命非常光荣，责任异常重大。要完成这个使命，离不开市委市政府的坚强领导，离不开社会各界的大力支持，离不开北京市政协广大委员的建言献策。

北京市政协历来重视科技在首都经济社会发展中的重要作用，充分发挥政协人才荟萃、智力密集的优势，积极建言献策，并于2008年初，为顺应加快推进建设创新型国家战略和"科技北京"建设，助推首都科技创新发展，决定设立市政协科技委员会，从而成为国内不多的单独设立科技委员会的政协组织。

市政协科技委员会成立以来，在市政协常委会和主席会议的领导下，围绕中心、服务大局，坚持"探索创新、把握主题、发挥优势、彰显特色"的工作方针，紧紧依靠科技界和科协界委员，充分发挥委员主体作用，组织开展各种形式的履职活动，认真履行政治协商、民主监督、参政议政职能，积极建言献策，形成了大量的研究成果。这些研究成果分别以建议案、调研报告、对口协商情况报告、《诤友》信息等形式报送市委市政府，为党政决策提供了重要参考，其中多篇成果得到市委市政府领导批示，突显了成立科技委员会的必要性和重要性。

众所周知，政协组织的三大职能是政治协商、民主监督、参政议政，而要履行好职能，搞好调查研究是不可或缺的方式。政协组织要发挥作用，不是靠说了算，而是靠说得对。要说得对，必须搞好调查研究。调查研究是谋事之基、成事之道，是政协委员履行职责的基础。可以说，没有调查研究，就没有发言权，没有议政权，没有献策权。多年来，科技委每年确定1~2个重点调研课题，深入开展调查研究，并在调研方式方法上探索创新，形成了一些好的做法和经验。其中，与北京市科学技术研究院合作，借助外脑开展调研，提高建言献策质量和水平，就是基本经验之一。自2008年以来，科技委与北京市科学技术研究院合作，共同研究撰写了15篇调研报告，这些报告凝聚了大家的智慧和心血，反映了市政协科技委的成长历程，体现了北京科技发展的轨迹路径，现汇编成册，以资借鉴。

纵观《首都科技创新调研报告》一书，有几个突出的特点：

一是围绕中心，服务大局。这是政协履职的重要原则。这些调研报告都是围绕中心、服务大局的生动体现。自2008年以来，国内外形势风云变幻，北京中心工作发生了很大变化，科技委的调研选题深刻地反映了这一变化。比如，2008年是北京的奥运之年，全市的中心工作就是确保奥运会取得成功，科技委围绕奥运期间水供应和主要地下管线安全开展风险防范评估研究，提出很多有价值的意见建议。又如，2009年受国际金融危机影响，北京经济和高新技术产业增速明显放缓，科技委围绕国际金融危机对北京高新技术产业发展的影响提出建议，显得十分及时。2010年以来，自主创新发展、产业成果转化、科技中心建设等，日益成为党政工作的重心，这些也都在调研报告中得到很好的反映。

二是立足京津冀协同发展，聚焦全国科技创新中心建设。科技创新中心是北京"四个中心"城市战略定位之一，也是北京必须下大力气建设才能实现的，是北京工作的重中之中。科技委直接聚焦全国科技创新中心建设的改革路径，开展京津冀区域协同创新发展研究，提出很多建设性的意见建议，十分具有针对性。同时，近年来开展的其他调研，比如"促进中关村自主创新发展调研"、"加快推进北京市科技企业孵化器创新发展研究"、"中关村示范区先行先试政策潜力及创新体系完善研究"、"北京市企业创新创业若干问题研究"、"发挥离退休专业技术人员作用研究"等，也都是从不同角度聚焦科技创新中心建设，目的都是为了深化改革创新，在京津冀协同发展中激发创新活力，增强创新动力，加快全国科技创新中心建设。

三是建真言，献良策。建言献策是政协的重要职责，这些调研报告到处闪烁着智慧的光辉，充分展示了多年来科技委建言献策的成果。通过调研报告，我们可以看到广大委员深入基层，深入一线，与企业座谈，与政府沟通，认真调研，掌握了大量的第一手资料；可以看到广大委员用事实说话，用数据分析，用案例旁证，反复论证，深入研讨，用他山之石，攻自身之玉；可以看到广大委员经过深思熟虑提出的很多意见建议很具有说服力，有些意见建议有很强的预见性、前瞻性和战略性，有些则具有很强的针对性、可行性和可操作性，有些还得到了中央领导的肯定。比如，关于高新技术企业认定的建议，经国务院主管领导批示后，科技部开展了专题调研并到市政协听取委员意见，使高新技术企业认定办法得到调整，广大高新技术企业受益。

四是集思广益，广集众智。这些调研报告之所以具有很高的质量，主要得益于充分发挥政协的智力优势、组织优势、民主优势和位置优势。纵观这些调研报告，调研都是在分管副主席熊大新、傅惠民、闫仲秋同志的领导下，在焦志忠、申建军主任的主持下进行的，每次都组成了有各方面参与的调研组，主要有科技界、科协界委员，有其他界别的部分委员，有各民主党派市委和市工商联，有部分区政协，有市科协、市科研院、市农林科学院等科研机构，有部分专家学者，同时还得到了市发改委、市科委、市经济信息化委、中关村管委会等相关部门的大力支持；每次调研都充分发扬民主，鼓励大家各抒己见、畅所欲言，充分发表意见建议；每次调研都及时与党政部门沟通，都汇聚了大家的聪明才智，所以这些调研报告凝聚着大家的付出和心血，是大家的集体智慧的结晶。

《首都科技创新调研报告》是过去研究成果的汇编，代表着我们的过去。当前，北京建设全国科技创新中心的任务依然繁重，疏解非首都功能，控制人口规模，治理大城市病，推进供给侧结构性改革等方面都需要以科技创新为先导，需要强大的科技作支撑，更重要的是科技决定着未来，科技创新决定着中华民族的前途和命运。新一轮科技革命和产业变革正在孕育兴起，为我们实施创新驱动发展战略提供了难得的重大机遇。机会稍纵即逝，抓住了就是机遇，抓不住就是挑战。对此，我们必须认清形势，增强忧患意识，积极发挥委员主体作用，建睿智之言、献务实之策，与各方面一道共同抢抓机遇，为早日建成全国科技创新中心、建成世界科技强国作出自己的贡献。

北京市政协主席

2016 年 9 月

2010年6月,考察物联网产业

2012年4月,考察中关村科技园丰台园

2015年6月,在中国原子能科学研究院举办科技讲堂

2013年8月,考察京煤集团木城涧煤矿

2011年8月，考察大唐电信科技产业集团

2012年9月，考察北汽福田汽车股份有限公司

2012年9月，考察半导体照明产业技术创新战略联盟

2014年5月，考察中国空间技术研究院会展中心

2014年10月，就"加快京津冀科技协同创新"赴天津市调研

2014年10月，就"加快京津冀科技协同创新"赴河北省调研

2014 年 12 月，召开科技委员会主任会议

2013 年 7 月，召开科技委员会全体会议

2015年3月,市政协科技委走访市科研院就双方合作开展交流

2015年11月,市科研院主办2015创新驱动发展国际研讨会

目　录

科技奥运篇

第一章　奥运期间水供应安全风险防范评估研究 …………………… 3

第二章　奥运期间主要地下管线安全风险评估研究 ………………… 15

创新创业篇

第三章　促进中关村自主创新发展调研 ………………………………… 29

第四章　发挥离退休专业技术人员作用研究 …………………………… 59

第五章　加快推进北京市自主创新成果产业化研究 …………………… 65

第六章　北京市企业创新创业若干问题研究 …………………………… 101

第七章　加快推进北京市科技企业孵化器创新发展研究 ……………… 133

第八章　加大中关村示范区先行先试力度，推进北京全国科技创新中心建设研究 ………………………………………………… 153

产业篇

第九章　应对国际金融危机　促进北京高新技术产业发展调研 ………… 185

第十章　促进北京市新能源产业发展的研究 …………………………… 200

第十一章　加强新型农业科技服务体系建设研究 ………………… 231

第十二章　强化科技支撑，提高首都防灾减灾能力研究 ………… 250

第十三章　推进北京产业技术联盟创新发展研究 ………………… 270

战略篇

第十四章　京津冀区域协同创新发展研究 ………………………… 299

第十五章　全国科技创新中心建设的改革路径研究 ……………… 306

编后语 …………………………………………………………………… 337

科技奥运篇

第一章　奥运期间水供应安全风险防范评估研究[①]

2008年是北京奥运实现之年。为举办一届有特色、高水平的奥运会和残奥会，按照市政协常委会的统一安排，科技委员会围绕奥运期间水供应安全情况开展调研，对各项风险防范预案进行了评估，形成本报告。

一、评估调研的基本情况

水供应安全是奥运风险防范的重要内容。为做好这次评估调研工作，科技委员会成立了评估调研小组。同时，特别邀请了水资源、供水、公共安全等相关领域的7名专家参与评估调研。

评估调研小组以奥运会期间水供应安全为重点，评估范围为直接影响奥运会的水源安全、供水安全，奥运主要场馆和奥运村运动员生活区的用水安全。从2008年2月19日开始，评估调研小组围绕上述评估范围展开了为期两个多月的调研，听取了市水务局和"2008"工程建设指挥部办公室关于水供应安全保障工作的情况通报，实地考察了密云水库、自来水九厂、南水北调西四环暗涵、国家游泳中心（水立方）和奥运村运动员公寓，对奥运期间水供应安全的各项保障工作进行了较深入的了解，并在此基础上召开了4次研讨会。

通过调研和视察，委员和专家们在充分肯定各涉水单位所做的安全保障工作的同时，针对奥运水供应安全存在的风险进行了分析和评估，并提出了

---

① 本研究由北京市政协奥运期间水供应安全风险防范评估专题组完成。

相应的意见和建议。

二、对奥运期间水供应安全的总体评价

为确保北京市奥运期间的水供应安全，水务局及各涉水单位制定了《平安奥运水安全保障方案》、《城市供水突发事件应急预案》等各项保障工作方案，采取了扎实有效的措施，基本形成了确保奥运水供应安全的五大系统。

（一）形成多水源统一调度配置的水资源保障系统

地表水源日供水能力150万立方米，地下水源日供水能力150万立方米。2008年全市计划用水37亿立方米，市区18.2亿立方米。水务局已制定出周密的水源保障方案，6～9月按高峰日用水需求提供水源。通过地表、地下多水源联调，可以确保奥运水源安全。

（二）形成相对严密的水源安全防护系统

密云水库等重要水源地都制定了水源安全保障方案，管护队伍、应急物资、防恐措施等已基本落实。已按照"专群结合、属地负责、部门联动"的要求，部署了水源地保护任务，各种防控措施基本到位。取水口重点防控，拒污染物于供水管网之外。

（三）形成水质水量并重的供水安全保障系统

制定水厂安全生产、管网安全运行、水质安全保障三项预案。通过新一轮的供水设施改造，日供水能力达到295万立方米，高于预测的高峰日供水量252万立方米，水质达到国际规定的生活饮用水卫生标准。同步做好自备井和农村供水安全保障工作。

（四）形成奥运会场馆区供水保障系统

场馆区双水源供水，为满足国外运动员和观众直饮水需求，选用了先进的水处理设备，可以保证奥运场馆、奥运村等重点部位的直饮水安全。顺义水上运动场、十三陵水库铁人三项运动场的水质和水量达到比赛要求标准。

（五）形成以预案、队伍、物资、演练为主体的水供应安全应急系统

各涉水部门都制定了详细的水安全保障预案，组建了专门队伍，储备抢险物资，并展开有针对性的实战演练，基本具备应对突发性事件的能力。

奥运期间本市水量、水质、供水能力等供水安全是有保障的。各涉水单位全面部署了应对恐怖袭击等突发公共安全保障工作，为奥运期间的水供应安全运行打下了基础。但北京水供应战线长、涉及面广，一些部位的管理还比较粗放，应对恐怖袭击方面还存在一定的隐患。水供应系统又是易受恐怖袭击的高风险部位，一旦遭受恐怖袭击，不仅会直接威胁奥运会的成功举办，也将对首都城市的安全运行造成极大危害。从目前情况来看，应对恐怖袭击的防范能力还不够强，恐怖袭击后的应急抢险等准备工作还不够充分，处置突发事件各部门的联动机制还不够健全。

三、对奥运期间水供应安全的风险分析

奥运水供应不是独立的系统，奥运场馆及运动员生活区水供应安全，涉及城市自来水系统从源头到用水终端的各个环节。从目前情况分析，城市自来水系统封闭运行，总体上是安全的。但水源地和引水渠基本处于开放状态，部分水源地还在旅游区，管理难度很大，在一些方面仍存在一定的风险。

风险一：密云水库作为重要地表水源区，面积广阔，进入库区的通道达240个，除39个路口完全封闭外，尚有201个路口归村民属地管理，处于开

放状态，防控难度大，目前仍存在游人可随意进入库区现象。密云水库的应急保障方案中缺少对水库上空可疑飞行物的防控措施，存在一定的安全隐患。

风险二：京密引水渠线路长，管护范围涉及沿渠四区县，目前基本处于开放状态，渠道极易受到恐怖袭击。

风险三：团城湖取水口，因处于颐和园中，还没有采取严格的防范措施，湖中还有游人游泳现象，存在严重的安全隐患。

风险四：十三陵水库是奥运铁三赛唯一比赛场地，水库周边有村庄，环库路没有封闭，存在安全漏洞。

风险五：城市水厂是要害部位，目前没有武警值守；同时还存在影响安全生产的外部因素，如供电保障和液氯储存运输等问题。

风险六：自备水源井和二次供水设施分散，管理难度大，供水安全存在一定风险。

风险七：奥运场馆供水系统与城市供水系统管理衔接存在问题，城市供水设备及人员难以进入奥运场馆红线以内，奥运场馆运行团队又不具备处理大的供水事故的能力，一旦发生重大供水事故，难以在第一时间紧急处置。

风险八：进入奥运场馆人员身份识别制度没有建立，水处理设备没有经过满负荷运行考验，存在安全风险。

四、进一步加强奥运期间水供应安全保障工作的建议

一是全市各涉水部门要充分认识水供应安全的风险性，提高反恐意识，坚决克服麻痹思想，树立连续作战的观念，努力提高防范能力。

二是水供应安全的各项措施要落实到人，实行岗位责任制，严格工作纪律，建立健全责任追究制度。

三是要进一步完善水安全保障的日常工作方案和防范恐怖袭击事件的应急预案，预案要经过专业部门的评估，更加注重预案的可操作性。

四是提高对水供应突发事件的安全防范级别，密云水库九松山取水口、出水口、潮河泄空洞出口三处关键部位以及全市各大水厂应尽快恢复或增加

武警值守，切实加强奥运期间的保卫工作。

五是奥运期间要对进入密云水库库区的路口进行全封闭式管理，禁止陌生人进入水源保护区。要加强对密云水库上空可疑飞行物的防范，加强对库区周边人畜、飞禽防疫的监控，防止来自空中的危险和库区周边村庄重大疫情的发生。

六是水务、公安、交通、园林等部门要协调联动，对密云水库、京密引水渠、团城湖、十三陵水库等重要水源地实行封闭管理，武警、城管、水政等部门要实行24小时巡视值守。

七是各区县要按照属地管理原则，将确保水供应安全的防控职责落实到乡镇、村，做到责任到位、人员到位。管水员和护林员要明确各自责任范围，任务落实到人，并加强监督、检查。

八是加强对水源地周边群众的安全意识宣传，广泛动员群众参与保护水源，形成全方位群防群控局面。建立有奖举报机制，在水源区的村庄和显著区域公示举报电话。

九是水务、公安、环保、卫生等部门要通过"随机双盲"测试等方式对预案、队伍、物资储备、防控措施、人员到岗到位情况进行检查和抽查，发现问题，立即整改。

十是加强对突发事件的模拟演练，必要时可进行一次全市范围的实战演练，以便加强协调，全面检查。

十一是各水厂要加强对工作人员的政治审查，重新登记造册，加强管理。

十二是水务、电力、交通、安保等部门要通力配合，确保第九水厂的电力保障和液氯运输保障安全。

十三是建立进入奥运场馆人员的身份识别系统，视频装置实时监控，第一时间发现安全隐患。

十四是加强和改进奥运场馆和奥运村直饮水系统管理，加派人员盯守所有直饮水处，防止人为破坏事件发生，同时应配备足量、多样、质高的瓶装饮用水，以满足运动员不同饮水需求。

十五是全市各饮用水自备井的产权单位和二次供水设施的物业管理部门要落实安全责任制，做到专人负责。

十六是安保系统要和各涉水单位保持沟通，随时通报可能发生的突发事情情报，做好应对准备。

十七是一旦发生突发事件，水务部门要做好地表水、地下水水源的切换和水量配置，尽量把影响降到最低。要储备足够的桶装和瓶装水，以防重大供水事故发生，确保市民饮水的需要。

十八是水务、环保部门要共同组成技术专家组，对水污染事件的防控和处置提供技术支撑。

十九是加强对奥运场馆周边地区供水的管理，尽可能避免高层建筑二次供水污染事件的发生，以防敌对势力借题发挥、趁机炒作、制造恐慌。要加强排查，从细节入手，完善预案，降低此类"小事件"发生的概率。

二十是加强对新闻媒体和网络的管理，严格控制负面新闻报道。健全、完善新闻发言人制度，及时通报事件进展，引导媒体舆论，特别是对敌对势力制造的形象危害事件，要有应对措施。

【北京调研案例分析】

国家游泳中心和奥运村

2008年3月6日,科技委员会部分委员就奥运场馆用水安全风险评估问题考察国家游泳中心和奥运村。听取了关于奥运场馆用水安全的情况介绍,并重点考察了国家游泳中心供水设备、直饮水系统、排水设施和奥运村的供水泵房。

国家游泳中心赛时用水主要包括生活用水、消防用水、泳池补水、空调冷却塔补水、室外水景补水、绿化及车库冲洗用水等。自来水供给采用双水源、环状管线供水方式分别由场馆北侧和东侧各接入一路自来水管;直饮水采用先进的活性炭—超滤—紫外线消毒处理工艺确保水质安全;泳池水循环处理采用先进的砂滤—臭氧消毒—活性炭吸附处理工艺和自动控制技术,保证了水质指标优于国家标准;消防水池与热身池、竞赛池及多功能池连通,利用容量巨大的泳池作为消防备用水源,确保消防水源充足、安全可靠。

奥运村的自来水供给也采用双水源、环状管网供水方式。生活给水系统包括自来水系统、中水系统两部分,分四个区分别设置一套恒变量生活给水变频调速泵组供本区供水,直饮水系统按照《奥运村奥运工程设计大纲》及《奥组委奥运村联合工作组备忘录》要求,饮用水质达到世界卫生组织制定的标准,保证每套运动员公寓、各国代表团办公室内至少有一个直饮水终端,直饮水机房有效的水质口感调节系统、独特的管网循环处理消毒系统以及全自动在线实时监测系统确保了水质的鲜度和安全。

委员们详细查看了各种设备设施,并就如何防范直饮水系统被人为污染、如何保证供水设备正常运转、如何保证自动监测系统的准确高效等问题,给业主单位提出了具体的建议。

南水北调工程工地和北京市自来水第九水厂

2008年3月13日,科技委员会部分委员就奥运期间水供应安全风险评估问题考察南水北调工程工地和北京市自来水第九水厂。听取了南水北调工程办公室和市自来水集团负责人关于南水北调工程进展情况、工程应急供水方案以及第九水厂配套改造工程的介绍,考察了南水北调西四环暗涵工程和第九水厂二期制水工艺设施。

南水北调工程分东线、中线、西线三条调水线路。引水进京的中线是从丹江口水库引水,向北穿过黄河,经河北省进入北京,全长1267公里,年均调水规模95亿立方米,其中北京段起点为房山拒马河,终点为颐和园团城湖,全长804公里。南水北调中线北京段工程主要包括拒马河暗渠工程、惠南庄泵站工程、PCCP(大直径预应力钢筒混凝土管)管道工程、西甘池及崇青隧洞工程、大宁调压池工程、永定河倒虹吸工程、卢沟桥暗涵工程、西四环暗涵工程、团城湖明渠工程等10项。南水北调工程建成后,北京将形成地表水、地下水和南水北调水三大水源联动,既可统一调度,又可独立运行,遇突发情况随时切换,确保北京市的供水安全。

作为南水北调的配套工程,市自来水第九水厂等三个水厂的改造扩建对于提高供水能力和改善水质,保证供水安全起到至关重要的作用。目前,第九水厂已经完成了二期A系列反应沉淀池的改造,使得日处理能力由原来的25万吨提高到33万吨,净水能力提高了30%,在全国率先实现了城市自来水水质达到国家颁布的106项卫生新标准。

委员们在考察过程中对南水北调的工程保证应急预案、水质污染应急预案和自来水的处理工艺流程给予了极大的关注,指出奥运期间对水供应管线的关键环节要加派人员进行24小时不间断守护,必要时由武警值守。

密云水库

2008年3月19日，科技委员会部分委员就奥运期间水供应安全风险评估问题考察密云水库。听取了水务局负责人关于《密云水库安全防控运行方案》落实情况的汇报，观看了密云水库信息化实时监测中心视频图像监控系统的演练，并实地考察了公路检查站、九松山取水口的安全保障设施和密云水库库区的蓄水情况。

密云水库是北京市最主要的地表水水源地，为确保奥运期间的供水安全，市水务局制定了《密云水库安全防控运行方案》，根据密云水库及上游河道来水特点，将水库周边区域划分为四个安全等级，通过增设交通检查站、设置禁行标识、封闭部分通道等措施加强对库区入口及环库公路地区人员和车辆的管理，禁止危险化学品车辆通行；在水库大坝、取水口等核心地区安装红外监控系统、加派武警岗哨、并在取水口放养敏感鱼类，通过观察鱼对有害物质的反应，对水质实行生物监控。同时，进一步完善了应对突发事件的准备工作。一是成立密云水库专家顾问组，指导水库应急抢险；二是储备应急抢险物资，制定调度方案；三是组建应急抢险队伍，开展应急演练。

委员们对《密云水库安全防控运行方案》给予了较好的评价，认为该《方案》职责明确、考虑周到、准备充分、计划翔实。同时指出要进一步强化奥运期间的风险防范意识，确保"平安奥运"的实现。

奥运期间水供应安全风险防范评估第一次研讨会

2008年3月27日，科技委员会召开"奥运期间水供应安全风险防范评估"研讨会。与会人员对奥运期间影响水供应安全的风险因素进行了分析讨论，并就如何完善风险防范预案发表了意见。

与会人员认为，奥运期间水供应安全的各项风险防范预案比较全面，场馆的供水、排水、直饮水以及再生水的利用等方面都体现了人文、科技、绿色的奥运理念。同时，与会人员也指出了目前预案中有待完善的地方。

委员们建议：一是所有工作人员的风险意识和责任观念要进一步加强，要克服认为有防范预案、有预防演练就可以确保"万无一失"的麻痹思想，要从可能出现恐怖袭击等极端情况的角度出发，采取随机（不确定时间、地点）、双盲（事前不通知安保和管理部门）的方式，对发生概率低、危害程度高的事件进行测试演练；二是增强和完善本市乃至中央各部门之间的协调联动机制，遇有突发情况要做到协调到位、迅速解决，减少因"单点失效"造成的被动影响；三是要在预案个案中考虑社会事件可能对奥运会带来的影响，如应将奥运村周边小区高层建筑的二次供水安全列入预案，以防出现水质污染事件，引起社会恐慌，损害北京的奥运形象；四是对密云水库、奥运场馆等重要部位加强防护，建议采用分阶段提高安全等级的方式，逐步加大安全投入力度。如密云水库目前仍有 201 个路口尚未封闭，存在着相当的安全隐患。可采取先安装门栏，由当地居民分属管理，奥运临近时再由专职人员管理，奥运举办期间完全封闭，只允许当地居民持有关证件通行的办法分阶段加以解决。

有专家建议：一要充分考虑外部因素可能造成的风险。对外部因素的影响及可能发生的恐怖袭击事件造成的影响，要有充分准备和相应的防范预案。二要严格密云水库取水口、南水北调北京段入水口、自来水厂等区域的防护和水质监测工作，确保饮用水的安全。三要在奥运村及场馆内非直饮水处增加明显的多种文字标识，防止运动员误饮。四是对外宣传要讲科学发展观，明确地讲中国绝不是世界最缺水的 13 个国家之一，北京也不是最缺水的城市。"南水北调"是有限调水，是补充北京水源的辅助手段，绝不是为奥运而调水。五是官厅水库可作为备用水源，一旦发生极端事件立即启用。

奥运期间水供应安全风险防范评估第二次研讨会

2008 年 4 月 3 日，科技委员会召开"奥运期间水供应安全风险防范评估"第二次研讨会。讨论"评估报告"（初稿），并就水供应安全风险防范工作提出意见和建议。

水供应安全是奥运风险防范的重要方面，不仅关系到能否成功举办奥运会，也关系到在奥运期间北京城区的安全运行。经过前一阶段情况通报、实地考察和专题研讨，委员们对奥运期间水供应安全风险防范工作总体评价是：各涉水单位为保障本市奥运期间的水供应安全进行了较周密的部署，采取了扎实有效的措施，制定了相对成熟的应急预案，取得了初步成果。

委员们认为，从总体上说，北京奥运期间水供应是安全的，从水质和水量等方面都是可以充分保障的。但是鉴于北京已经连续九年干旱，水资源形势严峻，各水源供水保障能力相对薄弱，全市地表水、地下水和南水北调三大水源必须做到统一调度、相互支撑，以确保奥运期间水供应安全。同时，随着奥运会的日益临近，各涉水单位和部门要以更高的标准检验自身工作，进一步克服麻痹思想，增强风险意识，认真查找隐患。

委员们指出，供水不是水务部门一家的事情，它涉及方方面面特别是水供应管线长、易受到攻击，敌对势力会选择供水的薄弱环节（如小区的供水管线）进行破坏。因此，建议公安、武警部门成立专门的机构，加强对水源地、水厂等处的警戒，以应对突发事件，水务部门也应加强紧急抢修队伍的力量。

委员们建议，评估报告还应包含社会供水安全的内容，因为社会供水出现问题，同样会影响奥运会的顺利举办。同时，委员们对报告的标题、内容、文字、体例等提出了修改意见。

奥运期间水供应安全风险防范评估第三次研讨会

2008年4月18日，科技委员会召开"奥运期间水供应安全风险防范评估"第三次研讨会。对评估报告进行讨论，并邀请相关专家就评估内容给予专业性指导。

委员和专家们认为评估报告内容充实、表达准确，整体框架结构已经基本成型。但随着奥运临近，尤其是奥运火炬在境外传递过程中出现的敌对势力蓄意破坏行为，警示我们应提升防范级别，加强防护措施。目前，各涉水单位和奥运场馆制定了相对完备的正常供水情况下的防范预案，但缺少对人为破坏和恐怖袭击的应对措施，应尽快与安全部门联手制订防范预案。

委员和专家们建议：一是应进一步阐明实现奥运期间水供应安全的高风险性和任务的艰巨性，呼吁市委、市政府以下达责任书的形式建立水源流经区域相关政府部门的第一责任人制度，强化责任意识。二是要在确保水质和水量安全的基础上，把应对突发事件和恐怖袭击放在突出位置，从国家安全的高度对防范预案进一步深化和细化。国家安全部门要与市水务局等涉水单位实现防范和事故处理的无缝隙衔接。三是对奥运场馆的工作人员进行彻底、细致的甄别和政审，同时对他们进行反恐和处置突发事件的培训。四是成立专门办公室，做好信息披露和解释工作，把握正确的舆论导向，尽可能减少事故对社会造成的负面影响。

第二章　奥运期间主要地下管线安全风险评估研究[①]

为举办一届有特色、高水平的奥运会和残奥会，实现"平安奥运"目标，根据市政协常委会的统一安排和赵凤桐副市长的要求，市政协科技委员会开展了奥运期间主要地下管线风险评估工作，对各项风险预案进行第三方的评估调研，并形成本报告。

一、评估调研的基本情况

奥运期间城市主要地下管线的安全运行，关系到城市的公共安全，关系到北京奥运会的成功举办，关系到首都北京在全世界的影响。为做好主要地下管线的风险评估工作，科技委员会成立了评估调研小组，并特别邀请了4名有关城市规划、市政管理、市政工程方面的专家参与评估调研工作。

此项评估范围为：奥运期间城市通信、燃气、给排水管线及主要涉奥场馆周边的地下管线的安全保障工作。从2008年4月10日开始，评估调研小组围绕上述评估范围开展了为期一个多月的评估调研工作，听取了市市政管委关于地下管线安全保障工作的情况通报，实地视察了中国移动通信集团北京有限责任公司、北京市燃气集团、市自来水集团和城市排水集团，对奥运期间主要地下管线的安全保障工作和各项风险预案有了较为全面的了解，并在此基础上召开了3次研讨会。通过调研和视察，委员和专家们在充分肯定市市政管委和各权属单位所做的安全保障工作的基础上，对奥运期间主要地

[①] 本研究主要由北京市政协奥运期间主要地下管线安全风险评估专题组于2008年完成。

下管线存在的安全风险进行了分析和评估,并提出了相应的意见和建议。

二、对奥运期间主要地下管线保障工作的总体评价

市市政管委、市水务局及政府有关部门,各地下管线权属单位,高度重视奥运期间地下管线的安全保障工作,认真修订完善了379项应急处置预案;建立了城市公共设施突发事故协调联动、预测预警、信息报告和应急响应等工作机制;全面开展了城市运行基础设施保障能力的核查、隐患排查及整改工作;电信采用远程无线监控措施、燃气实现应急抢修信息化、给水建立全市监测系统、排水采用"机器人"科技监控手段,对地下设施实行全面监测和监控,各专业管线单位基本形成了以预案、队伍、设备、演练为主体的安全应急系统,基本具备了应对突发性事件的能力。从总体看,奥运会和残奥会期间地下管线的安全运行是有基本保障的。

三、奥运期间主要地下管线安全运行存在的主要问题和风险

城市地下管线是城市生存与发展的重要生命线,北京城市地下管线存在的主要问题是,管线的建设滞后于城市的发展,与北京作为国际大都市的地位不相适应。当前影响奥运期间主要地下管线安全运行的问题和风险有以下七个方面:

一是地下管线老化问题较为突出。电信、电力、给水、排水等主要地下管线都存在老化和超期服役问题,安全隐患较大。

二是新建工程回填土压实质量不达标。一些城市新建工程,特别是涉奥场馆的新建地下管线,由于工期紧、任务重,多种管线相互交叉、同期作业,造成相互干扰,挖填土结合部较多,回填土压实质量受到影响,有的沟槽回填土高达十几米,极易造成管基不均匀沉降,给地下管线安全运行带来隐患。

三是对地下管线反恐防爆意识不足，特别是处理多种管线遭破坏的能力不够，大规模突发事件的应急抢险受多方面条件制约，存在一定的安全风险。

四是奥运期间正值北京的主汛期，特大暴雨天气，主要赛事道路、下凹立交桥和路堑会因严重积水造成大面积交通拥堵；一些新建奥运场馆排水设施未经检验，极端天气可能造成排水不畅而影响赛事，存在一定的安全风险。

五是通信、燃气、热力、电力、给水、排水等主要城市地下管线占压问题较为突出，近两年已排险消隐330公里，但仍有一些占压未能解决，存在安全风险较大。

六是奥运场馆内外的管线保障工作衔接不到位，未能做到专业管线单位与奥运场馆运行团队的无缝衔接，存在一定的风险。

七是处置地下管线的综合应急能力不足，应急意识不强，防范措施不到位，抢险演练不够，存在一定的安全风险。

四、对奥运期间地下管网安全运行保障的建议

（一）奥运期间要加大对地下管线隐患的巡视和排查力度

强化和完善重点区段监测网络，各专业管理单位要开展对重点地段城市地下管线的综合检测工作。对城市主要干线、重要单位、重点场所、奥运场馆等周边地下管线，要做到24小时巡查，死盯死守，发现隐患，及时消除。

（二）严格执行市建委有关规定，奥运期间停止一切建筑工程

对邻近地下管线，或穿越地下管线的停建工程，要采取临时停工防护措施，维护基坑边坡的稳定，控制其变形，做好基坑防汛安全的应急预案。

（三）积极推进整治占压管线工作

抓紧解决重要场所、重点地段、奥运场馆周边的管线占压问题，对影响奥运安全的管线占压要坚决拆除。政府各主管部门要建立联络沟通机制，加强督促检查和落实整改工作。

（四）奥运前要开展对城市主要地段、奥运场馆周边地下管线路面的探查和检测

对路面压实度不达标的，要加强预警防范，并组织专家提出对策性意见。奥运期间要加强对路面沉降变化的监测，一旦发现问题，及时处置。

（五）要加强对水厂、泵站、闸井等重要设施及管线重点部位的反恐保卫工作

对涉奥场所的泵站、井盖要实行实时监控和全封闭式管理。要组织针对地下管线的反恐防爆演习，建立应对恐怖袭击事件的管线抢修联动机制，各专业管线单位的应急预案要相互衔接。

（六）要有应对50年、100年一遇的灾害性天气准备

水务及供排水部门要做好汛前的城市主要道路、立交桥下及路堑的排水设施、管网清掏、疏浚工作。要保证双路供电，发电机、排水泵等设备及有关人员，在极端天气发生时，能第一时间到位，紧急排险，把损失和影响减到最低。公安交管部门应加强应急联动，保证应急车辆及人员能够及时到达事故现场。

（七）要明确政府主管部门和奥运场馆内部管理的责任

专业管线单位与奥运场馆运行团队要明确各自职责，建立联动机制，实现无缝衔接。专业部门应进入场馆，加强业务指导和监测检查；奥运场馆运行团队应建立内部管理监控体系，加强人员培训、设备负载运行检测及应急演练，发现问题，及时整改。

（八）在奥运前开展全市性的地下管线安全随机检查，发现问题，立即整改

要加强新闻媒体对地下管线安全知识的宣传，鼓励和引导群众在第一时间发现安全问题，及时上报。

（九）政府行业部门、各管线单位要加强对应急人员的培训、应急设备的检查、应急预案的演练、应急措施的落实

切实提高应急处置能力，并在演练和检查中发现问题，及时整改。

五、关于建立城市地下管线安全运行长效机制的建议

地下管线属城市公共产品，建立城市地下管线安全运行的长效机制，是提升城市公共安全水平的重要组成部分。我们不仅要关注奥运期间地下管线的安全运行，更要重视北京城市地下管线的建设与发展。为此，委员和专家就建立城市地下管线长效机制问题提出了以下建议。

（一）要加强政府对地下管线的综合监管职能

要理顺体制，改变重建轻管、重地上轻地下的现状，市财政要加大对地下管网建设和维护费用的支持力度，逐年递增，填补历史欠账。新建地区和规划项目，要建设地下综合管廊，改变"马路拉链"现状。

（二）要加强地下管线的信息化管理

加大政府资金投入，完善城市运行监控中心信息系统，提高城市地下管线危机预警预防能力和处置事故的领导决策能力。要以法规的形式，强制各建设单位提供准确、完整的数据资料，做到信息采集实时更新，实现城市地下管线信息的互联共享，减少因信息不明盲目施工造成的损坏。

（三）进一步规范开工审批程序和施工行为

因建设单位不需经过地下管线单位确认，就可获取开工许可，以致近些年违规盲目施工损坏管线现象频发，管线单位难以监控。今后要把管线单位的核查意见作为获得建设工程施工许可证的前置环节。要对建筑单位的施工行为规范做出严格细致的规定，对造成管线事故的责任单位和责任人，加大处罚力度，追究相应责任。

（四）建立保障地下管线安全运行协调监管长效工作机制

要建立和完善各专业管线单位的监测网络，加大科技投入，建立协调监管工作机制。对新的管线占压隐患，要及时报告行业主管部门，及早开展协调清理工作；要建立动态排查隐患、监控整改工作机制，对严重的管线隐患要随时协调安排消除；对阻碍清理整治工作的行为要联合公安及城管机关进行执法。

【北京调研案例分析】

考察中国移动通信北京有限公司和北京燃气集团有限责任公司

2008年4月17日，科技委员会部分委员就奥运期间地下管线风险防范评估工作考察中国移动通信北京有限公司和北京燃气集团有限责任公司。委员们先后听取了两家公司关于奥运期间通信和燃气安全保障的情况介绍，考察了中国移动通信北京有限公司综合网管中心和北京燃气集团调度指挥中心平台的运行情况，并就相关问题进行了座谈。

据介绍，为确保"平安奥运"目标的实现，两家公司均建立了奥运保障指挥体系，制定了奥运通信及燃气安全保障预案，采购和应用了大量维护设备，并采取了大量切实有效的措施。北京移动加强了日常维护和故障抢修工作，并提出了"不查清楚不放过、不解决问题不放过和没有改进措施不放过"的要求，系统维护工作在奥运测试赛的保障及演练中获得肯定。北京燃气集团为确保燃气管道的安全运行，对涉奥场馆周边的燃气管线数据进行采集和补测，并组织了精干的维修队伍，在奥运期间将实行24小时执勤盯防。

委员们在肯定两家公司工作的同时，提出要进一步加强奥运期间的安保工作，特别是要提高防范恐怖袭击的能力。

委员们建议，要切实提高应急队伍业务素质水平，确保抢修设备与奥运场所的设备实现无缝隙对接。相关部门要与市安保部门联系，切实加强重点部门、关键部位的安全保卫工作，防止在奥运期间出现燃气"断气"和信息"断路"等事故。委员们呼吁，为保证太阳宫、郑常庄等燃气电厂奥运期间的平稳运行，燃气集团一定要做好气源的保障工作。

市政协相关领导希望，相关单位要加强对燃气和电信运行各个环节的危害性和致命性风险进行充分的分析，切实加强对关键部位的保护。在建立和强化保障维修能力的同时，还要加强与宣传部门的联系，防止敌对势力利用出现的问题大做文章，引起社会恐慌。

考察市市政管委城市管理信息平台

2008年4月24日,科技委员会部分委员就奥运期间地下管线风险防范评估工作考察市市政管委。委员们听取了市政管委负责人关于城市管理信息平台的汇报,观看了市政管委信息化城市管理系统、奥运城市运行指挥监测系统和北京市市级地下管线综合管理信息系统的运行演示,并就地下管线风险防范工作进行了座谈。

据介绍,当前北京市地下管线存在的隐患较多,首先是管线老化有加速趋势,超期服役的管线较多;其次是新修马路管线无序状态明显;最后是由于数据信息不能实现共享,基础资料不全、不准,人为施工造成的管线损坏事件屡有发生。自2006年起,市政管委以保障城市地下管线安全为目标,以涉奥场所和沿线为重点,组织相关权属单位开展地下管线数据资料查找、整理,数据核查、补漏、补测、补绘等工作。目前已汇集了3万多公里地下管线基础数据,并已初步构建了综合地下管线信息共享应用平台。

委员们认为,建立市级地下管线综合管理信息系统,加强基础资料的收集,实现数据的完整准确,推进信息共有互享,将有助于提升城市管理能力,降低地下管线发生事故的概率。

针对目前地下管线系统建设过程中出现的数据采集没有法规保障、系统运行维护缺乏资金保障、地下管线信息分类和交换共享的技术规范有待统一等问题,委员们建议,一是推进城市管理机构职能改革,改变"审"、"管"、"修"分离的现状;二是采用立法或制定行政法规的方法,确保权属单位提供的信息及数据准确、及时;三是加大政府投入,保障市级地下管线综合基础数据库维护更新所需的费用,并推动信息共享平台的建立,实现服务社会的目标;四是城市管理运行信息系统要提升标准,不仅要保证基础数据的准确和实时更新,还应开发预警系统和应急处置系统。一旦地下管线发生泄漏和事故,该系统可以即刻报警,并提供抢险方案,使这套信息系统真正起到城市管理决策的辅助作用。

委员们希望,市政府在推动地下管线综合管理信息系统建设时,要注意各权属单位及相关部门的利益整合与协调，建立规范的信息共建、共享机制。

考察市自来水集团和城市排水集团

2008年5月4日，科技委员会部分委员就奥运期间地下管线风险防范评估工作考察市自来水集团和城市排水集团。委员们首先实地考察了自来水集团和城市排水集团的自来水听漏仪、污水气体监测仪等自动在线监测设备的运行情况，并观看了"机器人"检查车检测地下排水管道的现场演示。随后，委员们听取了集团负责人关于奥运期间给排水保障工作的情况介绍并就地下管线的风险防范问题进行了座谈和交流。

据介绍，市自来水集团负责的市区供水管网总长约7500公里，其中配水管道77公里，输水管道265公里，供水服务面积约635平方公里。为做好奥运保障工作，市自来水集团投入资金对管线进行改造，优化管网布局，排查管线隐患，积极引进新技术、新设备；在提高硬件水平的同时，结合"好运北京"测试赛组织大规模的普查和抢修演练，锻炼队伍、完善预案，有效提高了主动检漏质量和修漏速度。

城市排水集团承担着北京市中心城区安全度汛、排水设施的应急抢险和重要活动节假日的安全保驾任务，拥有总长约4000公里的雨污水收集管网和80多座排水泵站。为迎接北京奥运，排水集团提早着手排水设施和管线的改造修缮工程，逐步改善了部分设施超负荷运行、泵站能力不足的情况；建立并完善了地下管网的信息管理系统，以排水设施地理信息系统为枢纽，逐步实现了对污水收集、处理、回用的系统化、现代化管理，为抢险维护提供技术保障；制定各类防汛和应急抢险预案，对抢险队伍进行重新整合和部署，与专业社会抢险队伍签订专项协议，强化专业抢险装备的配置，并进行有针对性的培训和演练。

委员们对市自来水集团和排水集团完成的奥运保障准备工作给予了肯定，同时认为供水和排水作为一个城市的命脉工程，从奥运安全的角度还应提出更高的要求。一要加强与地质、气象、卫生防疫等部门的信息交流和沟通，实现与保障预案的衔接；二要加强预案中的反恐措施，防止人为破坏；三要重点关注因连续降雨造成新施工地段（特别是奥运场馆周边）出现地面沉降而导致管线破裂的情况，要加大抢修防护措施，并制定应对地震灾害的应急预案；四要进一步加大对在线自动监测系统的建设力度，提高信息采集分析的能力，起到安全预警的作用。

委员们呼吁：第一，政府要加大对地下管网的投入和建设力度，要通过政府部门的协调，做到各地下管线权属单位的信息共享，以避免因不当施工造成的损失；第二，提高自动化检测设备的国产化程度，降低地下管线的安全运行成本，增大检测面；第三，对城乡结合部的污水排放要加强管理，使北京的污水处理率真正达到100%。

奥运期间主要地下管线风险防范评估第一次研讨会

2008年5月8日，科技委员会召开奥运期间主要地下管线风险防范评估第一次研讨会。对奥运期间北京市地下管线存在的风险及应采取的防范措施进行了评估和研讨。市市政管委、市水务局等相关部门的负责人到会听取意见。

委员们认为，中共北京市委、市政府对地下管线管理工作越来越重视，市政管理正逐步从粗放型向精细化转变。市政管委积极推进工作创新，建设了北京市市级地下管线综合管理信息系统，为城市运行的资源共享、安全预警打下了良好的基础。地下管线各权属单位引进了大量的先进设备，制定了相应的应急预案，并组建了精干的维护队伍，地下管线的管理和维护水平得到了提高。

同时，委员们也指出，长期以来城市发展中存在着重建设、轻维护、重地上、轻地下的问题，地下管网的建设仍落后于城市发展的需要。地下管线由于多部门权属、建设施工中的无序、信息不能及时掌握、管理政出多门、"马路拉链"等原因，存在着不可忽视的安全隐患，严重影响着城市的安全运行。

为实现"平安奥运"的目标，确保奥运期间地下管线安全运行，委员们建议，一要尽快完成重点区域地下管线的数据采集工作，特别要搞清楚各权属单位超期服役的老旧管线和重点"自管"部门管线的情况（如北京饭店等宾馆饭店和奥运场馆内部的地下管线设施的数据）；二要加大对高危险区域的监测力度，对老旧管线区、地面沉降区、地下管线相对密集区、新建场馆周边等地区的地下管线给予重点监控；三要注意由于路网发生变化对原有地下管线造成的破坏性影响，加强对这些区域的检测和维护，必要时可与公安部门配合，控制车辆运行，防止地下管线发生变形和破坏；四要督促各权属单位根据任务职能、工程节点建立内部控制的监控体系，并建立动态的、预防性的、随机性的检查制度；五要建立奥运场馆与相关权属部门、主要检修单位的信息互通机制，明确管理责任和抢险职能的分配；六要加强对奥运期间在建工程和停工工程的风险评估，加强监测，防止出现工程事故引发管线的损坏；七是各区县政府要加强对区属和私营企业的地下管线检查力度，督促各部门提高防范意识，建立应急预案；八要在奥运安保部门中设立专门机构，加强对场馆地下管线的安保工作。

此外，委员们还就推进地下管线管理体制提出了建议：一是由政府统一管理、统一规划城市管网，并纳入法制管理轨道。以政府令的形式，强制各权属单位和施工单位报送地下管线的施工和建设信息，确保市政管委的城市运行信息平台的准确、完整和实时更新，确保建设一个功能强大的全市地下管线共享互联的信息系统。二是地下管网的老化已造成对城市安全的严重威胁，政府应建立一个补偿机制，争取在几年内解决历史遗留的问题，把北京建成一个安全的城市。三是由市市政管委牵头，各单位配合，共同做好摸清底数的工作，确保建立基本准确和完整的地下数据库。

奥运期间主要地下管线安全风险防范评估第二次研讨会

2008年5月27日，科技委员会召开奥运期间主要地下管线安全风险防范评估第二次研讨会。调研组的委员和专家讨论了《奥运期间主要地下管线安全风险防范评估报告（初稿）》，提出了进一步充实完善的修改意见。

与会人员充分肯定了报告起草小组的工作，认为评估报告的内容充实、结构合理、条理清晰，基本涵盖了委员们在第一次研讨会上提出的建议。同时指出，当前奥运的各项准备工作已进入最后的关键期，调研组应进一步进行归纳影响地下管线安全的风险隐患，并提出可操作性的建议，在评估报告中应突出"反恐防暴"、"应急处置能力"等内容。

与会人员认为，针对奥运这一特殊时期，地下管线的重大风险可概括为：一是因管网老化，不同年代、不同材质、不同施工质量的管线与城市化规模扩大不相适应带来的安全隐患；二是一些新建工程，特别是涉奥场馆的建设，因工期紧、任务重，多种管线相互交叉、同期作业，造成相互干扰，挖填土结合部较多，回填土压实质量受到影响，极易造成管基不均匀沉降，给地下管线安全运行带来隐患；三是管道占压带来的隐患；四是小区支线管网漏损影响供水水质的隐患；五是奥运期间可能出现的暴雨等恶劣天气带来的道路积水等隐患；六是人为破坏和恐怖袭击。

与会人员建议，一是政府部门和专业管理部门要充分发挥统一监管和专业管理职能，抓好应急预案的演练、抢修设备的部署、抢险人员能力的提高、与奥运场馆实现无缝衔接等工作；二是通过开展奥运安全知识宣传、辅导、讲座等形式，不断提高市民自我防范的安全意识和维护地下管线安全的意识。

创新创业篇

第三章　促进中关村自主创新发展调研[①]

2009年3月13日，国务院批复了中关村科技园区建设国家自主创新示范区，这是党中央、国务院在新的历史时期，着力推进自主创新，加快建设创新型国家的重大决策；是北京市深入贯彻落实科学发展观，加快产业结构优化升级和发展方式转变的迫切需要；是充分发挥中关村创新优势，探索中国特色自主创新道路的重要实践。为促进国务院批复的落实，全面提升中关村自主创新和辐射带动能力，市政协科技委员会于2009年4~7月，与民革北京市委、民盟北京市委、致公党北京市委、九三学社北京市委、海淀区政协联合就中关村自主创新发展进行专题调研。调研组赴天津、上海等4市高新技术开发区考察，实地视察了中关村海淀园等6个科技园区，深入中星微、碧水源、民海生物科技等11家高新技术企业，以及交通银行中关村园区支行、北京国际企业孵化基地、国际版权交易中心等进行调研，召开了企业家座谈会及市发改委、市科委、中关村管委会等6家政府部门座谈会。现将中关村自主创新的调研情况报告如下。

一、中关村自主创新体系建设取得重大突破

中关村科技园区经过21年的发展，从最初的"电子一条街"建设成为目前我国规模最大、创新能力最强的高科技园区，也是科技智力资源最为丰富的聚集区，中关村蕴藏着巨大的知识智力优势和自主创新能力。随着国家创新战略的提出和实施，中关村自主创新进入了新的发展阶段，国务院对中

[①] 本研究由2009年北京市政协科技委联合调研组完成。

关村建设国家自主创新示范区的批复,北京市对建设中关村国家自主创新示范区核心区的批复,将开创中关村自主创新发展的新篇章,中关村自主创新发展的基础、宏观环境以及肩负的使命都在发生着深刻变化,中关村自主创新体系建设取得了重大突破,主要表现在以下几方面:

(一) 创新能力显著增强

据市统计局数据显示,2008年,中关村企业R&D经费支出达324.5亿元,占总收入的3.17%,是全国R&D支出(1.52%)的两倍。中关村高新技术企业专利申请量17219件,同比增长32.7%。其中发明专利11331件,同比增长32.1%,占专利申请总量的65.8%,万人专利申请量达165件,输出技术合同成交额达455.0亿元,同比增长22.9%。

(二) 创新要素不断聚集

中关村有近2万家高新技术企业,50多所高等院校,200多家科研院所,29个国家工程研究中心,31个国家工程技术研究中心。全国1/3的国家重点实验室、国家重大科技工程、重点学科基础研究、"973"计划(基础研究)、"863"计划(战略高技术研究)聚集在中关村。微软等70家跨国公司在中关村设立了研发机构,聚集闪联、长风联盟等30家产业联盟组织。中关村代办股份转让系统挂牌企业达60家,上市公司达115家。与中关村创业投资引导资金合作的社会投资机构达45家。成立了中关村企业家天使投资者联盟。中关村企业信用促进会会员超2000家。中关村开放实验室达59家,已为1163家企业提供5602项检测和研发服务。

(三) 创新措施不断推进

一是中关村股权激励试点工作已扩大到198家单位,其中市属单位104家、中央在京单位94家,通过审批的市属单位有26家。以职务科技成果股权、成果转化收益分成、股份期权等多种激励方式,调动企业科技人员、经营管理人员的积极性，解决长期以来知识与分配相脱离的难题。二是科技金融综合改革试点已启动，北京银行中关村海淀园支行、交通银行中关村园区（科技）支行、中关村科技创业金融服务集团有限公司、中关村小额贷款股份有限责任公司4家科技金融服务机构集中落户中关村海淀园。中国银行、工商银行及渣打银行等9家国有和外资大银行参与中关村信用贷款试点工作。截至2009年8月，已向62家企业提供贷款授信额度达22.62亿元。推动四家保险公司与109家企业签署了科技保险投保协议，保额近70亿元。三是政府先后四批认定1289家单位的2863个产品为北京市自主创新产品，认定35家单位的38个产品为政府首购自主创新产品，先后有91个自主创新产品获政府采购订单，金额达27.3亿元。中关村51项产品入选首批国家自主创新产品目录，数量位居全国之首。四是重大科技专项资金列支间接费用试点工作，已在82家单位，101个项目中启动。

（四）创新环境不断完善

一是近年来先后制定并颁布实施了《北京市关于进一步促进高新技术产业发展的若干规定》、《进一步做强中关村科技园区的若干意见》、《关于建设中关村国家自主创新示范区的若干意见》等30多项地方性科技法规、规章和政策性文件，为推进中关村自主创新，促进首都经济平稳较快发展提供了重要的法规政策保障。二是中关村科技企业孵化器达70余家，国家级大学科技园14家，国家级创业服务中心21家，数量居全国第一。三是中关村高新技术成果转化项目数量逐年上升，专项资金规模列全国首位。据市科委介绍，目前被认定的高新技术成果转化项目达1012项，落实专项资金12.67亿元，带动社会资金投入比例达1:11，成果转化项目实施单位的纳税金额达92.88亿元。四是为破解创新创业企业融资难题，截至2009年5月，北京银行已累计发放小额担保贷款6305万元，支持1100名创业者创业，带动就业人员近4500名。中关村科技担保公司累计为5289个项目提供信用担保243亿元，担保放大倍数以平均32.7%的速度递增。五是加快高新技术企业认定，在2008年认定的2634家高新技术企业的基础上又认定了1479家。截至2009年9月，北京市新认定的高新技术企业数量达到4113家，数量居全国首位。

二、中关村自主创新发展面临的机遇与挑战

国务院的批复,明确了中关村新的战略定位是建设国家自主创新示范区,提出了中关村未来发展的战略目标是成为具有全球影响力的科技创新中心。这个新的战略定位赋予中关村新的历史使命,中关村是北京的更是中国的,还将是世界的。准确把握中关村创新战略定位,抓住机遇、不辱使命,全面提升中关村自主创新能力,就要把中关村置于国内国际经济社会和科技进步的大背景下加以分析。

(一) 中关村自主创新面临着难得的发展机遇

一是全球以信息技术为主的新一轮技术革命浪潮正在涌起,新能源、新材料以及生物技术、空间技术等新兴产业的发展呈加速态势,给发展中国家参与全球科技竞争带来了新的空间和机遇。二是国际金融危机给中国经济带来的不仅是负面影响,更是难得的发展机遇。危机使企业创新需求更加旺盛,高附加值、高效率、低消耗、低成本的产品和技术更受青睐;危机使企业创新成本大幅降低,人员薪资、设备价格、制造费用都有明显下降。欧美股市调整,使高科技行业估值水平大幅降低,用更低成本可获取更优质的创新资源;危机使创新要素在全球范围内加速流动,更多的跨国公司集中资源、降低成本实行外包。国外先进技术、科技成果、人才、科研机构向外寻求新的发展空间,这将给中关村创新企业带来难得的市场、人才和技术资源。调研中我们发现,在金融危机影响仍持续的情况下,2009 年 1~2 月,中关村雍和园文化创意类企业实现主营收入同比增长了 34.8%;2009 年 1~5 月,大兴生物医药产业基地工业总产值同比增长了 60.6%。在这些高新技术领域中,快速发展、逆势上扬呈明显态势。三是科学发展观的提出,国家创新战略、"科技北京行动计划"的实施,特别是金融危机给人们的启示,使依靠科技进步推动产业结构调整和经济发展方式转变成为各级政府的共识,为自主创新提供了广泛的社会和市场需求,这将是中关村自主创新发展的强大内

在动力。四是中央和北京市一系列扩内需、保增长政策措施的实施，加大了基础设施和科技投入力度，为大规模自主创新提供了财力保障。大量国家创新资金的投入和一批国家级重大科技项目落户北京，将引导和带动全社会的创新活动，激发中关村各类创新主体的创新活力。

（二）中关村自主创新发展面临着严峻的挑战

一是全球科技竞争日趋激烈，发达国家知识产权壁垒成为遏制发展中国家崛起的手段，技术封锁和贸易保护成为制约国际技术交流与合作的主要障碍。金融危机影响持续，外需萎缩影响创新产品供给，资金压力大影响创新和研发投入，中关村参与全球科技竞争和提升核心创新水平的形势严峻。二是中关村与世界一流科技园区相比有着不小的差距，主要是企业研发投入和技术创新能力相对落后，中关村企业研发投入强度在3%以上，而硅谷企业研发投入强度在10%以上。硅谷的产业发展以研发和高端制造为主，处于全球产业分工和价值链的高端环节。而中关村的产业发展以引进消化吸收和集成创新为主，原始创新不足，产业发展的核心技术和标准受制于人，处于全球产业链的中低端。特别是针对中小企业的风险投资，无论是总量规模还是运作结构都与硅谷有较大差距。据中关村数据统计，2008年硅谷风险投资总额达83.52亿美元，占美国风险投资总额比重29%，而中关村风险投资总额为11.6亿美元，占中国风险投资总额比重的24.2%。硅谷风险投资重点投向初创期企业，而中关村对企业早期阶段投入较低。技术与资本对接的"投资空白"问题较为突出。三是国内高新区的快速发展使中关村面临着新挑战和较大的区域竞争压力。在全国54家高新区中，以天津滨海新区、上海张江高科技园区为代表的高新区，其快速增长形成的后发优势，对中关村在全国高新区中的领先创新优势构成了挑战。特别是中关村的土地成本相对较高，中关村西区和上地信息产业地价已上升3000元/平方米甚至更多。据调查，天津、上海、南京、武汉东湖等高新区的土地价格和吸引人才优惠力度都很大，致使一些大企业为降低成本将部分业务迁出北京。一些高新技术企业"孔雀东南飞"现象近两年有增无减，代表中国科技水平"曙光6000A" 2008年就落户天津。

三、中关村自主创新发展亟待解决的问题

（一）制度创新不足仍是制约中关村自主创新发展的瓶颈

过去二十多年来，中关村依靠制度创新走上了成功之路，现在中关村要在新的历史起点上实现新的突破，成为具有全球影响力的科技创新中心，要在全国有位置、在全球有位置，就必须要吸引全国全球创新人才在中关村聚集，就必须要有一定数量的具有国际竞争力的企业，就必须要有能够影响和改变世界的重大创新成果，而这些中关村的差距是明显的，解决制度创新不足形成的制约瓶颈仍是当前的突出问题。

一是影响自主创新和高技术产业发展的基础性制度还不健全。我国市场经济体制尚处于不断完善过程中，特别是投融资体系、知识产权、信用体系、中介组织等基础性的制度设施不健全，影响自主创新和高技术产业发展的市场宏观环境亟待改善。中关村要在国家层面的支持下先行先试，有所突破。二是知识创新与技术创新紧密结合的机制还未形成，创新活力难以充分释放。北京科教资源十分丰富，但科技投入和资源配置分散，资源整合不足，特别是充分发挥在京高等院校、科研院所的科技资源优势和科研力量不够，知识创新与技术创新紧密结合的机制远未形成。近年来专利量虽逐年攀升，但转化率始终处在 10% 的较低水平，与发达国家 80% 科技成果转化率有较大的差距。中关村要创建世界一流科技创新中心，就要有世界一流的大学，要建立知识创新与技术创新紧密结合的机制。诞生于硅谷那些能够改变世界的大企业，如苹果、惠普、Google 等，大都来自斯坦福大学的创业企业。斯坦福大学实行宽松灵活的教学制度和学籍管理制度，校方支持和鼓励学生创新创业的尝试，鼓励教授和学生从事和产业相关的研究，并通过咨询教授制度，使大学和产业紧密联系。开放的教学体制和浓厚的创业氛围，大大激发了创新活力。据调查了解，武汉大学在尝试这种教学模式，大学周边有不少创新公司是大学教师和学生共同创办的，校园的创新创业氛围十分浓厚。中关村要

在科技和教育体制改革上做出先行先试的示范。三是企业自主创新主体地位尚未完全建立。在发达国家，企业的研发活动占主导地位，如美国、日本、韩国企业 R&D 支出占全社会 R&D 支出的 70% 以上。据北京市统计局数据显示，2008 年北京市企业 R&D 经费支出（292 亿元）占全社会 R&D 经费（620.1 亿元）支出的 47.1%。据 2008 年北京市第三次工业企业创新调查结果显示，拥有国际新、国内新和企业新产品的企业占全部工业企业比重分别为 14.0%、37.3%、47.0%。全市规模以上工业企业有研发活动的企业仅占 17.7%，有研发机构的企业为 7.7%。确立企业自主创新主体地位，提高企业创新能力，是中关村示范区在制度创新上要解决的重大课题。

（二）中小科技企业融资难仍是阻碍创新发展的主要难题

随着国际竞争加剧和高新技术产业快速发展，技术研发和产业化门槛不断提升。企业发展的外部环境与 20 年前相比发生了很大的变化，企业靠自筹资金已很难满足研发和产业化的需要，中小企业融资难仍是阻碍创新发展的主要难题。近年虽已采取多项改革措施，特别是国务院批复中关村建设国家自主创新示范区后，加大了科技金融改革的力度，设立科技金融机构和担保公司，在中关村率先开展中小科技企业信用贷款试点等。但由于规模不足、额度有限，对中关村 1.8 万家中小企业的需求来说，如"杯水车薪"，难以缓解对融资的渴求。由于银行仍以传统的实物资产为评估依据，年度保值增值为指标，金融业对中小科技企业的支持严重滞后，融资难成为企业普遍面临的困难。加之创业投资不发达，政府引导力度不足，民营资金、社会资金跟进动力不够，多层次资本市场仍处于起步阶段。这些制度体制上的缺陷，从深层制约着企业创新活力，致使我们培养多年的高新企业为国外风险投资所吸纳，在美欧上市，成为中国血统的"外资公司"。近年，中关村高新企业在国内上市审核通过率仅为 35%，远低于全国 75% 的平均水平，创新资本不足，严重困扰创新企业的发展。

(三) 中关村创新创业环境仍面临着一些突出困难

一是新的高新技术企业认定办法设置的门槛，使中关村创新创业企业难以逾越。中关村每年将产生3500家创新创业企业，它们的创新动力和创业精神与硅谷企业比肩同趋，但却被"新认定办法"挡在"高新"之外。在中关村创新与创业是融为一体的，只有技术创新获取成功才能在创业中求生存，因此，中小企业的创新动力与活力都明显优于大企业。二是中关村区域创新政策不足，难以发挥高新产业聚集优势。实施新税法以来，中关村原有区域税收优惠政策已失效，新的区域税收优惠政策尚未建立，加之国家相关产业政策和金融危机的影响，使高新企业面临前所未有的压力。据市统计局数据显示，2009年1~6月，中关村工业总产值达1539.4亿元，同比下降19.3%。高新技术产业规模不足、实力不强，需要通过区域优惠政策对其辅以提升，加以扶持，使高新技术企业加快聚集、做强做大。三是空间布局受限及审批制度改革滞后，影响中关村自主创新发展。中关村海淀区作为示范区核心区，空间布局受限已影响创新战略的实施。调查中，中关村企业普遍反映，管理层次多、行政审批时限长、手续繁杂仍是困扰企业发展的主要问题。调研组还了解到，2008年企业自主研发的国家一类新药，却难以进入医疗保险目录。已纳入专业园区规划的创新项目，还要经市有关部门长达300多天甚至更长的审批时限。

四、促进中关村自主创新发展的建议

大力推进中关村自主创新发展，机遇前所未有、挑战前所未有。国务院批复中关村的八项措施，战略定位与方向已明确，关键的问题是，统一思想、狠抓落实，坚持先行先试的原则，敢为天下先、敢为人前试，继续发扬中关村"法无明文禁止不为过"的精神，紧抓机遇不放、大胆创新先行、勇于突破先试，突出在以下几方面发挥先行先试的示范作用。

（一）在制度创新上做出示范

1. 大力推进中关村制度创新建设，充分释放创新活力

切实落实国务院的批复精神，围绕建设国家自主创新示范区和全球科技创新中心的战略定位，统筹协调、精心打造有利于全面提升中关村自主创新能力、全面推进高端产业发展的制度环境。在中关村示范区内、核心区内勇于改革探索，在落实国家创新战略目标、加快聚集全国全球创新资源、加快实现重大创新成果转化和产业化、加快建立与创新活动相适应的多层资本市场、加快推进政府公共服务体系改革、加快推动创新资源国际化等重大问题上，大胆进行制度设计和试验。继续发扬中关村"勇于变革、敢为天下先"的精神，敢于突破制约发展的制度与政策瓶颈，充分释放创新活力，允许和宽容失败，形成中关村特殊优势和创新文化氛围。

2. 建立知识创新与技术创新互动机制，激发科技人员创新动力

一是强化产学研用结合，鼓励和支持高等院校、企业、科研机构建立多渠道、多形式的紧密合作关系。集中支持一批产学研用结合的重大项目，努力突破一批关键和核心技术，重点实现一批科技成果的产业化专项。二是加大科技成果股权激励试点工作力度。争取国家层面支持，积极推进示范区内中央企业的试点工作。对获科技成果股权激励的科技人员延期征收个人所得税。股权激励政策要进一步放宽标准、缩短审批时限，吸引社会资金加入，充分激发科技人员创新动力。三是在中关村试行科技人员聘任、职称评定、考核、奖励引入科技成果转化和产业化的评价指标；开展不受部门及所有制限制的高级职称评定工作；建立科技人才在企业、高等院校、科研院所之间有序流动机制；大力促进企业与高等院校联合培养创新型人才。四是落实高端人才引进工程，完善对高端人才在创业扶持、人员出入境、长期居住、户口进京、医疗服务、社会保险等方面的优惠政策，并加快实施。

3. 建立以企业为主体的科技成果转化机制，加快提升企业创新能力

一是建立政府科研经费投入向企业倾斜的机制，加大对企业自主创新的支持力度，加强成果转化链上的后端投入。建立产业投资引导基金，引导民间和社会资金对中关村重点行业的投资。二是制定《产学研合作促进条例》，

以地方立法形式明确其基本行为准则；加大创新资源整合力度，加快推动以中关村企业为主体的科技成果转化工作。三是围绕首都经济社会发展的重点领域，积极支持并组建产学研用结合的各类产业技术创新联盟。通过新型产业组织形式，以产业发展需求为纽带，将高校院所与企业人才组织起来，创建先进技术标准、完善产业链构架，突破产业发展中的重大关键技术问题，提高企业创新能力，促进行业整体发展。四是在全面梳理科技成果转化需求的基础上，积极组建科技成果转化数据平台和系统建设，实时掌握全市乃至全国科技资源动态数据，为推动科技成果产业化服务。五是扩大国家重大专项准入范围，积极支持示范区内新型产业组织和民营科技企业参与国家科技重大专项、科技基础设施建设及重大科技计划项目。六是加大对示范区内高新技术企业发展的政策支持力度。完善企业新产品研发、新技术引进、新设备购置、新技术产品出口的抵扣、返还等优惠政策。七是大力支持电子信息、汽车、装备制造、生物医药、新能源、环保和都市产业发展。加快制定产业振兴规划及指导意见。特别要大力发展软件和服务外包产业，加大政策支持力度，抢占国际市场，鼓励有实力的大型软件企业通过兼并重组、联盟等方式，整合优质资源，建立完整产业链，使企业做强做大做优。

（二）在突破融资难问题上做出示范

1. 积极发展股权投资和创业风险投资，发挥民间资本在科技创新上的作用

在中关村示范区内设立有外资参股的股权投资基金及管理公司，积极引导中关村企业股权融资。试行重大科技成果转化和产业化项目，以股权投资方式介入管理。研究制定《促进民间融资条例》，鼓励民间创业风险投资，对投资于高科技企业的风险投资者给予优惠政策支持。扩大风险投资规模，规范运作结构与方式，建立民间资本进入多层资本市场并有效转移、退出机制。逐步形成以政府资金为引导，民间资本为主体的风险投资体系，培育有利实现风险收益最大化的投融资环境。

2. 抓住国家推出创业板机遇，大力鼓励和支持轻资产、高成长的科技型企业直接融资

补贴上市企业前期费用，降低企业直接融资门槛。建立代办系统挂牌企业转板机制，为企业转向主板和创业板上市开辟绿色通道，争取更多中关村企业上市创业板，在创业板市场形成中关村板块。进一步扩大中关村股份代办转让试点规模，积极引进个人投资者进入代办系统，在此基础上建设统一监管下的全国性场外交易市场，为创业投资提供高效的退出渠道。

3. 加强对中关村金融专业机构的政策支持，积极推进金融创新

由政府出资建立中小科技企业贷款风险补偿资金。推进商业银行设立服务于中小科技企业信贷的专营机构。针对中小企业需求，加大信贷规模，增加担保机构资本金总量，积极探索适合中小企业特点的金融工具。在中关村核心区开展组合金融试点，扩大商标、知识产权质押融资规模，试行科技企业应收账款、设备租赁和房地产信托融资模式，推出功能多元、风险共担的复合金融产品，满足不同成长阶段科技企业融资需要，并简化手续、降低门槛，有效缓解科技企业融资难问题。

4. 规范和促进金融中介机构发展，完善信用体系建设

发挥行业协会作用，有效整合金融中介服务机构资源。建立服务于科技企业的金融中介服务机构联席会制度。在政府与社会各方的参与和征信下，建立公共信用信息数据平台，完善信用信息的有效发布。

（三）在创新创业环境上做出示范

1. 加快高新技术企业认定工作

2009年底将有8000多家高新技术企业到期需重新认定，进一步加强企业"一对一"的辅导，加快认定速度。从北京实际出发，研究制定"中关村科技企业"认定标准和帮扶措施，通过优惠政策鼓励和促进创新创业企业发展。

2. 完善和落实促进中小科技型企业创新创业的政策措施

高度重视中小科技型企业发展，在资金、土地和服务等方面加大支持力度，建立面向中小企业服务的公共财政补偿机制。政府要给予政策支持，大

力加强以市场化、专业化为发展方向的大学科技园、科技孵化器建设，引导建设各类市场化的科技条件平台，降低中小科技企业创新创业成本，提高区域创新活力。

3. 围绕有利于创新创业发展，完善示范区的服务与管理

一是改革政府管理体制，简化层次、减少交叉，在海淀区试行建立政府、管理、服务一体化的管理模式。二是积极探索示范区内土地利用和开发建设新模式，下放审批权限、减少审批程序，试行核心区内规划、建设、土地管理的集中、联合审批。对重大科技和产业化项目用地，可采用协议转让的方式；对专业园区和产业基地的土地开发和建设项目，强化区级政府的监管职能，以提高科技项目落地实施的效率。三是加大政府采购对自主创新产品的扶持力度，形成制度使其常态化、规范化、制度化。自主创新产品，在政府投资项目前期规划和标准制定中，要首先采用；在招投标评审中，要优先加分；在财政年度预算中，要积极安排。四是完善和发挥各行业协会的作用，建立高效政企沟通机制，及时反馈企业意见，提高面向企业服务的针对性和有效性。五是调整示范区核心区的空间布局发展规划。

【外省市调研启示】

赴天津、上海、南京、武汉4市高新科技园区的调研报告

为促进国务院对中关村建设国家自主创新示范区批复的落实,全面提升中关村自主创新和辐射带动能力,市政协科技委就中关村自主创新问题开展重点调查研究,于2009年4月1日、4月9~18日分别由市政协领导率队赴天津滨海新区、上海浦东张江高科技园区、南京高新技术开发区、武汉东湖国家高新区进行学习考察,参观了生物医药、电子信息、汽车制造业等高新技术企业,并与高新区负责人,就自主创新问题进行座谈。考察团所到之处深切感受到自主创新作为国家发展战略,已成为各区域经济发展的主要支撑力。4个园区都是国家级科技园区,在政府的支持下积极发展区域优势,培育创新土壤、培植创新主体、培养创新人才,他们在集聚创新要素、完善创新环境、突破创新体制方面做出的积极探索给北京以启示和借鉴,现将考察的有关情况报告如下。

一、4市高新科技园区发展现状分析

(一)天津滨海新区依靠自主创新实现逆势突围

天津滨海新区在2006年被纳入国家整体发展战略,批准为我国第二个国家级综合配套改革试验区后,综合实力显著增强,科技创新能力不断上升,全方位开放格局初步形成,在国际金融危机背景下,仍出现了经济快速增长的局面。2009年第一季度生产总值完成716.95亿元,增长22.3%,增速快于天津市6.3个百分点。滨海新区2009年经济发展目标确定,将实现工业总产值9250亿元,年增长22%。服务业增加值1000亿元,增长20%。外贸出口总值291亿元,增长10%。实际利用外资59亿美元,增长16%;吸引内资225亿元,增长25%;固定资产投资2305亿元,增长40%。社会消费零售总额395亿元,增长20%。财政收入增长700亿元,增长15%。2009年新

区将安排 5000 万元以上重大产业项目 430 个，其中工业项目 192 个，服务项目 181 个，总投资 5100 亿元。新区为支持企业应对国际金融危机，加大科技创新投入，加快高新技术产业化，2009 年安排了 2 亿元专项资金，重点支持国家级研发平台、行业技术中心和高新技术产业化项目建设。进一步完善科技投融资体系，新区与国家开发银行首期已设立 20 亿元创业投资引导基金，吸引 64 家国内外著名风险投资公司，注册资金规模达 78.7 亿元。

（二）上海张江高新区大胆推进金融体系改革

2005 年 6 月，国家批准上海浦东新区进行综合配套改革试点，位于浦东新区的张江高新区创造了"孵化＋投资"创新模式，探索了多元化、多渠道投融资体系模式，大胆破解科技与资本结合的难题。2008 年，高新区政府建立了 20 亿元引导资金，放大后形成 200 亿元的投资规模，主要投向早期创新项目，以帮助企业渡过创业初期的难关。目前园区已初步形成了政府、园区和社会资本优势互补、良性互动、覆盖企业发展各个阶段的投资链。同时，由张江主导发起设立的张江汉世纪基金（风险投资资金），投资规模 10 亿元，主要投向园区高速成长期的自主创新企业，现入驻园区的国内外专业风险投资机构已超 50 家，如国际知名风险投资机构美商联讯 3 年内在张江投资了 6 个项目，投放资金 4600 万元，频频"下注"的风险投资机构不在少数，张江已成为风险投资资本的聚集地。为解决创新企业起步发展的资金"瓶颈"，张江还建立了专项贷款担保资金，起步期的中小企业可用知识产权作质押担保向银行贷款，目前已完成 20 多笔知识产权质押融资。为降低中小企业创新成本，张江实行了"专利托管"服务模式，使擅长于研发和技术的中小科技企业专注创新，而把自己不熟悉的专利管理业务委托给专门机构。

（三）南京高新园区加强政策扶持，完善创新环境

在产业发展方面取得重大突破，形成了车辆制造、电子信息、生物医药、新能源新材料等为主导的产业聚集区，目前区内注册企业 2000 余家，产值超亿元企业 60 余家。针对创意软件、服务外包、生物医药等高端产业，南京高新区制定了专项扶持政策，近 3 年来为区内科技型成长企业提供项目配套资金超过 3 亿元，建立了 6000 万元的创业投资担保基金，为企业提供融资担保 3000 余万元。与科技部共建的南京科技创业服务中心（科技孵化机构），孵化面积达 10 万平方米，科技成果转化成功率达 70%。与教育部、人事部共

建的留学人员创业园，集聚了南京市近五成的生物医药孵化和研发公司，每年为GDP贡献10亿元。2009年园区建立了2亿元海外留学人员创业基金，为每位领军人才提供不少于200万元专项资金，用于购置实验器材及设备等条件建设。近几年，园区每年要拿出上亿元资金支持产学研合作项目实现其产业化。

（四）武汉东湖新技术开发区努力建设"人才特区"

为抢抓武汉城市圈"两型社会"综合配套改革试验区建设的机遇，武汉市委市政府制定了《关于在武汉东湖新技术产业开发区建设"人才特区"的若干意见》，提出了实施"3551"人才计划的总体目标，即力争3年内，在光电子信息、生物、清洁技术、现代装备制造、研发及信息服务五大产业，引进和培养50名左右掌握国际领先技术、引领产业发展的科技领军人才，1000名左右在新兴产业领域内从事科技创新、成果转化的高层次人才。为实施这一高层人才引进计划，制订了一系列的措施、办法及规定。同时，加大资金投入，设立"人才特区"建设专项资金，每年投入不少于1.5亿元，主要用于高层人才引进和培养各项计划的开支。对引进世界一流的创新团队，最高给予1亿元的经费资助；对其他海内外高层人才，给予最高500万元的扶持资金、500万元的风险投资资金和年利息额50%的贷款贴息。同时吸引国内外组织、社会团体和个人对"人才特区"建设的投入，形成多元化的人才开发投入机制。

二、中关村发展存在的问题分析

考察团在感受到上述4市科技园区各具优势、快速发展的同时，也看到科技园区所面临着产业转型升级和空间优化的压力。面对全球科技竞争日趋激烈的局面，如今的科技园区要再起跑、再跨越，除了技术创新外，很重要的一条就是要在市场体系，包括投融资、信用体系，政府服务管理体制上创新，要突破长期未解的难题和瓶颈，充分释放创新活力。

相比较而言，中关村是目前国内创新资源最密集、创新体系较完整、创新优势较突出的区域。但是按照国家给予的要把中关村建设成为全球科技创新中心的战略定位相比较，我们的差距还很大。尽管中关村已发展到"一区十园"的规模,但创新潜力仍没有完全释放出来,知识经济、新兴经济只是初步形成,国际知名企业数量太少,创新与资本、科技与金融、知识与分配、资源与管理的对接,与美国硅谷相比,中关村20多年的发展仅是一个序曲。

三、比较后的建议

一是中关村作为建设国家自主创新示范区,要在深化体制机制改革上做出示范,这是核心的问题、关键的突破。目前我们在金融、创业、服务等很多体制上还存在着不少不利于自主创新和高科技产业发展的问题。要大胆推进创业金融、知识产权、人才资源、公共服务等重点领域的改革和试验,特别是政府的服务观念、行政效率、政策支持方面要有突破,为进一步激发各类创新主体和要素的创新活力提供体制机制保障,为国家创新发展起到先行先试的示范作用。

二是中关村自主创新的主力军和生力军是中小型科技企业,它们最具创新活力。中关村应成为中小科技企业的孵化器,要加大对中小科技企业的培育和支持力度。要高度重视过度的商业性开发对中小企业形成的压力,要为中小企业营造优良、低成本的创新创业环境,这是保持和增强中关村创新活力的关键所在。

三是各地科技园区都处在新的跨越发展阶段,各地政府在举全市之力加大科技投入和政策支持,突破体制"瓶颈",推进创新发展。天津、上海、南京等科技园区优惠的土地价格、宽松的政策环境,形成了科技竞争的后发优势,这些对中关村既是压力也是挑战。作为国家自主创新示范区,中关村承担着重大的使命和责任,要有一定的紧迫感,在体制机制创新方面走在全国的前面。要充分利用好国家给予示范区的六条政策,抓紧时机,解放思想、推进改革,最大限度地激发创新活力。

【北京调研案例分析】

北京碧水源科技股份有限公司

2009年5月12日上午,科技委员会就中关村自主创新调研考察北京碧水源科技股份有限公司。听取碧水源公司关于企业自主创新和发展现状的汇报。委员们考察了碧水源公司雁栖开发区膜生产基地,怀柔区庙城污水处理厂,了解碧水源公司污水处理和废水资源化技术开发和应用情况。

作为科技部认定的中关村高新技术企业,碧水源公司长期坚持技术创新的发展道路,研发并生产污水处理的膜技术MBR系统,该技术具有自主知识产权,达到国际领先水平。公司与清华大学合作成立环境膜技术研发中心,引进高端人才,研发投入从2005年的300万元增加到2008年的2400万元,建成了从实验室、中试基地到产业基地一套完整的技术研发和成果转化的体系。目前,该公司生产的膜产品和膜生物反应器技术,已替代了进口,并列入政府采购目录,广泛用于北京市污水治理和污水资源化利用。该公司完成的近千项污水资源化工程,每年可为国家生产高品质再生水1.5亿吨以上。在当前受金融危机影响经济下行压力依然很大的情况下,公司销售业务仍达到100%的增长。

委员们建议:要在北京市广泛应用膜处理技术,改造和替代传统的污水处理方法。膜处理技术具有出水水质标准高、污泥产量少、占地面积小等特点,市政府要加大投入和推广应用力度,如果北京市大小污水处理厂全部采用膜技术,将所有污水源经膜技术处理变为净水,将是北京水治理上的根本变革,也从根本上解决了北京缺水的问题。

碧水源公司应根据市场需求开发多样化、多元化的产品,既要有适应工业污水源的膜处理器,又要开发可用于医院、小区、家庭的产品。不断开发新产品,提高新技术,企业才会有更强的生命力。

政府要大力支持具有自主知识产权、新技术达到国际一流水平的企业,帮助它们解决在引进人才、开拓市场、扩大生产能力方面的问题。

中关村科技园区海淀园

2009年5月19日上午，科技委员会到海淀园调研中关村自主创新工作，了解海淀园开展科技金融综合配套改革和行政审批试点的工作情况。委员们先后听取了中关村管委会和海淀区发改委、金融办、国税局、地税局、海淀园管委会、中关村科技创业金融服务集团有限公司、交通银行北京分行等部门关于建设自主创新示范区核心区，深化科技金融改革和行政审批改革的情况汇报，并考察了交通银行北京中关村园区支行。

据了解，2009年4月1日，北京市政府批复中关村科技园区海淀园作为中关村国家自主创新示范区核心区。为推进核心区的建设，海淀区委、区政府制定《关于加快建设中关村国家自主创新示范区核心区的若干意见》，为促进高新技术产业发展，推出了20条相关政策，形成了"1+20"的政策体系。核心区内在股权激励、深化科技金融改革创新、国家科技重大专项项目经费使用、政府采购和聚集创新要素等方面先行先试，并重点完成三个"示范"、三个"试点"的目标，即产学研用创新体系建设的示范、创新要素聚集的示范、高端产业聚集的示范；科技金融改革创新试点、政府公共服务政策创新试点和吸引高端人才政策改革的试点。

目前，海淀园已经启动首都科技金融综合改革试点。加快建立多层次资本市场体系，综合运用多种金融工具支持科技与金融的结合。

北京银行中关村海淀园支行、交通银行北京市分行中关村园区支行、北京中关村科技创业金融服务集团有限公司、北京中关村小额贷款股份有限责任公司4家科技金融服务机构集中落户中关村海淀园，针对当前科技金融体系中存在的问题和创业期、成长期企业的特点和需求，力图通过体制机制和业务模式创新，整合创业投资、担保和银行贷款服务资源，形成覆盖企业不同发展阶段，集小额贷款及融资担保、创业投资、产业投资及并购重组于一体的科技金融服务体系。其中，中关村科技创业金融服务集团有限公司是由政府投资和引导，专业运作的新型金融服务机构，创业投资、股权债权、融资、小额贷款等多种融资模式，全方位支持中小型科技企业先试点再覆盖；

交通银行北京市分行中关村园区支行是一家科技金融专业支行，推出了商标权与专利权担保贷款、文化创意产业版权担保贷款等业务，专门解决科技型中小企业融资难的问题。自2009年3月28日成立以来，已为60家中小型科技企业放贷2.5亿元，其中知识产权质押11户。

委员们建议：一是突出先行先试。20年前中关村走出的第一步就是在体制机制上的突破，20年后国务院批复建设国家自主创新示范区，其示范作用仍然要在体制外做文章，要充分理解中央精神，敢于在金融体制上实现突破，建立多层次资本市场，必须要鼓励民间资本进入，要探索非银行、非国家资本参与的先行先试作用。鼓励一些民营企业家建立私营的投资公司，让资本市场真正流动起来，以解决科技与资本对接的难题。二是突出重点，金融试点内容很多，包括风险补偿基金规模能做到多大，要有具体的措施和办法，关键是企业要得到真正的实惠，受惠覆盖面要逐步扩大，试点内容不宜过多、过于全面，要突出重点，在关键问题上下功夫，敢于突破，大胆先行。三是加大空间布局，海淀区可利用土地不多，西区规划布局应给予大力支持，解决地下环廊问题，核心区的空间布局可打破行政区域概念，扩展到昌平。

中关村科技园区丰台园

2009年5月26日上午，市政协科技委员会中关村自主创新调研组到丰台园调研。听取了中关村丰台科技园总体情况的介绍，实地考察了北京国际企业孵化中心及北京信城通数码科技有限公司，并与丰台园管委会有关负责同志进行了座谈交流。

据介绍，丰台科技园作为中关村科技园区最早的"一区三园"之一，经过10多年的发展，已成为北京市丰台区最核心的城市产业功能区，北京市发展高新技术产业的重要基地和全国知名的总部经济聚集区。目前，园区拥有企业共计约3500家，其中高新技术企业总数已达到2500余家。2008年，园区企业总收入实现1250亿元，税费收入超过30亿元，在占丰台区不足1%的土地上，对丰台区财政收入的贡献占到1/5。经过多年的培育和发展，丰台科技园的区域创新体系初步形成，园区拥有国家和部市级企业技术中心14

家，园区企业已承接的国家"863"计划27项、国家火炬计划24项，形成国家重点新产品22项，制定国际国内标准9项。园区还率先提出了发展"总部经济"的概念，自2002年起，规划建设总部基地，已量身打造总部楼317栋，逐步形成了以企业决策管理中心、科技研发中心、财务结算中心、资本运营中心和市场营销中心为特征的总部经济。2008年，园区共计有总部型企业205家，上缴税费占到园区的70%。随着国家高新区政策的调整，园区也在不断完善具有自身特色的政策服务管理体系，在刚出台的《进一步促进自主创新工作意见》中，针对中小型科技企业，园区建立了创业孵化体系，实施创业培训、实验室共享等"5 + 2"孵化模式；针对大型企业，园区建立了总部企业服务体系，实施重点企业走访等机制。在园区2011年的规划蓝图中，将实现吸引超过500家总部型企业入驻、技工贸总收入达到2300亿元、聚集约10万名高端人才的目标，成为北京市重要的城市产业功能区。

在座谈中，委员们对北京国际企业孵化中心（以下简称北京IBI）的企业孵化创新服务模式给予了高度肯定。委员们认为，中小型科技企业是自主创新主体中最具活力的部分，北京应为中小企业自主创新提供更加广阔的空间。北京IBI采取的实验室共享、搭建企业融资平台、为企业提供一站式中介服务、重点企业"巡诊式"服务等创新方法，分级分类为中小企业服务，并通过输出品牌、输出管理、盘活闲置资源、优化配置资源，不仅为中小企业的发展提供了平台，更有效解决了资源浪费、人员再就业等社会问题，北京IBI的孵化器建设模式值得推广。

市政协相关领导指出，看到丰台科技园在总部经济和孵化器建设方面取得的突出成绩，非常振奋。自主创新是国家经济发展的根本支撑，要把科学技术创新作为化危为机、发展经济的重要手段摆在突出位置。当前，丰台科技园要以国家批复中关村建设国家自主创新示范区为契机，认真研究、调整园区的发展规划，并充分利用军工企业的高精尖技术，加强与军工企业的合作，推进自主创新。同时，要加强总部基地的服务设施建设。几百栋总部大楼中要有完善的生活、教育、医疗、娱乐等配套设施，特别是解决交通问题，为园区的可持续发展创造条件。

中关村科技园区德胜园

2009年6月3日上午,科技委中关村自主创新调研组到德胜科技园调研。委员们先后听取了德胜科技园、普天德胜孵化基地、北京利玛自动化技术孵化基地和北京DRC工业设计创意产业基地发展情况的汇报,并考察DRC工业设计创意产业基地公共服务平台。

中关村国家自主创新示范区德胜科技园占地5.6公里。园内拥有国家级、市级科研院所20余家。原有高新技术企业416家,在2008年共实现总收入84亿元,上缴税费总额4.2亿元。自2002年正式开园至今,园区企业共承担国家级科技创新项目129项,北京市和中关村科技创新项目74项。2008年园区高新技术企业共申请专利988件,同比增长24%,企业研发能力、企业研发投入比例居中关村科技园区前列。

西城区政府多年来十分重视园区的发展,在编制园区规划、制订有针对性的产业政策、资金的投入给予大力支持。针对园区位于市中心,面积较小、厂区建设受限等特点,西城区确定了以研发设计、金融后台服务、文化创意产业和高端交易为主的产业规划,2008年投资1.1亿元促进高新产业发展。目前园区已基本形成科技产业、文化创意产业及金融后台服务业三大主导产业的格局。

为推进科技创新,扶持创新企业发展,德胜科技园着力加快孵化体系建设。目前园区共有6家科技孵化基地,通过走专业化、特色化、高端化的发展道路,为科技型中小企业提供完善的创新创业服务环境。如普天德胜孵化基地依托中国普天信息产业股份有限公司和北京邮电大学,主要培育信息通信技术领域的企业;北京利玛自动化技术公司孵化基地充分利用北京机械工业自动研究化所发展现代制造技术的资源,着力打造发展工业自动化、光机电一体化领域产业的专业孵化基地;而北京DRC工业设计创意产业基地作为北京唯一的工业设计产业孵化器,以DRC设计资源协作为运作理念,加强国际化交往,已经培育出了洛可可设计公司等国内工业设计领域的领航企业。

委员们充分肯定德胜科技园的发展,对专业孵化器的建设表现了极大的兴趣，并希望西城区政府及时总结孵化器建设经验，不断提高孵化器服务水平，给创新创业企业提供更好的软环境。委员们建议，德胜科技园要在DRC工业设计创意产业基地所取得成绩和经验的基础上，扩大孵化范围，实现从工业设计到设计全领域的跨越，推进首都文化创意产业的发展。

中关村科技园区雍和园

2009年6月11日上午，科技委员会中关村自主创新调研组到雍和园调研。听取了雍和园建设发展的情况介绍，并实地考察了国家版权交易中心、北京歌华有线电视网络股份有限公司、北京歌华文化发展集团、光线传媒有限公司和由旧厂房改造的"胡同创意工厂"——方家胡同46号。

据介绍，雍和园于2006年9月正式开园，面积约3平方公里，目前共有企业2400多家，其中规模以上企业129家。2008年，雍和园GDP 118.85亿元，占全区的16%。2009年1~2月，雍和园规模以上企业实现主营业务收入50.58亿元，增长4.45%；其中文化创意类企业实现主营收入3.78亿元，同比增长34.8%；高新技术企业实现总收入约为11.06亿元，同比增长15.3%。

雍和园是中关村科技园区中面积最小，也是唯一在二环路以内的科技园区。由于处在城市中心位置，雍和园利用丰富的文化和科技资源重点发展文化创意产业，形成以"歌华创意产业中心"、"国际版权交易中心"为依托的数字内容、知识产权等优势产业集群，以方家胡同46号等旧厂房、四合院整治改建而成的"胡同里的创意工厂"，进而带动周边区域发展，逐步建成具备国际影响力的"科技·创意·文化"园区。2008年，区政府设立每年5000万元的文化创意产业扶持资金，争取到8000多万元的扶持资金，先后引进了一批总部型数字内容产品制作商和渠道商，完成了国际创意产业联盟、奥运票务中心、国际版权交易中心等重点项目建设。同时，发挥以西门子、北京移动等多家总部型企业的引领作用，吸引一批产业链条上的上下游企业入驻园区，夯实雍和园的产业基础。目前，园区在积极努力实现建设知识产权产业群集、数字内容产业群集、中医药科技与文化产业群集和文化旅游休闲产业群集四大重点板块的发展规划，举全区之力打造中关村"国家自主创新示范区"文化核心区。

委员们对中关村科技园区雍和园的发展定位和创新模式给予了充分肯定，特别对"胡同创意工厂"的建设表现出了极大的兴趣，认为"胡同创意工厂"既很好地解决了北京中心城区风貌保护与经济发展的矛盾，有利于提升雍和园的空间布局，又带动了相关旅游业的发展，是一举多得的好创意。同时，委员们也针对园区内文化创意企业普遍存在的融资难问题提出了建议，认为应采取建立知识产权价值评估体系、理顺质押贷款工作机制、完善扶持政策、建立企业信用评价体系等措施，健全知识产权质押贷款体系，彻底盘活企业的无形资产，为中小科技型、创新创意型企业的持久发展提供政策体制保障。

中关村科技园区大兴生物医药产业基地

2009年6月18日上午，市政协科技委员会中关村自主创新调研组到中关村科技园区大兴生物医药产业基地调研。听取了园区管委会关于园区建设发展基本情况及在搭建科技服务平台、实现科研院所技术转移、建设疫苗研发生产基地等方面的汇报，并到民海生物科技有限公司和同仁堂科技有限公司实地考察。

据介绍，中关村科技园区大兴生物医药产业基地（以下简称医药基地）成立于2002年底，2006年1月经国务院批准，纳入中关村科技园区。园区总体规划面积12平方公里，产业用地10平方公里，产业配套用地2平方公里，是国内规模最大的生物医药基地。截至目前，入驻企业、科研院所已达175家。2009年1～5月，医药基地工业总产值为13.7亿元，同比增长60.6%；工业销售收入12.8亿元，同比增长71.7%，在当前宏观经济条件下，实现了逆势增长。

目前，医药基地的产业格局已初步显现，形成了以同仁堂科技有限公司、以岭药业、联馨药业、国药集团为代表的中药、天然药物聚集区；以三元基因、民海科技、依生药业为代表的疫苗、生物制药聚集区；以北京康必得药业、北京协和制药、北京紫竹药业为代表的化学制剂聚集区；以麦邦电子医疗设备、国药龙立制药装备为代表的医疗仪器、制药设备聚集区；以北京兽医生物制品厂、塞弗制药为代表的农业生物技术、兽药聚集区；以湖北新龙、九州通为代表的医药物流聚集区。

医药基地确定了建设以生物医药、医疗保健等生物医药全价值链产业为核心，面向国际、关注人体健康领域、自主创新活跃、世界一流的高科技生态园区的发展目标，全力打造生命科学新城。2010年实现年技工贸收入120亿元，实现国家一类新药数量5个，国际注册专利200个。基础设施投资不少于70亿元，吸引产业投资300亿元。未来将吸引至少一家国际疫苗企业、20家以上国内疫苗企业入驻，建立全国最大的疫苗产业基地，成为全国新型疫苗创新源头，产品销售额占全国疫苗市场份额50%以上。

目前，天坛生物股份有限公司、北京民海生物科技有限公司、北京长生生物科技有限公司、北京依生生物有限公司、北京卫信天成生物科技5家人用疫苗生产企业已入驻医药基地，致力于新型疫苗研发生产。现有企业数量占全国疫苗生产企业数量的15%，拥有品种占现有品种的90%。北京市最大的动物疫苗生产企业——北京市兽医生物药品厂亦在医药基地建成投产，其禽类疫苗产品在北京的市场占有率为50%，在全国的市场份额为10%，综合实力位居全国前列。

委员认为，大力发展生物医药产业，是促进经济增长的新亮点，也是振兴经济的新的增长极，为此建议：一是市政府要加大直接投资力度，提升医药基地产业聚集能力；二是生物医药基地发展规划要纳入北京市生物医药产业振兴纲要；三是改革土地等行政审批制度，已批准入园的建设项目应开辟绿色审批通道；四是大力扶持医药产业发展，市财政税收留成部分应拿出一定比例返还于企业，以增强发展后劲。

中关村科技园区软件园

2009年6月24日上午，市政协科技委员会中关村自主创新调研组到中关村软件园调研。听取了软件园关于园区建设发展情况的汇报，并就软件园如何完善产业环境、推进国家软件产业（出口）基地建设等问题进行了座谈交流。调研组还参观考察了北京软件产品质量检验检测中心和入园企业北京信威通信技术股份有限公司。

据介绍，中关村软件园一期工程项目2001年初启动，经过8年的建设现已基本完成。园区在产业规模、自主创新能力、信息服务等方面都走在了国内前列，初步成为北京软件与信息服务产业的核心区，先后被授予国家软件产业基地、国家软件出口基地和北京市文化创意产业聚集区。截至目前，园区已成功引入了汉王科技、东软、华为、信威、启明星辰、甲骨文、IBM、路透等170多家软件和研发企业，从业软件工程师超过2万人，形成了独立软件研发、IT服务外包产业、金融信息服务产业、计算机与通信一体化等四个特色产业集群。2008年，园区总产值近150亿元，出口创汇约1.7亿美元，软件产品出口和服务外包总额约占北京总量的60%。一期全部建成后，产业规模将超过200亿元，从业人员逾3万人。

在产业服务方面，软件园具有良好的通信基础设施和增值服务能力。园区全部楼宇实现了千兆光纤网，建成了北京最大的无线网络覆盖示范区，构建了专业化、特色化的公共信息平台、公共商务平台和公共技术支撑平台等服务体系，园区的孵化器和科技创新载体共扶持了200多家软件研发中小型创业创新企业。入园企业获自主知识产权1800多项，国家科技进步一等奖4项，企业的创新能力居全国领先水平。

为进一步提升北京国家软件"双基地"的竞争力，解决一期工程发展空间的不足，园区将开发二期工程，实现占地约2.74平方公里，总建筑约170万平方米，容纳企业400~500家。同时，发挥北京IT服务外包企业协会及中关村软件企业出口联盟作用，吸引一批国际级、国家级IT研发中心落户园区，以形成研发聚集领先优势，全力打造全国IT服务外包市场中心、北京文化创意高科技产业化基地和全球有影响力的IT创新中心，创建世界一流的软件专业园区。

委员们认为，软件产业是具有基础性、先导性和战略性的产业，大力发展软件产业是推进区域经济发展，参与全球科技竞争必须抢占的制高点。北京软件产业连续多年在全国具有领先优势，但近年来，国内其他省市软件园的建设发展速度之快、政府扶持政策力度之强，已形成赶超之势。为此，委员们建议，中关村软件园调整发展思路，充分利用国务院批准中关村建设国家自主创新区的机遇，加快推进园区产业化和国际化进程。一是要聚集和培育一批具有国际影响力的龙头企业，搭建上下游产业链，形成产业集群。二是要通过政策加大对高端人才的引进力度，有的人才在北京干了十几年仍解决不了户口问题，户籍制度要为高端人才开辟绿色通道。三是政府应加强对软件园区市政基础设施建设的投资力度，加快对软件园二期建设项目的规划和审批，发挥中关村软件园在全国的示范作用。

市政协相关领导指出，我国的软件和服务外包产业发展迅速，特别是在国际金融危机影响下，软件服务外包产业逆势上扬，异军突起，大力发展软件产业此时是很好的机遇。我国与美国、印度等国家相比有很大差距，要有追赶世界领先水平的魄力，要制定出明确的目标和规划。到中关村软件园调研的目的，主要是了解当前困扰软件园发展的困难和问题，希望能够把遇到的困难和问题做一个详细的梳理，从各个方面做比较性的研究，中关村软件园与国际一流软件园区比较、与国内其他软件园区比较，存在哪些差距、政府支持政策有什么不同，通过政协的调研，向政府提出可操作性的建议。

中星微电子有限公司和曙光信息产业有限公司

2009年7月2日上午，科技委中关村自主创新调研组到中星微电子有限公司和曙光信息产业有限公司调研。听取了两家企业开展自主创新工作的情况汇报，并进行了座谈。

据介绍，曙光信息产业有限公司成立于1995年，是以国家"863计划"重大科研成果为基础组建的高新技术企业。公司以中科院计算所、国家智能计算机研究开发中心和国家高性能计算机工程中心为技术依托，着力研制高性能计算机。2004年6月，每秒运算11万亿次的超级计算机"曙光4000A"研制成功，并落户上海超算中心。"曙光4000A"使中国成为继美国、日本之后，第三个能研制10万亿次以上高性能计算机的国家。公司正在研发的千万亿次"曙光6000A"将首次采用国产通用处理器"龙芯"作为核心部件。目前，曙光高性能计算机拥有国产高性能计算机70%以上的份额，并在高性能机群领域实现了对进口产品的超越。

中星微电子有限公司1999年创建。该公司负责承担和实施国家"星光中国芯工程",主要从事数字多媒体芯片的研发生产。10年来,该公司坚持自主创新,实现了多媒体数据驱动并行计算技术、多核异构低功耗多媒体处理器架构技术等核心技术突破,申请了1700多项国内外技术专利,形成了两大产品线,广泛用于宽带多媒体通信、移动多媒体通信领域。公司拥有自主知识产权的"星光"系列多媒体芯片改写了中国无"芯"的历史,并已占据全球计算机图像输入芯片市场份额的60%以上;"星光移动"手机多媒体芯片占据了中国自主品牌手机70%以上的市场份额。

委员们认为,两家企业是自主创新的典范,起到了很好的示范作用,对它们的成功之路应大力宣传和推广。委员们建议,一是政府应对具有自主知识产权和核心竞争力的企业,从技术研发和成果产业化方面给予更大的资金支持;二是政府应在政策支持、公共服务方面做更多的工作,为企业的自主创新创造更为宽松的条件,鼓励国内优势企业通过并购重组进一步做大做强;三是政府应通过鼓励采用国产集成电路、实施器件本地化采购等措施,帮助电子产品生产企业渡过难关。

北京市留学人员创业园

2009年7月7日上午,科技委中关村自主创新调研组会考察北京市留学人员创业园并召开企业家座谈会。委员们就建设中关村自主创新示范区工作与企业家们进行了座谈。

北京市留学人员海淀创业园是为吸引海外留学人才回国创业而建立的专业孵化器。通过政策聚焦和完善服务平台,创业园聚集了大量的留学人员和留学人员企业。截至2009年6月底,共有587名留学人员入园创业,累计创办企业559家,2007年实现技工贸收入15亿元,培育出了启明星辰、软通动力等知名企业,涌现出了严望佳、徐国洪等受到国家奖励的知名企业家。

企业家们就完善创新环境,加大对自主创新扶持力度等问题提出了建议:一是打破行业壁垒、加强政策引导。自主创新必须要打破行业壁垒,政府对此要加强政策引导,鼓励和推进新产品和新技术的应用。二是加强基础发明专利的应用和推广。基础发明可引起行业革命,对于原创性的发明专利,政府应下大力气推广和应用,这是提高自主创新能力和水平的关键。三是鼓励企业技术创新,推进专利产品的产业化。自主研发的新药投入大、周期长,至少要10年才能投放市场。希望市政府鼓励自主创新产品,将其列入医疗保险药品目录。对于企业发明专利实现产业化的项目,应给予一次性的鼓励。四是加强对初创期企业的投入。自主创新是一个很艰难的过程,企业在创业的前三年完全是投入阶段,融资困难是创新企业发展的瓶颈。政府加大对创新企业的扶持力度,对企业的自主创新可起到催化剂的作用,特别是对基础软件的研发,政府应给予重点支持。五是推进校企联合,加强人才培养。人才是软件企业发展的关键。政府应在学校和企业之间搭建一个平台,建立一种长效机制,由政府提供相关的培训费用,组织在校学生到企业见习,努力培养适应企业需要的大学毕业生。

委员们认为,一是应努力营造创新创业氛围,大力支持自主创新产品的推广和应用。再好的专利,没有市场就是一张白纸。最近市政府已公开了第四批自主创新产品政府采购目录,但这些目录中软件产品却是空白。希望有更多的具有自主知识产权的新产品纳入政府采购目录,以推动自主创新企业的发展。二是应充分发挥行业协会的作用,如引进人才的职称评定等工作都可以交给行业协会去做。同时,发挥行业协会在政府和企业间的桥梁和纽带作用,进一步推动自主创新工作。

中关村自主创新调研组第一次研讨会

2009年7月23日,市政协科技委员会召开"中关村自主创新调研"研讨会。委员们围绕如何更好地贯彻落实《国务院关于同意支持中关村科技园区建设国家自主创新示范区的批复》,就进一步明确自主创新主体、建立产学研用合作的创新支撑体系、解决中小科技型企业融资难等问题展开了热烈的讨论。

会上,市统计局领导介绍了北京市自主创新的监测情况和指标分析体系。

据介绍，北京市自主创新工作近年来呈稳步上升趋势。北京市研发投入强度居全国首位，自主创新成果产业化明显，自主创新条件不断改善，创新环境趋于宽松。存在的主要问题有，企业创新和核心竞争力不强，引进消化吸收再创新能力薄弱，以企业为主体的、产学研结合的技术创新体系尚未形成，政府对企业开展创新的支持力度不够等。

与会委员认为，国务院选择将中关村作为国家自主创新示范区，正是看到中关村改革20年来初步形成的有利于科技创新的技术环境、人才环境和体制环境。我们要紧紧抓住这个机遇，继续发扬中关村精神，敢于先行先试、敢于突破创新，全面提高中关村科技园区的自主创新和辐射带动能力，为全国的自主创新工作做好示范。

为此建议：一要明确企业是自主创新的主体，不断加大对企业研发的支持力度，引导企业与科研院所开展合作，增强企业的核心竞争力。二要转变政府观念，加强对中小企业的扶持力度。出台有利于中小企业创新的产业和税收优惠政策。要求国有银行拿出一定的授信额度支持中小企业并作为考核指标，以缓解中小企业融资难的问题。三是政府要积极参与产学研合作过程。十几年来，我们一直在讲产学研合作，但这个问题始终没有很好解决，关键是如何使企业与科研人员双方的利益得到保护，政府要在其中有更多的作为，促使更多的科研成果实现产业化。如在实施"新一代宽带无线移动通信网"重大专项时，要求部分项目只有产学研合作才能够通过立项，通过评估评价体系制度创新，使合作关系更加紧密。四是提高科技资金的使用效益。政府各部门都掌控一定的科技资金，但配置分散，降低了使用效率。要综合协调各部门，整合科技资金，集中起来办大项目。要以政府资金为引导，带动社会其他资金的投入。五是发挥北京技术交易中心的平台作用，凡是国有资金支持研发的项目，必须进场交易，这样可以通过竞争有效提高科技成果转化的效益。政府可通过政策加以引导，促使更多的技术成果进场交易，如对买卖双方给予补贴支持，以降低交易成本等。六是加快信用评估体系和再担保体系建设。七是进一步加强与国防科技工业集团公司的战略合作，扩大军口民品的产业联盟。

市政协相关领导强调，中关村作为国家自主创新示范区，企业的创新能力与发达国家相比还有相当大的差距。如在产学研合作方面，国外大学教授与企业有着密切的联系。调研要在创新环境、政府服务职能、重视中小企业发展方面提出真知灼见。

中关村自主创新调研组第二次研讨会

2009年8月5日,市政协科技委员会"中关村自主创新联合调研组"召开研讨会。讨论《关于促进中关村自主创新发展的建议案(草案)》及调研报告。

与会人员认为,报告的基本框架和内容是准确、丰富的,分析和阐述是清晰、客观的,具有一定的深度,总体看是一份很内行、很不错的报告。大家对报告的建议部分提出了以下意见:一是明确中关村自主创新示范区核心区的战略目标。强调中关村的特殊性,它不仅仅是规模最大、创新能力最强的高新区,它应成为未来中国创新发展的试验田,世界新型经济的前沿。可以明确提出中关村核心区的"特区"概念。二是突出强调中关村的"先行先试",在制度创新上,管理体制上先行先试,如大胆提倡私募股权基金,真正解决资本与技术的对接问题,又如政府制度创新问题等。三是搭建有利于自主创新产学研合作平台,不断完善产学研用体系建设,促进更多科技成果转化。四是提高政府的服务水平,下放一定的审批权限。对于已进入园区规划的项目,由园区负责项目和土地的审批,政府只负责监管,严格监督检查。

第四章 发挥离退休专业技术人员作用研究[①]

进一步发挥离退休专业技术人员的作用,对于实施首都人才战略,促进北京市人才队伍建设和构建和谐社会具有重要的意义。2008年5~7月,市政协科技委员会,根据阳安江主席对原北京大学刘隆亨教授一封信的批示,会同北京市科学技术协会,共同对进一步发挥离退休专业技术人员的作用进行了专题调查研究。民盟北京市委、农工党北京市委、九三学社北京市委等单位积极参与。调研组召开了专题调研座谈会,访问了北京老教育工作者协会等社团组织;拜访了刘隆亨等老科技工作者。现将北京离退休专业技术人员队伍及其组织情况、主要问题及进一步发挥他们作用的调研情况报告如下,请市委、市政府领导及有关部门参考。

一、北京离退休专业技术人员队伍及其组织情况

北京市有着丰富的人才资源,老科技人才众多。根据北京科技统计信息中心的数据,2006年北京离退休专业技术人员约50万人,占全国的8.3%。这些老科技工作者年龄主要集中在60~70岁,他们大多身体健康,能够胜任一定的工作。现在55~75岁的离退休专业技术人员,基本上都是新中国成立以后培养和成长起来的。他们长期奋斗在教育、科研、文化、卫生和企业生产等各个领域,积累了丰富的实践经验,具有较高的专业技术水平,是党和国家的宝贵财富。据市科协2005年的问卷调查显示,70%以上的离退休专业

---

① 本研究于2008年由北京市政协科技委员会与北京市科学技术协会联合完成。

技术人员志愿再做贡献。从20世纪80年代开始，这些老科技工作者通过自我组织，以社会团体身份，参与首都的各方面建设，在建言献策、科技创新、"四技服务"（技术咨询、技术服务、技术开发、技术转让）、科学普及、著书立说、社区服务等领域发挥着重要的作用，为首都的科技进步、经济社会发展做出了重要贡献。

目前，北京市有多家离退休专业技术人员团体，在各有关政府部门领导下，组织、管理老科技人员再做贡献。如北京老科技工作者总会（以下简称"老科总"）共有66个分会，注重发挥首都科技人才智力优势，拥有中央和北京高等学校、科研院所、大型企事业单位的2万多名会员。北京老医药卫生工作者协会（以下简称"老卫协"）有3个专业委员会，5个团体会员单位以及北京友谊医院等9个医院分会。北京老教育工作者协会（以下简称"老教协"）由北京市各区县、市属高校和部分中央在京高校以及中等学校各分会组成，会员约7万人，占北京教育系统14万离退休人员的50%。

二、发挥离退休专业技术人员作用工作存在的主要问题

20年来，离退休专业技术人员及老科总组织在首都的现代化建设和社会发展中发挥了很大的作用。北京老科总1999~2006年，完成"四技"项目3200多项，总收入达2亿多元；中科院于1997年创办了老科学家、老院士科普演讲团，在全国各地作了近2000场科普报告，听众达80万人；一些老科技人员及其组织创办的经济实体，取得了很好的经济效益。但是随着首都经济和社会建设的快速发展，发挥人才优势、充分利用人才资源在北京未来发展战略中显得越发重要，当前发挥离退休专业技术人员作用工作，已跟不上首都经济建设和社会发展的需要，主要存在着三方面的问题：

（一）组织不力、覆盖率低

从北京50万离退休专业技术人员队伍来看，离退休后有所作为，能够发

挥作用的仅有20%左右。一些部门和单位比较重视知名专家学者等高端人才的作用，他们退下来后讲学著书、参与科研项目仍旧很忙。但对于大多数中高级专业技术人员却重视不够，组织不力，没有充分发挥他们的作用。从组织建设情况看，对离退休专业技术人员的覆盖面较低，北京老科总会员目前约2万人，仅占北京市老科技人员总量的8%。组织建设搞得好的老教协组织，覆盖面也仅达50%。北京市各区县、一些市属大型企事业单位尚未建立老科技组织，更谈不上将离退休专业技术人员组织起来。

（二）重"老有所养"，轻"老有所为"

近年，党委和政府部门及各单位比较重视"老有所养"，随着经济发展，离退休专业技术人员的生活待遇在不断提高。但是对"老有所为"重视不够，没有把老科技人员作为科技人才资源加以开发利用。刘隆亨教授在给安江主席的信中说："不是把他们养起来好看，而是要搞活动、派任务，继续发挥他们的光和热。"刘教授的想法代表了一批老科技工作者的心声。随着社会的进步与发展，人类的生理和心理健康水平也获得提高，大多数专业技术人员因职业特点，其能量释放期可达70岁或是更长一些。也就是说多数老科技人员在其离退休后，仍然可以继续发挥其专业特长十几年或二十几年。充分利用这一智力资源，对于北京市的社会进步与发展将会起到重要的促进作用。

（三）缺乏政策支持和制度保障

2005年2月23日，《中共中央办公厅、国务院办公厅转发〈中央组织部、中央宣传部、中央统战部、人事部、科技部、劳动保障部、解放军总政治部、中国科协关于进一步发挥离退休专业技术人员作用的意见〉的通知》（中办发〔2005〕9号，以下简称9号文件），对进一步发挥离退休专业技术人员的作用提出了指导性意见和政策性规定，这是离退休专业技术人员发挥作用的有力制度保障。但是三年过去了，北京市很多单位不知道、不了解"中办发9号"文件的主要精神；北京市也没有制订贯彻落实该文件的实施意见和办法。发挥离退休专业技术人员作用是一项政策性很强的工作，健全的制度、完善的政策,是将他们组织起来开展活动的必要保证。北京市老科总1993年成立,原来下属分会有100多家,目前仅剩66家。由于缺乏一定的政策支持和制度保障,一些老科协基层组织很难开展工作,有的已难以为继,有的已停止了活动。

三、进一步做好发挥离退休专业技术人员作用工作的建议

(一)从实施人才强国战略、党管人才的高度,重视发挥离退休专业技术人员的作用

离退休专业技术人才是北京科技人才队伍的重要组成部分,发挥离退休专业技术人才的作用,有利于传承科学精神,培养青年科技人才,促进科技进步和社会和谐发展。北京已进入老龄化社会,2015年老年人口数量超过282万人。进一步发挥离退休专业技术人员作用,有利于使这部分群体继续成为社会财富的生产者和创造者,促进北京社会和谐稳定和协调发展。

各级党委、政府和有关部门要从实施人才强国战略高度,重视发挥好离退休专业技术人员的作用,努力在全社会营造重视、关心、支持离退休专业技术人员发挥作用的良好环境,要把离退休专业技术人才资源开发纳入北京市人才队伍建设的整体规划之中,积极探索新形势下离退休专业技术人才资源开发的新思路、新机制、完善政策措施、创新服务方式,做好引导支持工作。

(二)为离退休专业技术人员发挥作用提供必要的政策保障

"中办发9号"文件下发后,全国大多数省市区结合当地的实际情况制订了具体的实施意见,北京也采取了多种政策措施,积极鼓励和支持离退休专业技术人员发挥作用。建议由市委组织部、宣传部、统战部、人事局、财政局、科委、教委、卫生局、科协等部委结合首都实际,就继续深入贯彻"中办发9号"文件精神联合发文,并以市委办公厅、市政府办公厅名义转

发，为离退休专业技术人员发挥作用提供必要的政策保障。一要按照政府引导支持、市场主导配置、单位按需聘请、个人自愿量力的原则，坚持社会需求和本人志趣、专业特长相结合，进一步完善政策措施。二要进一步明确政府、企事业单位在发挥离退休专业技术人员作用方面的责任和提供的必要保障条件。三要鼓励和支持老科技协会等社团组织努力创新服务方式，在团结和凝聚离退休专业技术人员中发挥桥梁纽带作用。四要明确维护离退休专业技术人员合法权益的具体政策保障。

（三）加强组织领导，高度重视发挥离退休专业技术人员社团组织的作用

一要进一步加强组织领导。北京市要有专门组织机构负责离退休专业技术人员的工作。北京市人才工作领导小组要将发挥离退休专业技术人才作用工作纳入领导小组的工作职能之中，研究政策措施、制订相关制度、听取工作汇报、检查落实相关工作。由市老龄委牵头，老科总、老卫协、老教协等老科技组织共同建立离退休专业技术人员发挥作用联席会议制度，沟通信息，交流经验，研究工作。进一步明确老科技等离退休专业技术人员组织的社会地位、工作领域、组织形式，并将其纳入"枢纽型"社会组织管理体系。二要高度重视发挥离退休专业技术人员社团组织的作用。党委和政府要巩固和加强现有离退休专业技术人员等社团组织的建设，要鼓励和支持市属科研院所、大型企事业单位和区县建立老科技组织工作。要加强与离退休专业技术人员社团组织的联系，要给任务、给项目，政府开展有关人才培养、项目开发、服务咨询等活动，可邀请这些社团组织参加或承办。要通过联席会议制度等方式经常倾听离退休专业技术人员社团组织的意见和建议，帮助他们解决工作中的实际困难和问题。要鼓励企事业单位和个人为离退休专业技术人员社团组织开展工作提供必要的物质支持。

（四）为离退休专业技术人员发挥作用提供必要的资金支持

各级党委、政府和有关部门要加大投入，通过多种形式，鼓励和支持离

退休专业技术人员在首都经济建设和科技进步中发挥作用。主要形式有：一是吸收更多高水平的老专家学者利用市政府科学技术季谈会、市政府专家顾问团等形式，发挥他们在制定规划、政府决策中的参谋咨询、思想库作用。组织他们开展专题调研，为政府决策提供科学依据。二是鼓励科学研究、技术开发和大型企事业单位聘用老科技人员，发挥他们在科技创新中的"传帮带"作用。三是支持老科技等社团，组织离退休专业技术人员开展"四技"服务、扶贫支教、社区医疗服务等活动。四是鼓励和支持离退休专业技术人员通过著书立说、培训指导、专家门诊、科普讲学等多种形式，传播科学知识、培养青年人才、弘扬爱国主义和民族精神。

以上这些形式的服务，政府和有关部门可根据需要，提出项目计划，委托有资质有能力的老科技组织和企事业单位承担。委托单位对承担项目者提供一定的经费支持，也可采取政府采购的方式对离退休专业技术人员所提供的服务埋单。

（五）积极为离退休专业技术人员搭建服务平台

一是根据市场需求和离退休专业技术人员的志愿，积极开拓离退休专业技术人员发挥作用的渠道。各类人才市场、人才中介机构应积极把离退休专业技术人员纳入服务范围。政府所属的人才交流中心、专家服务机构要通过设立专门的离退休专业技术人员服务窗口，举办专项的离退休专业技术人才和项目交流活动，开设老专家电话咨询服务热线等多种方式，主动为离退休专业技术人员发挥作用做好服务。二是政府应大力支持建立全市离退休专家信息数据库和离退休专业技术人员信息网络，及时发布政府、企业和社会需求，反映老科技组织和离退休专业技术人员的建议和诉求，搭建离退休专业技术人员组织和老科技人员与政府、企业和社会互相沟通的信息平台，为发挥离退休专业技术人员作用提供全方位的信息服务。此项工作可委托市科协组织力量，研究、规划、设计和建设，由市财政给予资金的大力支持。

第五章　加快推进北京市自主创新成果产业化研究[①]

发挥科技驱动引领作用，加快科技体系建设，进一步完善以企业为主体的产学研用一体化创新体系，着力提高自主创新成果转化和产业化水平，是加快首都经济发展方式转变的关键环节。2011年3~5月，市政协科技委联合民革市委、农工党市委、九三学社市委、台盟市委、市科协、市科研院等单位，就加快推进北京市自主创新成果产业化开展了专题调研。先后听取了市科委、市经济信息化委、中关村管委会、经济技术开发区管委会、市知识产权局等部门情况通报，深入中关村国家自主创新示范区、经济技术开发区、科研院所和高校、国有企业等近40个基层单位了解情况，并与6家科技中介机构进行座谈。在此基础上形成了调研报告，供市委市政府决策参考。

一、自主创新成果产业化稳步发展

（一）自主创新成果产出优势明显

"十一五"期间，北京市自主创新能力进一步增强，科技投入和产出显著提升，全市研发经费从"十五"末年到"十一五"末年年均递增14.8%。2010年研发投入占地区生产总值比例达到5.5%，远高于1.7%的全国平均

[①] 本研究于2011年由北京市政协科技委、民革北京市委员会、民盟北京市委员会、民建北京市委员会、致公党北京市委员会、九三学社北京市委员会、北京市科学技术研究院联合完成。

水平。科技产出总量快速增加，全市专利申请量和授权量累计分别达到21万件和10万件，均比"十五"时期增长1.5倍。2010年，全市专利申请量为57296件，其中企业申请量达到65.6%，发明专利申请量占比为58.4%，所占比重全国最高。

（二）重大自主创新成果不断涌现

"十一五"期间，北京市涌现出一批产业化前景好的重大自主创新成果。中低速磁浮列车技术的研发，形成中低速磁浮工程化体系；世界跨度最大的重型数控机床在北京诞生，并已交付使用；国家一类新药苏灵的问世，填补了我国自主研发蛇毒血凝酶领域的空白；纳米材料绿色制版技术的推广应用，有力提升了我国印刷企业的技术创新能力；多核龙芯三号研发成功，打破了国外技术对计算机核心部件CPU的垄断局面；65纳米集成电路成套工艺技术的成功开发，使我国集成电路制造达到了国际主流水平。

（三）自主创新成果产业化效果进一步显现

不断加强对国家部委、中央企业、高等院校、市属科研院所和企业的服务，支持一批重大自主创新成果在北京落地转化。2005~2010年，全市技术合同成交额从434亿元增至1579.5亿元，年均增长27.8%，较2005年增长了2.6倍。2009年，中关村自主创新示范区共落地重大项目68个，项目总投资额约1800亿元。2010年度中科院各所与北京市1414项合作项目中，产生销售收入总额57.9亿元，社会效益可折合51.7亿元。高技术产业、科技服务业和信息服务业增加值从"十五"末年的1573.3亿元增至2010年的3021.6亿元，年均增长14%，占同期地区生产总值的21.9%。

充分发挥首都高端辐射的作用，创新成果进一步辐射全国乃至世界。2010年，北京输出到外省市技术合同成交额654.8亿元，是2005年的3.2倍，主要集中在现代交通、电子信息、节能环保和新能源等领域，为外省市产业结构优化升级提供了强劲的支撑服务。2010年出口技术合同成交额达584.6亿元，比上年增长57.0%，是2005年的6.7倍，实现了较大程度的飞跃。

（四）积极探索自主创新成果产业化的新模式

1. 采取对接国家重大科技专项、对接国家重大科技基础设施建设、人才联合培养、共建科研基地等多种措施，深化与中央单位合作，推动北京自主创新成果产业化

市属高校院所通过参与中关村示范区股权激励试点工作、成立技术转移机构、校地合作、校企合作、建设产业技术研究院等多种方式，推动自主创新成果转化及产业化。

2. 组建知识产权联盟，促进产学研用有机结合

作为知识产权联盟成员的科研院所负责技术的研发和供给，一方面加速自主创新成果的产业化，另一方面大大降低了企业技术开发的成本和风险，提升了联盟的研发实力和技术创新成功率。

3. 以点、线、面结合为切入点，促进产业集群发展

在点上，突破一批关键技术，产生一批具有实用价值和产业化前景的自主创新成果；在线上，以核心企业或主导产品为基点，推动产业链条的延伸拓展；在面上，完善中关村"一区多园"的空间布局，建设一批产业技术创新联盟、科技园区和产业基地，积极建设北部研发服务和高新技术产业聚集区、南部现代制造业和战略性新兴产业聚集区，培育区域经济新的增长极。

4. 建设一批科技创新服务平台，发挥对自主创新成果转化的关键支撑作用

建设共性技术研发平台，为成果转化提供工程化开发服务；建设产业共性技术创新服务平台，为电子信息、生物医药、新材料、新能源和环保、科技服务等重点产业服务；建设成果转化服务平台，为自主创新成果供需双方提供对接服务；建设科技成果转化信息数据平台，为电子信息等 10 个产业领域服务；建设首都科技条件平台，促进科技资源开放共享。

5. 推进投融资试点和知识产权银行建设，探索知识产权与资本对接新模式

2010 年 8 月，国家知识产权局批复在中关村开展知识产权投融资服务试点工作，目前已建成中关村创意集市——知识产权银行专利商用公共服务平台，积极谋求国内知名风投、银行、中介机构加入，促进"知本"与"资本"有效对接。

6. 制定实施了一系列促进自主创新成果产业化的政策

先后制定实施了中关村"1+6"先行先试政策、《关于促进科技成果转化若干规定的实施办法》、《关于贯彻国务院进一步促进中小企业发展若干意见的实施意见》、《关于进一步促进科技成果转化和产业化的指导意见》等一系列支持自主创新成果产业化的地方法规、政府规章和规范性文件，促进了创新要素的高效配置及自主创新成果产业化。

二、自主创新成果产业化存在的相关问题

北京市自主创新成果转化和产业化取得了可喜的成绩，但在推动科技创新，加快科技成果转化和产业化方面仍存在一些亟待解决的问题。

（一）科技创新成果转化机制尚不完善

1. 自主创新成果转化体系中各类主体的定位不够明晰

企业在成果转化和产业化过程中的主体地位不够突出，市场主导的作用没有真正体现，政府在行政配置资源向市场配置资源转变过程中的服务作用尚未充分发挥。

2. 以市场认可、推广应用为导向的自主创新成果评价体系尚需完善

社会对自主创新成果转化的认识还不够深入，缺乏可量化、市场化的评价方法和评价指标体系。在自主创新成果评价中，论文、专利数量、获奖等指标权重偏高，经济效益、推广应用等转化方面的指标权重偏低，对自主创新成果产业化的导向作用较弱。项目转化评审组成员中缺少有实践经验的工程技术专家，导致一些应用性技术开发项目难以得到支持。

3. 产学研用合作的长效机制有待加强

作为自主创新成果转化主体的企业，最关注的是市场需求和生产成本，而高校院所，更关注的是提高科研水平和人才培养。由于企业和科研院所的

目标和运行机制各异，使产学研用合作难以深入持久。

（二）资本与自主创新成果结合有待加强

1. 科技资金对成果转化支持的力度不够

北京对承担国家重大专项的配套经费低于其他省市，除国家重大专项如863项目中有中试费用外，一般项目、高校院所及中小企业自身都没有中试经费，致使一些前景看好的自主创新成果在中试阶段面临夭折，不利于创新成果的培育和进一步转化。

2. 科技担保发挥作用尚不充分

由于政府科技担保资金总金额不足，覆盖面有限，使得企业在通过科技担保融资时，需要提供企业负责人的个人房产证、银行存折等实物抵押才能贷款；企业在通过担保发行债券时，需要有实物资产担保才能享有自由支配权。

3. 知识产权质押贷款政策还停留在试点阶段

由于知识产权尚无明确的价值评估标准，知识产权质押时的真正内在价值难以准确衡量，且质押实现时的价值更加难以确定。行业管理部门难以有效地对评估报告质量进行监管，金融机构对知识产权自身的价值也缺乏评价能力。

4. 民间资本投入渠道不畅

当前，民间资本参与企业发展的愿望非常强烈，但民间资本进入科技企业受到贷款门槛过高等较多限制，投入渠道不畅通。

（三）"1+6"政策有待进一步落实和完善

1. 税收优惠政策的落实需进一步协调统一

科技主管部门与税务部门对企业科技研发费用的认定不一致，导致研发加计扣除政策在具体执行中难以完全落到实处。

2. 科研项目间接费用政策适用范围有限

间接费用政策的实施，调动了科研人员承担重大科技项目的积极性，但由于一般科研项目间接费尚不能列支，国家重大科技项目中 15% 的间接费比例偏低，科研人员创新积极性尚未充分激发，创新动力不足。

3. 股权激励政策需进一步落实

中关村园区内企业与高校院所在股权激励政策中待遇还有差别，高校和科研院所的科技成果入股比例尚需提高，且技术转移人员和中介服务机构尚不在股权激励的适用范围内。

（四）科技人才评价及培养机制尚需完善

1. 人才评价仍存在重研发轻应用的倾向

北京市吸引人才的政策过于强调高学历和海外背景，对引进产业技能人才关注不够，一些科技企业急需高级技师、工艺技术设计等技能型人才，由于没有高学历而无法引进。高校院所对从事应用研究和自主创新成果转化的专业人才，缺乏有效的考核评价体系和激励政策，导致成果转化的积极性不高。

2. 科技中介服务机构专业人才缺乏

目前，北京市科技评估师、技术经纪人、资深律师等专业人才短缺情况十分突出，且国内尚无对科技评估师的专业认证。从业人员不专业的现状，已不能适应市场经济条件下技术专业化和行业细分的要求，并影响科技中介服务机构作用的发挥。国内仅有个别高校设置了技术转移人才的专业，且存在教材不固定、教师队伍不稳定、培训方式落后等问题。

（五）外部环境营造有待进一步优化

1. 扶持中小型科技企业自主创新成果转化的力度不够

政府资金更多地投向大企业，对于中小型科技企业，特别是对战略性新兴产业中小型科技企业的重视不够，放权让利等相关扶持措施不够及时有效，政府的引导作用尚未充分发挥。

2. 政府采购制度有待进一步完善

一些具有产业化前景的自主创新成果，未能及时纳入政府采购目录，延误了抢占市场的先机。如企业自主研发的一类新药与仿制药同等标准进入医保药品目录和定价，导致新药定价过低，抑制了企业自主研发的积极性。

3. 土地成本高导致企业发展压力增大

受北京自身资源禀赋约束影响，以土地为代表的生产资料的综合成本持续处于高位，加大了自主创新成果在京落地转化的难度。

三、推进自主创新成果产业化的几点建议

为进一步整合和有效配置首都科技创新资源，加快自主创新成果转化和产业化，使首都经济走上高端引领、创新驱动、绿色发展的轨道，联合调研组提出如下建议：

（一）进一步完善科技资源配置机制

1. 完善市场配置科技资源机制

政府在从行政配置资源向市场配置资源转型的过程中，应借鉴发达国家和地区的先进经验，逐步完善市场配置科技资源机制，大力培育科技市场硬环境和软环境，让社会各类自主创新成果更多涌现，尽快形成以企业为主体、市场为导向、产学研用结合的自主创新成果产业化的良好态势。

2. 完善以经济效益为导向的自主创新成果评价体系

完善科技项目评审、高新技术企业认定的相关标准，增加自主创新成果转化效益在认定中的评价；加大对自主创新成果产业化项目立项的支持力度，以企业应用效果和经济效益为主要评价标准，加大产业化指标在项目及自主创新成果评估中的权重；在科研项目立项和评审时，应更多地吸收工程技术专家参与评审并纳入评审专家数据库，使科研项目更贴近产业及市场需求。

3. 建立对政府投入的重大自主创新项目的后评价机制

制定政府投入的重大科技项目及其创新成果转化效益的公示制度，建立政府投入的重大科技项目数据库，对自主创新成果转化的规模、进度和效益等进行评价，并予以公示。后评价结果要与新项目立项挂钩，以不断促进自

主创新成果转化效率。

4. 出台相关政策，进一步调动企业创新的积极性

对于国企的领导，考核除了企业利润和国有资本的保值增值外，还要考核企业每年的创新投入以及科技创新的贡献率；允许企业将研发资金、中试资金、研发性设备的购置资金及关键人才的引进资金等列入成本开销，同时政府给予补贴或奖励。

5. 继续探索产学研用合作的新机制

以股权激励为导向，调动高校院所参与成果转化的积极性。在部分产业进行试点，鼓励和支持企业、高校和院所联合成立产业技术研究院、产业创新联盟等多种形式的合作联盟，促进共性技术研发、关键技术突破以及自主创新成果转化。同时，进一步完善高校和科研院所已建立的产业技术研究院运作模式。

（二）提高统筹资金使用效率，逐步放宽民间资本限制

1. 科学配置全市统筹资金，发挥科技资金的效益

在研发阶段，对市属单位承担国家重大专项的资金配套，按照国家规定保证资金足额到位，进一步提高对自主创新成果承担单位的资金配套。在中试阶段，采取多种措施加大资金投入，可设立北京自主创新成果转化专项基金，重点支持关乎重大国计民生问题、有产业化前景、但有一定投资风险的战略性新兴产业共性及关键技术的中试及转化。在产业化阶段，进一步加大股权投资、贴息、直接补贴等措施力度，积极促进重大自主创新成果落地产业化。

2. 加大科技担保力度，充分发挥政府资金杠杆作用

加大对科技担保公司、风险投资公司等支持力度，提高科技担保资金额度和扩大覆盖面，逐年提高科技担保资金的比例。

3. 完善知识产权质押贷款试点工作

大力拓展和引导市属银行为中小型科技企业提供知识产权质押贷款，逐步减少实物抵押的范围，积极推动知识产权评估试点工作。

4. 进一步放宽对民间资本的限制

在政府采取无偿资助、贷款贴息、后补贴、政府采购、股权投资等多元投入方式的基础上，进一步放宽对民间资本的限制，鼓励和支持民间资本参与企业发展。扶持非国有控股的小额贷款公司发展，建立面向中小企业的政府风险补偿基金，积极探索民间资本投入新模式。

（三）加快中关村"1+6"政策的落实和完善细化

1. 进一步完善税收优惠政策

在研发费用加计扣除政策执行中，加强科技主管部门与税务部门的协调沟通，确保研发费用认定的一致性，使企业尽快享受到研发费用加计扣除的优惠政策。允许企业在股权激励中涉及的个人所得税方面享受和高校、院所同等的待遇，给予企业更多优惠政策支持，以调动企业创新积极性。

2. 开展国家一般项目间接费试点工作

对于国家一般科研项目开展15%的间接费试点，对于国家重大科技专项15%的间接费予以提高，进一步发挥间接费对科技成果转化的促进作用。

3. 进一步提高高校院所科技成果入股的奖励额度

由现行20%~30%提高为20%~50%。进一步优化股权激励方案审批程序，将审批权限下放给国有企业和高校院所，政府相关部门进行备案、审核。技术转移人员及科技中介服务机构也应享受股权激励政策。

（四）进一步完善科技人才评价和培养机制

1. 加快产业人才队伍建设，完善科技人才评价体系

制定重点扶持的战略性新兴产业引进高层次人才和急需产业技能人才的分类评价标准，扩大企业引进人才的自主权。引进高端人才，不仅重学历，更要重创新性成果和创新成果转化的经验；各类人才计划对不同类型、不同规模、不同行业的企业要有所区分，应重点支持初创企业和中小企业的创新人才；综合考虑科技贡献、专业技能、在京时间等多方面因素，试行人才引进的积分制度，申请人员在达到既定积分后可获得进京户口指标。

2. 实行资质认证和管理，加强对科技中介专业人才的培养与引进

主动争取国家有关部门的支持，建立科技中介服务人员（如科技评估师等）专业资格认定和聘任制度的试点。对专业人才的引进，要重视其跨学科专长、企业工作经历等方面的综合能力。可考虑通过与大学联办相关专业、培训班等多种形式培养专业人才。

（五）进一步优化自主创新成果产业化环境

1. 真正赋予中关村科技创新体制及成果转化机制的先行先试权力，切实发挥中关村国家自主创新示范区的作用

进一步扩大中关村园区内科技体制、机制改革的自主权，在科技人员激励机制、科技成果评价、成果补贴机制、放开民间企业投融资等方面，积极尝试多种形式的改革试点，为全市乃至全国的科技体制机制改革积累经验。

2. 加强中试平台建设，对原创研发企业予以持续支持

中关村园区扩园后，应更加注重产业集群布局，重点支持自主创新成果的中试配套，资助企业原创研发项目中试。加强孵化器、中试平台、开放实验室等建设，制定相关管理办法，逐步完善共享机制，提高设备使用效率。对产业发展的高端环节、有重大原创性技术的企业、有世界影响的创新技术，要予以持续支持，为产业未来发展及高端引领做准备。

3. 进一步完善政府采购机制

建立绿色通道，将有产业化前景和关系国计民生的自主创新成果及时纳入政府采购目录，加大政府采购力度。对自主研发一类新药应与仿制药区别对待，实行优质优价，在其上市后尽快增补进入医保药品目录。

4. 采取多种方式降低土地成本

在高科技企业重大科技项目落地时，允许企业采取分期付款购买土地、以租代买、租赁园区建设厂房等方式降低产业化成本。

【北京调研案例分析】

2011年3~5月,课题组就加快推进北京市自主创新成果产业化开展了专题调研。先后听取了市科委、市经济信息化委、中关村管委会、经济技术开发区管委会、市知识产权局等部门情况通报,深入中关村国家自主创新示范区、经济技术开发区、科研院所和高校、国有企业等近40个基层单位了解情况,并与6家科技中介机构进行座谈,同时整理了市政协科技委委员们针对调研中反映的问题提出的相关建议。

北斗星通导航技术公司

2011年3月8日,市政协科技委调研组听取了负责人关于公司整体情况和卫星导航系统成果转化应用情况介绍,并就科技成果产业化的相关问题与企业座谈交流,委员们还参观了公司的海洋渔业安全生产运营中心。

北斗星通导航技术股份有限公司是2000年创建的从事卫星导航定位业务的专业化公司,2007年在深圳交易所挂牌上市,成为卫星导航定位行业内首家上市企业。主要业务包括卫星导航定位产品供应、基于位置的信息系统应用以及基于位置的运营服务,集研发、生产、销售、运营为一体,服务于导航定位、指挥调度、精密测量、机械控制、目标监控、物联网等军民应用领域。

北斗星通公司提出并建立了"产品+系统应用+运营服务"的业务模式,在卫星导航定位产品业务领域,通过自主创新与合作创新,为国防、海洋渔业、测绘、机械控制、通信、电力等领域提供包括自主开发生产的GNSS芯片、北斗天玑系列集团用户中心设备、BDNAV系列板卡、北斗天璇系列终端/接收机、其他GNSS相关配套产品;在基于位置的信息系统应用业务领域,以自主研发的卫星导航应用软件为基础,将卫星导航定位、地理信息、自动控制、通信、传感等技术,应用于用户的业务流程优化整合,提供感知位置、跟踪监控、管理服务的物联网应用平台,提高行业用户生产作业效率和管理效能;在基于位置的运营服务业务领域,通过构建海、天、地一体化的综合信息运营服务网络平台,为注册用户提供导航定位、数字报文通信服务和基于位置的增值信息服务业务。

公司高度重视科技研发,2007年实现了从引进吸收消化为向自主创新为主的成功转型。目前,公司研发队伍达250余人,占公司人员比重39%;技术成果中原始创新成果比重超过80%,原始创新已成为公司技术创新的主要手段;科技研发投入逐年大幅度增加,2010年达到5000多万元,"十二五"期间将达到总收入的8%~10%。公司相继取得了中华人民共和国增值电信业务经营许可证、中华人民共和国电信与信息服务业务经营许可证,通过了国标和国军标双质量体系认证,已申请20余项实用新型专利技术,获得50余项软件著作权及30余项非专利技术,被认定为北京市高新技术企业及北京市软件认证企业。"十二五"期间,公司将坚持"产品+系统应用+运营服务"的经营模式,向产业链上游拓展,构建国际一流的、完全自主知识产权的、基于北斗及北斗兼容的GNSS核心芯片与产品,促进公司在高端专业领域的领先优势,巩固公司在国内卫星导航定位产业的龙头地位,积极推进业务的国际化。

委员们认为,建立并完善自主卫星导航系统对于保障国家经济社会安全具有重大战略意义,依托北斗卫星开发导航定位系统将进一步促进物联网等战略性新兴产业发展,增强科技对转变经济发展方式的驱动作用。建议:一是政府应大力支持拥有自主知识产权项目研发和生产,促进重大科技成果在京产业化;二是提高北斗重大专项和国家、政府项目配套资金资助比例,为这一重要的自主知识产权系统深度研发给予更多扶持;三是加大北斗导航系统转化成果的推广力度,通过政策推动其在重点行业示范应用。

北京有色金属研究总院:创新人才评价及成果转化模式

2011年3月9日,市政协科技委调研组听取了有研总院科技开发部负责人关于科技成果转化和产业化情况的介绍,参观了有色金属科技成果展览,并就高校院所科技成果转化问题进行座谈交流。

北京有色金属研究总院（以下简称有研总院）创建于 1952 年 11 月，是我国有色金属行业规模最大的综合性研究开发机构，2000 年 1 月 26 日，转制为中央直属大型科技企业。有研总院是我国有色金属行业规模最大的综合性研究机构，主要从事半导体材料、稀土冶金与材料、稀有及贵金属材料、粉末冶金与材料、有色金属复合材料、有色金属加工、选矿冶金、能源及环境材料、超导材料、分析测试、设备研制及自动化、科技信息等多层次多领域的研究，现有研究所室 11 个，控股公司 7 个，从业人员 2900 人，已经建设了 10 个国家级中心和实验室。建院以来共开展了 6500 多项课题研究，获科研成果 4000 余项，其中省部级以上成果 800 多项，国家专利近 300 余项，授权专利 600 余项，制定标准 300 余项。

改制以来，有研总院不断凝练研发目标，增强关键技术创新与集成创新的能力，全面实施知识产权战略，在生物冶金技术、稀土非皂化萃取分离技术、锂离子电池材料与动力电池组件技术等方面取得了一批有影响力的科技成果。并采取自行转化和对外转让两种模式，先后组建了有研硅股、有研亿金、有研稀土、有研粉末等若干控股公司，将创新成果自行转化为产品，提高自身盈利能力。另外，通过与外省市签订框架性技术服务协议、建立联合技术开发中心，使研究成果在行业开花结果，推动结构调整升级，为国家和区域经济发展注入新的活力。同时，积极推进产业技术创新战略联盟的建设。截至目前，有研总院共参加 18 家产业技术创新战略联盟的组建，其中牵头 3 家。2009 年 5 月 15 日在北京市政府的支持下，与钢研科技集团等在京 12 家转制院所组建"首都工程技术创新产业联盟"。

委员们对有研总院在促进科技成果转化中取得的突出成绩给予充分肯定。认为有研总院作为改制院所，通过 10 多年的改革，探索出了一条具有特点的大型科技企业创新发展之路，尤其是在人才引进和评价机制、科技成果对外转化、产业技术联盟创立等方面取得的经验值得借鉴。同时强调，要大力推动科技成果评价体系与国际标准对接，不断完善自主创新成果产业化环境。

北京经济技术开发区：探索了独具特色的服务企业的"亦庄模式"

2011年3月10日，听取了开发区科技局领导关于创新驱动促进科技成果产业化工作情况介绍，就科技成果产业化问题与开发区相关部门座谈交流，委员们还参观了蓝星（北京）化工机械有限公司和太时芯光科技有限公司。

据介绍，北京经济技术开发区"十一五"期间科技创新取得了明显成绩，重点产业技术水平和国际市场竞争力大幅提升，已经成为北京高技术制造业创新发展的重要载体，在首都经济发展中地位显著提高。主要表现在：科技创新水平显著提高，我国第一台云计算服务器、首个人源化单抗国家I类新药等重大科技成果不断涌现；创新引领产业快速发展，高新技术企业产值占全区工业总产值比重提升至90%，电子信息、生物医药产值占全市比重分别达到59%和37%；创新型人才队伍不断壮大，以两院院士和海外高层次人才为代表的创新人才队伍已初步形成；创新服务体系逐步形成，组建了专利服务平台、生物医药领域成果转化与承接平台等公共服务平台以及一批孵化器和产业联盟。

开发区在营造创新发展环境方面形成了一套好的机制和做法。一是坚持政策引导和培育模式创新，推出了一系列产业扶持、科技扶持和人才扶持政策，近三年通过科技创新专项资金资助企业3.4亿元，拉动企业研发投入48.6亿元。二是坚持体制与机制服务模式创新，探索了具有自己特色的服务企业的"亦庄模式"。三是坚持产业促进和招商模式创新，立足于开发区实际，通过"以商招商、产业链招商"等新型招商模式做好产业促进工作。四是坚持汇智聚才模式创新，建立了博士后工作站、留学人员创业园，每年设立1亿元专项资金资助海外高层次人才创业。"十二五"时期，开发区将紧紧把握"大兴—亦庄"行政资源整合的机遇，着力增强科技创新能力，切实推动开发区向创新驱动发展模式转变，辐射和引领北京南部地区城乡经济社会整体快速发展。

委员们认为，近年来，北京经济技术开发区的建设和发展取得了突出成果，在创新驱动、高端引领等方面为首都经济社会发展发挥了重要作用。特别是通过发挥企业主体作用、吸引高端企业入驻、吸收大专院校和科研机构研发成果转化落地，促进科技成果产业化率达到了很高的水平。

委员们对开发区管委会提出一些建议：一是在促进科技成果产业化过程中，要找准自身角色定位，发挥宏观统筹作用、政策引导作用和激励促进作用。二是继续营造企业创新发展的环境。做好科技成果认定、数据统计和动态情况掌握；进一步明确相关政策要求和标准，使企业有所依据；通过投入资金吸引企业配套，并关注资金使用效果。三是在重视科技成果转化率的同时，更应关注企业在成果转化中的困惑和面临的问题，及时调整完善相关政策，以切实支持企业发展。四是要深入分析本土企业创新能力不足具体原因和制约瓶颈，采取有针对性的措施帮助企业提升创新能力。

启明星辰公司：信息安全领域的创新者

2011年3月15日，参观了启明星辰公司大厦，听取了负责人关于公司整体情况和信息安全系统开发应用情况介绍，并就科技成果产业化的相关问题与企业座谈交流。

据介绍，启明星辰公司是国内最具实力的、拥有完全自主知识产权的网络安全产品、可信安全管理平台、安全服务与解决方案的综合提供商，也是国内唯一一家登陆资本市场的专业信息安全企业。公司拥有完善的专业安全产品线，横跨防火墙、入侵检测管理、网络审计、终端管理、加密认证等技术领域，共有百余个产品型号。在全国各省市自治区设立30多家分支机构，拥有覆盖全国的渠道和售后服务体系。自2002年起，持续保持国内入侵检测、漏洞扫描市场占有率第一。近年来，发展成为统一威胁管理、安全管理平台国内市场第一位，安全性审计、安全专业服务市场领导者。

公司创造了百余项专利和软件著作权，参与制订国家及行业网络安全标准，填补了我国信息安全科研领域的多项空白。完成国家发改委产业化示范工程、科技部863计划、国家科技支撑计划等国家级科研项目近百项。目前，启明星辰已经成为在政府、电信、金融、能源、交通、军队、军工、制造等国内高端企业级客户的首选品牌。在政府和军队拥有80%的市场占有率，为世界五百强中60%的中国企业客户提供安全产品及服务。在金融领域，对政策性银行、国有控股商业银行、全国性股份制商业银行实现90%的覆盖率。在电信领域，为中国移动、中国电信、中国联通三大运营商提供安全产品、安全服务和解决方案。启明星辰还为北京奥运会、上海世博会、广州亚运会等多项世界级大型活动提供全方位信息安全保障。

委员们认为，信息安全产业既是关乎国家政治安全的重要产业，也是当前一支发展迅猛的高新技术产业，而核心技术方面的短板成为制约该产业长远发展的一大瓶颈。国家大力倡导自主创新，积极扶持企业进行科技研发，促进了国内信息安全领域一批企业的快速成长和发展。同时，委员们就信息安全产业发展前景，企业人才引进和培养使用模式，将信息安全产品纳入政府采购一二级目录，企业上市与其涉及的国家机密的关系等一系列问题进行了深入的交流探讨。

北京市农林科学院：推动农业研发及产业化服务

2011年3月16日，听取市农林科学院开展科技服务、促进科技创新成果转化的情况介绍，并围绕新品种新技术有偿转让、科技成果转化基金使用、科技人员奖励激励机制等议题与农科有关负责同志进行座谈交流，委员们还参观了院蔬菜研究中心的农业部种子检测实验室、设施温室和种子加工车间。

据介绍，北京市农林科学院（以下简称农科院）成立于1958年，下设蔬菜研究中心等14个研究所（中心），拥有4个国家级工程技术研究中心、6个农业部原种基地及资源圃、5个农业部高技术实验室（中心）及9个北京高技术实验室和专业研究中心，主要承担农业应用基础、应用及开发性研究，农业高新技术研究，农业科技成果转化等任务，为北京农业发展提供了强有力的科技支撑。

多年来，农科院秉持"创新与服务"的建院宗旨，以科技创新为出发点，以服务郊区为落脚点，逐步培育形成了包括动植物种质资源创新与新品种选育；农产品安全、高效生产；农业信息技术与智能装备研究与应用；农产品采后与深加工；循环农业、生态环境治理与修复等五大优势研究领域。围绕市民的"菜篮子"、"果盘子"和"米袋子"，先后选育出蔬菜、果树、玉米、小麦、食用菌等新品种数百个，广泛应用于京郊种植养殖业。在服务郊区的同时，通过建立示范基地、实施科技推广项目，将成熟的技术、先进的成果和适宜的品种向全国辐射，体现了北京农业的高端、高效和高辐射。"十一五"以来，农科院推行了专业技术岗位聘任制（试点），按照项目带动、团队带动和国际合作交流带动，培养了一批科技人才，为农业科技成果转化奠定了人才基础。

委员们表示，农科院的科技创新主要是面向农业、服务农民，成果的转化后更多是通过项目示范推广惠及广大的农民，为"三农"建设提供技术支撑。政府应针对农业科研长期性、公益性的特点，在改善农业科技创新环境方面给予政策和资金的倾斜。一是对农业科研单位的储备性研究应给予长期稳定的资金支持；二是通过设立农业科技成果示范推广专项资金，推动科技创新成果的广泛应用；三是加大北京市农业高层次人才引进与培养经费支持力度，保持科技创新团队的创新活力。

市政协有关领导指出，虽然农业在北京市 GDP 中所占的比例很小，但对加快首都城乡一体化新格局建设具有重要的战略意义。农科院是北京都市型现代农业发展和新农村建设的重要科技支撑单位，肩负着高端辐射、引领全国的使命。市政协科技委要充分利用政协这个平台，把调研中了解到的企业、科研院所在科技创新成果转化中遇到的困难和要求，及时向市委市政府反映，为进一步完善北京的科技创新环境做出应有的贡献。

北京经济技术开发区企业：研发及产业化过程中都面临问题

2011年3月17日，听取了开发区6家企业关于先进科技成果研发和产业化情况介绍，并就相关问题进行了深入探讨交流。

参加座谈会的洲际资源环保科技有限公司、蓝星化工机械有限公司、百泰生物药业有限公司、中科晶电信息材料有限公司、同益中特种纤维技术开发有限公司、太时芯光科技有限公司等六家企业来自于化工、生物医药、新材料等不同领域,它们在科技研发和成果产业化方面都取得了良好成效。各企业负责人分别介绍了本企业科技创新成果产业化的基本情况、近年企业发展整体态势和下一步的规划设想,在展现企业发展前景的同时反映了当前面临的困难和问题。一是科技研发力量和资金投入不足,成果转化成本高、难度大,制约企业科技进步;二是相关技术产业链建设亟需加强,技术产业关联度不高造成单项高科技产业化成本过高;三是人才短缺情况严重,目前区内科技企业普遍面临招工难、留住高技能人才难的困惑。

委员们认为,多年以来,在市委市政府和北京经济技术开发区的大力扶持下,开发区企业艰苦创业、奋发进取,促进高新技术产业发展取得了长足进步,涌现出一批在行业中占据优势地位、拥有良好发展前景的高科技企业,将成为首都经济今后一个时期发展的重要生力军。同时,也应看到人才、资金、用地、环境等问题已成为制约区内高科技企业快速发展的突出问题。

委员们建议:一是要清楚意识到职工住房问题已给企业带来较大影响,应借鉴天津滨海新区建设蓝领公寓的做法,采取政府建房等方式,统筹帮助企业解决后顾之忧。二是北京在吸引高学历人才的同时,也应引进企业急需的高技能人才,出台相关政策,使企业能够留住技术人才。三是对于研究性科技项目可与转化科技项目的评比要有所区分,应更加注重项目的产业化,加大资金支持,促进项目落地。四是高度重视高科技企业市场环境的培育,制定相关行业规范,保护企业科技研发和成果转化的积极性。

中关村生物医药园:面向生物和医药产业的专业孵化器

2011年3月22日,参观了生物工程GMP中试车间、分子生物学实验室、药物合成与制剂实验室等园内设施,听取了中关村生物医药园和园内四家企业在科技创新和科技成果产业化方面的情况汇报,并就相关问题进行了座谈交流。

据介绍，中关村生物医药园是面向生物产业和医药产业创新的专业孵化器，集中为这两个领域的创新型企业、成果持有人、留学人员以及创业企业提供生物技术创新、生物制品中试、分析测试、医疗器械试生产、资本服务和咨询服务等生物医药创新创业平台。园区内配备了多个可供企业独立使用的标准实验室，建设了开放的生物工程中试车间、分子生物学实验室、分析检测实验室、无菌试验室、药物合成与制剂实验室，组建了工程化发酵技术、分离纯化技术、分析检测技术、药品注册、GMP 体系建设、资金融通等专业技术服务体系，可以为生物医药企业提供创业指导和专业技术、法规、中试开发、项目孵化、商务服务等方面的支持。

参加座谈的欧博方医药科技有限公司、诺思兰德生物技术股份有限公司、奥精医药科技有限公司、华金瑞清生物技术有限公司均为园区内生物医药研发企业，4 家企业分别汇报了本企业的基本情况、产品特色、发展目标及专业孵化器对企业创业和创新发展方面发挥的重要作用。同时，各企业还反映了发展过程中遇到的困难和问题，主要是：生物医药园管理体系变化导致其市场化运作程度提高，削弱了对入驻企业政策和资金方面扶持力度；企业从研发转入生产阶段后更需要技能型人员，而这方面人员的引进缺乏相关政策；医药管理部门审批生物医药新产品时间过长，企业研制的新药难以尽快投入生产。

委员们认为，北京中关村生物医药园作为行业性、区域性、专业化的产业创新专业孵化器，为生物医药领域的创新创业搭建了完善的服务平台，促进了生物医药领域的创新产品开发和区域内一批生物医药创业企业的快速成长与发展。同时，委员们就孵化器平台运转模式，加强对创业初期科技企业扶持，注重高技能人才引进，倡导和鼓励自主创新等问题进行了交流探讨。

中科院工程热物理研究所：加强产学研合作和成果中试阶段的扶持

2011 年 3 月 23 日，听取工程热物理研究所开展科技创新工作以及与北京市政府企业合作产业化情况介绍，并围绕促进自主知识产权专利技术转化、加强中央院所与北京企业科研合作等问题进行座谈交流，委员们还考察了工程热物理研究所的循环流化床实验室、燃气轮机实验室等创新平台。

工程热物理研究所的前身系吴仲华先生1956年创建的中国科学院动力研究室，目前已建设成为应用基础与应用发展研究有机结合的战略高技术研究所，主要从事能源、动力和环境等领域的研究，内容涉及工程热力学、内流气动热力学、燃烧学、传热传质学等学科。建所以来，共获得国家级二等奖和院、部级二等奖以上奖项40余项，国家级三等和院、部级三等奖50余项。研究所现有8个实验室（研究中心），与地方、企业共建的研发与工程中心10个。2010年，研究所新争取项目67项。其中，新争取973课题1项、院知识创新重要方向性课题3项、非民口项目12项、新增国家自然科学基金项目23项、新增院地合作项目（与地方、高校、企业等合作）22项、国际合作项目4项及其他项目2项，累计落实科研经费1.17亿元。近年来，工程热物理研究所加强了与北京市政府及企业的项目合作，有多个项目落地北京，如在延庆八达岭经济开发区建设的国家能源局风电叶片研发（实验）中心，为国产风电叶片的研发提供了技术支撑，降低了进口叶片及技术检测的成本，促进了国产叶片产业的发展；与北京技术科学研究院属轻工业环境保护研究所共同组建的"节能减排及清洁生产"创新团队，累计申请项目13项；以具有自主知识产权的太阳能集热器技术为基础，与北京市太阳能研究机构联合开展太阳能分布式供能技术群示范工程，实现冷热电联供以及太阳能、生物质能互补等。

座谈交流中，委员们认为"十一五"期间，工程热物理研究所在应用基础性研究、关键技术研究及掌握核心技术方面取得了较大成绩，在一些技术领域形成了具有知识产权的重大系统集成创新和系统解决方案。但在科技成果转化、产业化中仍存在不少问题，一些具有领先水平、产业化前景好的应用技术成果，因缺少政府支持、社会风险资金投入及信息不对称等原因难以实现产业化，使很多创新技术成果陷入"死亡谷"。为此呼吁，市政府应加强与在京中央院所的科研合作，完善科技成果的信息发布机制，并通过优惠政策和资金引导，吸引更多企业参与到前瞻性科研项目的研发投入中，通过市场资源配置形成产业链条，使更多科技成果跨越"死亡谷"，同时在土地使用、厂房建设、道路运输及相关配套设施等方面给予有力的政策支持与条件保障。

北京地铁车辆装备有限公司：增强研发实力、扩大发展规模

2011年3月24日，听取了公司关于科技创新和成果产业化情况，以及"十二五"期间主要设想和重点工作安排的汇报，并就相关问题进行探讨交流。

据介绍，北京地铁车辆装备有限公司始建于1960年，经历50年发展壮大，已成为目前国内唯一一家集维修与制造于一体的城市轨道交通车辆专业化企业。2009年，企业通过改制成为北京地铁运营公司的独资子公司。拥有地铁车辆碳钢、不锈钢车体生产线，具备年造不锈钢车250辆、维修100辆及组装30列低地板有轨电车的综合生产能力。1.3公里长的专用试车线和配套的信号控制系统，可以满足地铁车辆出厂前的例行性能试验的要求。企业有一支150余人的研发队伍，自1990年以来，自主研制开发的BD系列地铁电动车辆，联合研制开发的具有国际先进水平的VVVF地铁电动车辆已先后运用于北京地铁一号线、二号线、八通线、城市铁路十三号线和天津地铁。近年来，企业自主研制的"铛铛车"和轨道交通检查车已应用于北京前门大街和上海世博会，房山线地铁电动客车也已投入运营。企业具有较强的地铁车辆关键系统与部件的设计、生产能力。先后为北京、天津、长春等城市地铁车辆提供了模拟制动机近300台套，风动门系统1500多套，地铁转向架450多个。2009年获得了ISO9001中国合格评定国家认可委员会和英国皇家认可协会双认证证书；2010年取得了国内城轨车辆投标资质和高新技术企业资质。

委员们认为，北京地铁车辆装备有限公司长期致力于国产化实践，把握市场机遇积极壮大发展，已经成为北京地铁安全运营保障基地，全国城市轨道交通车辆生产基地和重要的技术开发、咨询、交流中心。但在车辆制造产业未来发展中，企业更应关注面临的问题。比如，德国、日本等国家对汽车

制造核心技术的垄断，给自主创新带来很大压力；一些大企业的科技研发分散在下属企业而没有集中在总部，缺乏规模优势，从长远看不利于企业自主创新；科技人才的引进和培养是企业创新发展的重要因素，需要引起足够重视。

委员们建议，一是加强战略性评估。近期北京市与北车集团（央企）签署了战略合作协议，企业应评估对市属城轨车辆制造企业的冲击和影响。二是加大政府扶持力度。针对目前企业盈利相对偏低，难以上市和银行贷款难的现状，政府应加大资金扶持力度。

市政协有关领导对北京地铁车辆装备有限公司发展取得的成绩和未来发展战略构想给予肯定。他指出，政协开展调研的目的是反映问题、提出建议，为北京的发展起到应有作用。我们要通过调研建立与企业沟通的桥梁，对于一些重要问题还可以通过回访形式做深入了解，从而提出切实可行的建议，向市委市政府建言献策。

安泰科技股份有限公司："创新、创誉、创利"的技术创新体系

2011年3月29日，听取了安泰科技股份有限公司在科技创新和科技成果产业化方面的情况汇报，参观了研发中心及生产基地，并就相关问题进行了座谈交流。

据介绍，安泰科技股份有限公司是国家科技部及中科院联合认定的国家高技术企业，多年来该公司以先进金属材料为主导产业，致力于新材料研究、开发、生产和应用；在非晶、纳米晶材料和太阳能等先进能源材料，粉末冶金制品，金属磁性材料，焊接材料，金刚石工具，高速工具钢等六个领域，依靠领先的综合技术，为研制我国航空、航天、信息、电力、电子、冶金、化工、石化、建筑、交通、生物医药、新能源和环保等产业领域的关键材料做出了重要贡献。

经过多年发展，安泰科技已经建成北京中关村永丰产业园、空港新材料产业园、中关村昌平产业园及河北涿州4个产业基地，在上海、石家庄、宜

昌、深圳等地拥有多家控参股企业，在北美、欧洲和亚洲地区建立了良好的商贸渠道和技术协作关系，并在日本、越南等国家设有分支机构，其产品已销往多个国家和地区，被国内外众多知名企业所认可。

安泰科技股份有限公司负责人汇报了企业基本情况、发展愿景、业务布局和市政府对企业科技创新和科技成果产业化方面给予的支持，详细介绍了公司技术创新体系和技术创新成果。同时，也反映了发展过程中遇到的困难和问题，主要是：政府在企业建立产品专业分析检测平台时给予一定资金补贴，但在平台运行过程中没有后续资金支持，削弱了平台对其他中小企业的服务功能；安泰科技由事业单位改制为企业后，不再获得科技研发人员费用，增加了企业创新研发成本；政府相关部门在项目用地、用电等环节审批时间过长，影响了产品研发速度；政府相关部门对高科技产品的应用力度不够，高科技产品没有得到足够应用。

委员们认为，安泰科技股份有限公司以技术创新为核心竞争力，建立了"创新、创誉、创利"的技术创新体系，取得了大量具有自主知识产权的成果，有力推动了科技成果产业化。同时，委员们就进一步加强高科技企业资金补贴和人才引进方面的政策支持；加快政府行政审批速度，促进企业创新研发和成果转化；加大高科技产品应用力度等问题进行了交流探讨。

北京市科学技术研究院永丰基地：清晰的战略定位、实干出成效

2011年3月30日，参观考察了华大泰思特公司、迪蒙记忆公司、康迪普瑞公司、北京市理化分析测试中心等企业，听取了市科研院关于全院科技成果转化和产业化情况的介绍，并与部分研究所负责人交流研讨转制所在科技成果转化过程中遇到的困难及对策。

据介绍，北京市科学技术研究院（以下简称市科研院）成立于1984年，是北京市属的多学科、综合性大型科研机构，也是全国最大的地方科研院。市科研院现有30个直属单位，包括8家应用开发型研究所、10家公益性研究所、3家科普单位和9家科技服务单位。"十一五"期间，全院科技立项共

计 1210 项，其中承担国家和省部级科技项目 764 项，承接国家科技重大专项 4 项，产生具有一定经济和社会效益的科技成果 239 项，转化率达 70%，"迪蒙"、"桑普"、"泰思特"等优势品牌的市场占有率和行业影响力显著提升，形成了一批拥有自主知识产权产品的骨干企业。市科研院不断进行机制创新，通过加大人、财、物投入，全力打造以国家级、省部级及院级重点实验室为核心的科技创新体系，为推进科技创新成果转化与产业化创造条件。一是成立技术转移中心，进一步统筹推进全院成果转化和产业化工作；二是积极对接中关村国家自主创新示范区建设，率先参加股权激励试点，将职务科技成果以股权方式按一定比例奖励给科技骨干和经营高管，并鼓励科技人员出资入股，以股权激励带来成果转化方式的转变；三是引导科研人员思想转变，根据地方科研院的根本要求，强调应用开发特点，走向市场；四是积极创造各种条件，通过产业化基地及示范工程等多种方式，加大中试环节建设，把单一成果系统化，把实验室成果成熟化；五是注意经营人才、市场人才的选拔、培养与引进，并给予优厚的待遇；六是通过高技术企业品牌建设，做大做强一批企业。

针对转制院所在发展过程中遇到的人力成本过高、项目匹配资金难以到位、技术成果市场推广艰难、融资渠道单一等问题，委员们建议：一是加大对技术成果转化的投入，加快成果转化速度及科研成果的转化质量；二是进一步完善吸引人才、留住人才政策环境，在进京户口、人才安居等问题上制订相关的政策，营造有利于人才和企业共同成长的环境；三是加大知识产权保护力度，切实保护好科技人员在成果转化和产业化中的利益；四是重视发挥地方科研机构在成果转化中的桥梁作用，推动中央单位重大科技成果在京落地。

市政协有关领导指出，市科研院转制后在高新技术研发与应用、公益科技研究、科普文化传播、科技服务等方面形成了众多优势领域，取得了显著成绩，这得益于清晰的战略定位，特别是抓住应用研究领域和中试环节制定激励政策，激发了科研人员的创新活力和科技成果转化的动力，对科研院的发展起到了极大的推动作用。促进科技创新成果产业化，掌握制约经济社会发展的关键技术，就必须改变"做小比做大更容易更实惠"的观念，创建有利于原始创新的人才培养体系、成果评估标准和融资政策环境，科技委要在今后的调研中予以关注。

中科纳新印刷公司昌平基地

2011年3月31日,听取了中科纳新印刷技术有限公司在科技创新和科技成果产业化方面的情况汇报,参观了中试生产线,并就相关问题进行了座谈交流。

据介绍,北京中科纳新印刷技术有限公司是由中科院化学所、联想投资、联想控股和TCL等著名科研机构和企业共同发起成立的新技术企业,致力于具有自主知识产权的印刷相关新技术、新材料及相关设备、软件的研发、生产和销售。公司主要技术为纳米材料绿色制版技术,该技术为非感光、无污染、低成本的新型快速印刷制版技术,已经申请多项国内外发明专利,初步形成了较系统的自主知识产权,其推广应用将引起印刷制版技术的重大变革,且有望解决我国印刷制版行业的污染和资源浪费问题,提升我国印刷企业的技术创新水平和竞争力。公司在昌平建立了纳米材料绿色打印制版技术中试基地,在怀柔建设了1.3万平方米的产业推广示范基地。产业基地的建设是要完成具有自主知识产权的纳米绿色打印技术的工程化合产业化示范线建设,取代当前工业界普遍采用的感光制备模板成像制备印版和印刷线路板的技术思路。

北京中科纳新印刷技术有限公司负责人汇报了国内外制版印刷技术发展、纳米材料绿色制版技术优势和特点、企业基本情况、发展愿景、业务布局等内容。他们表示,中央和北京市各级领导对纳米材料绿色制版技术高度重视,各有关部门对公司给予了有力支持。作为一个成长中的高科技创新企业,将始终怀着科技产业报国的理想,坚持正确的发展方向,不断研发新技术、发展新产业、开拓新市场。

市科委相关负责人介绍了其对北京中科纳新印刷技术有限公司在产业资源、市场开发、人才保障和相关政策上的支持,表示将进一步发挥政府部门的政策引导作用,促进企业技术创新,推动科技成果产业化。

委员们详细询问了公司产业基地建设情况、企业未来发展阶段性目标、纳米材料绿色制版技术与传统技术在效率和功能上的优势、企业国内外市场拓展计划等问题。委员们认为，纳米材料绿色制版技术具有很强的前瞻性，在世界印刷领域处于领先地位，其低成本、高效率和环保的特征代表着印刷制版技术的发展方向。

委员们建议，一是对于拥有国际领先技术，但发展壮大需要较长周期的高技术企业，政府部门要注意给予持续性的关注和支持，企业本身也要脚踏实地、立足长远，通过持续的技术创新，成为国内和国际绿色印刷技术的领跑者。二是企业要注重将技术创新与管理创新、市场运作相结合，为今后的转型和发展壮大打好基础，在持续进步中增强竞争力。三是企业要认真分析不同客户对印刷技术在效率、成本、稳定性等方面的不同需求，既要保持技术在工艺水平、环保节能等方面的优势，又要满足客户在成本控制等方面的需要。

北京民营科技企业

2011年4月12日，听取了北京民营科技实业家协会7家会员企业关于科技成果产业化情况的介绍，就科技成果产业化、中关村"1+6"政策落实等方面存在的问题和相关建议进行了探讨交流。

参加座谈会的华志泰欧企业管理顾问有限公司、绿创环保集团有限公司、京磁强磁材料有限公司、和源沐泽科技发展有限公司、美髯公科技发展有限公司、创毅视讯科技有限公司、中关村电子信息产品指数运营部7家企业，在科技研发和成果产业化方面都取得了良好成效。各企业负责人先后发言，结合企业自身发展的情况，针对在科技成果产业化及中关村"1+6"政策实施过程中遇到的困难和问题，提出意见和建议。一是政府扶持企业发展的思路和政策导向要有所调整，在扶持大企业的同时也要注重扶持小企业，使更多的中小企业有生存和发展空间，要努力促进企业"做强"而不是单纯"做大"。二是对科技创新的评估机制要有所调整，改变现在的项目评审方式，采用竞争性的"赛马机制"，使具有良好效益的项目获得更大支持。三是对企业价值的评价要有所调整，不能仅看财务指标，更要注重企业科技创新成果。四是政府采购模式要有所调整，政府"开药方"企业做产品的采购模式应调整为政府采购服务,企业根据政府需求提供产品,同时政府要进一步完善监管机制,避免利用人际关系实现采购中标的现象。五是加大机制体制创新力度。中关村"1+6"政策在一些方面有所突破,但在落实中、在具体操作中仍存在极大障碍,政策与现行法规冲撞,政策落实缺乏体制保障。

委员们认为,历经20多年的发展,中关村园区的民营科技企业已经成长为一支重要力量,在北京乃至全国经济发展中发挥了积极作用。在中关村建设国家自主创新示范区的大背景下,民营科技企业发展也进入了一个新的历史阶段,面临着新的机遇和挑战。政府如何扶持民营科技企业发展,民营科技企业自身如何壮大,都需要找准关键、破解难题,切实从根本上创新体制机制,有力推动自主创新发展。

委员们建议,一是在当前国际产业分工发生较大变化,中国已经由主要承担生产环节逐步转向承担研发环节的新形势下,政府和企业都要善于抓住新机遇,加强研发、加速转化,把全球研发中心转移到中国,使中国真正成为科技创新的新兴市场。二是政府要进一步推进体制机制创新,营造良好的、公平竞争的市场环境,让创业者"流汗不流泪"。比如,改变目前高新技术企业认定办法,把评定高新技术企业改变为评定高新技术产品,针对产品给予相关优惠政策。三是在中关村建立科技金融自由市场示范,为民营资本融资打开渠道,解决中关村中小企业融资难、科技和资本两张皮的问题。

清华大学

2011年4月13日,市政协调研组到清华大学座谈,听取了清华大学科研院关于学院科技成果转化情况的介绍,参观考察了清华大学汽车安全与节能国家重点实验室,并与清华大学生物化工研究所、北京航空航天大学生物医学工程院、北京化工大学科技园的负责同志进行座谈交流。

据介绍,近年来清华大学不断创新思路,通过与地方政府及企业合作设立联合研发机构、合作基金、产学研合作办公室等多种形式,有力地推动了校地全面合作以及科技项目孵化,取得了以"城市客车多能源一体化混合动力系统"为代表的一系列技术创新成果。北京航空航天大学与优势企业建立联合研发基地或实验室，与深圳研究院、广州研究院和广东顺德研发中心建立南方基地，促成了一批校企合作项目，拓宽了科技成果转化途径。北京化工大学通过成立化工与环保技术转移中心，建设并完善了基于"一站四库"，即一个门户网站和成果库、需求库、专家库、中介渠道库等四个基础资源数据库的信息服务平台，并将北京化工大学优势学科平台中试基纳入到技术转移中心技术支撑平台体系，积极开展具有专业特色的技术转移专项工作。同时，委员们了解到，高校在促进科技成果转化方面也遇到了一些问题和阻碍。一是高校评价体系中，横向激励不够；二是科研开发项目中人工费用限制严格，重点项目列支间接费用15%的比例太低，难以吸引大批高技术人才开展重大专项的科技攻关；三是中试阶段缺乏资金，缺少深度开发的转移机构；四是缺少符合成果产业化需求的技术转移队伍，跨领域通用人才难以从科研院这种注重管理的体制机构中内生出来；五是将专利、知识产权作为特殊国有资产进行管理的理念，制约了科技人员的研发热情。

委员们建议：一是政府应加大对共性技术平台建设的支持力度，设立共性技术研发基金，有重点地加强工程中心、重点实验室、技术转移中心、产业基地及相关共性技术设施等硬件共性技术平台建设。二是制定税收激励政策，提高科技人员在成果转化收益中的收入比例，避免成果人将专利转让给外资公司，造成事实上的国有资产流失。三是改进专业技术职务（职称）评聘办法，对高等学校、科研机构从事技术开发和成果转化的科技人员进行考核评价和评聘专业技术职务（职称），应重点考评所产生的经济、社会和生态效益。四是试点创建高校科技中介机构。

市政协有关领导在讲话中指出，高校通过校地合作、校企合作、成立战略联盟、建立中试基地等方式，积极推进科技成果产业化，在推动产学研结合方面做了很多好的尝试。科技成果产业化是一个复杂的过程，涉及科研、中试、生产、销售、服务等阶段，仅依靠高校的力量是难以实现的。高校的研发任务主要在实验室完成，更多的中试和产业化任务应由企业来完成。"产学研"中"产"字排在第一，因为企业是科技成果产业化的主体，特别是国有企业具备了科研的中试条件、复合型管理人才以及销售渠道、服务体系，因此政府应积极调动企业的积极性。"十二五"期间要加快转变经济发展方式，就必须创建国有企业成为科技创新主体的新局面，可以通过在考核指标中引入创新收益占 GDP 的比例，引导国有企业不断加大科技创新的投入。同时，应调整税收政策，调动高校的积极性，鼓励科研人员投身到国民经济的主战场，为国家和社会发展做出贡献。通过政府行为调动产学研各方面的积极性，才能更好地促进产学研相结合，推进科技成果产业化，加快建设创新型国家的步伐。

北京控股磁悬浮技术发展有限公司

2011年4月15日，委员们听取了公司关于科技创新和成果产业化情况，以及今后一个时期发展设想的汇报，并就相关问题进行探讨交流。

据介绍，北京控股磁悬浮技术发展有限公司是我国拥有自主知识产权、国产化、世界领先的中低速磁浮交通系统供应商。公司以掌控技术研发、工程管理、车辆制造、服务体系为基础，依托工程化体系合作单位，实现磁浮交通系统建设的交钥匙工程模式。中低速磁浮交通系统除具有其他轨道交通系统的特点外，还具有运行平稳舒适，低噪声（距10米处不高于64分贝），线路适应性强（转弯半径50~100米；爬坡能力70‰），安全可靠性高，建设及运营成本低，运营效益好等优点，是一种新型轨道交通模式，适用于大中城市市内、近距离城市间、旅游景区的交通连接，具有广阔的市场前景。自1999年开始，公司与中国人民解放军国防科技大学合作，组织联合国内铁路、航空、汽车等相关领域最具优势的工程化研究、设计、生产和建设单位，以实现我国自主知识产权、国产化、世界领先的磁浮交通产业化为目标，进行中低速磁浮交通技术工程化研发。经过十多年的努力，掌握了磁浮交通核心技术和系统集成技术，建立了完整的、专业化的工程化体系，在我国形成了中低速磁浮交通技术工程化实施能力。

委员们认为，北控磁浮公司立足于自主研发和集成创新进行艰辛探索，组织联合国内铁路、航空、汽车等相关领域最具优势的研究、设计、生产和建设单位，历经十余年技术工程化研发出中低速磁浮交通系统，对于推进现代制造业发展具有重要示范作用。

委员们对现代制造业发展的一些深层次问题进行了探讨，并提出建议。

一是一些国有大型企业发展多依靠引进吸收国外先进技术，缺乏持续的技术研发，不利于长远发展。政府应采取有力措施打击知识产权剽窃行为，保护原发技术创新型企业的利益，激发企业特别是大型国有企业进行持续技术研发的积极性。二是针对北控磁浮公司创新了系统集成发展模式却难以获得盈利的尴尬局面，政府应做好软课题研究，通过政策和制度创新来予以配套。三是政府在产业发展方面要注重打造产业链，形成产业集群，促进企业联动发展。

市政协有关领导指出，到北控磁浮公司调研收获很大，也很受感动。一是中国当前已经发展到了一个新的时期，如何从中国制造走向中国创造，关键是体制机制创新。北控磁浮公司的发展模式是一个机制创新、技术创新、集成创新的典范，意义非常重大，政协在调研中要认真研究这一典型模式。二是民族的发展进步需要一批具有执着精神，能够艰苦创业的企业家，北控磁浮公司十年磨一剑的执着精神应大力提倡。三是公司系统集成的模式意义重大，但在下一步发展中还将面临更大的困难和挑战，政府如何针对这一模式给予政策性支持至关重要，政协要进行呼吁，积极建言献策。

北京科技中介机构座谈

2011年4月18日，委员们听取了4家科技中介机构关于机构职能和促进科技成果产业化方面情况的介绍，就如何进一步促进技术市场发展等问题进行深入探讨、交流。

参加座谈会的北京技术市场管理办公室、中国技术交易所、中关村科技担保有限公司、北京技术交易促进中心分别从政府职能、中介服务、科技担保等角度介绍了促进科技成果产业化的工作情况和成功实例，反映了在中介服务方面影响科技成果产业化的瓶颈问题。一是技术评估还没有形成标准化的系统，缺乏专门的评估机构、专业队伍和评估标准；二是随着专业化程度的提高，科技中介从业人员素质还有待提高，急需培养专业化的技术经理人队伍；三是与其他要素市场相比，技术的市场化和科技中介的发展程度相对滞后。各参会单位还就这些问题产生的深层次原因进行了分析。一是管理体制和思想观念方面的原因,我国长期以来在科技工作方面形成了"重研发、轻市场"的状态,相关部门和科研院所更重视科技研发,而对成果产业化重视不够;二是科技研发与市场需要相脱节,科技人员搞科技研发的目的偏重于职称评定等方面,缺乏与市场需求的有机结合;三是科技成果转化部门在科研院所内所处的地位相对较低,受重视程度不够,在一定程度上影响了科技成果产业化的步伐。

委员们指出,政府相关部门应深刻分析技术市场发展滞后的症结所在,找出深层次原因,从而有针对性地加以解决。例如,经济市场化很发达而技术市场化程度不够高,中介机构很发达而技术中介成熟度不够的问题;制约技术交易市场发展的关键是技术评价问题还是政策引导问题,是股权激励问题还是知识产权保护问题等,都应进行认真研究解决。

委员们建议,一是政府推进科技成果产业化的同时也要注重基础研究,给予相应的政策引导,确保基础研究的持续进行,从而为长远的科技进步和成果转化提供坚强保障。二是要注重培育有信誉、有能力的科技中介机构,使之承担评估评价、咨询服务等职能,在完善科技中介体系的同时促进政府职能转变。三是加强知识产权保护,打击侵权行为,在资源共享的同时注重保护原创的核心技术,使科技成果产业化实现可持续发展。四是推动科研院所检测设备的市场化应用,提高设备使用效率。五是鉴于大学设立新专业周期较长,可以先在职高、大中专设立科技管理等专业,以尽快培养出专业人才,促进科技中介行业整体素质和专业水平的提高。

康辰医药股份有限公司

2011年4月19日,参观了公司工业基地一类新药生产线,听取了公司关于生物医药研发和产业化情况的汇报,并进行了深入探讨交流。

据介绍,康辰医药创立于1999年,系北京市高新技术企业。公司创立以来,着眼于中国医药行业发展与变革的方向,完成了首期的优势资源培育,实现了以新产品研发和营销渠道建设为龙头、工业生产为助动力的企业布局,已成为集高新医药研发、生产、销售于一体的全国性医药专业公司,并且展示着强劲的企业发展势头。目前，公司已整体改制为股份有限公司，加快了向资本运营迈进的步伐。公司采用"引进、消化、创新"的开发模式，依托专业机构丰富的技术资源，与国内多家科研机构和高等院校进行了广泛的技术合作，摸索出了一条自主研发和"产学研"相结合的联合发展道路。公司具有自己的研究机构北京新医药研究所，拥有一批研发能力强、经验丰富的医药科技研发人员。研究所已完成国家中药创新药骨疏康胶囊、防参止痒颗粒和国家一类新药苏灵等多项新药产品的研发工作，并获得新药证书和生产批件。国家一类抗肿瘤新药"迪奥"的Ⅲ期临床研究现已进入收尾阶段，临床结果良好。该产品已经有2项中国发明专利获得授权。康辰医药的高新医药工业基地位于北京密云经济开发区，系国际标准化高新医药生产基地，主要生产公司具有自主知识产权的研发产品，包括国家一类抗肿瘤新药——盐酸洛拉曲克（商品名：迪奥）和国家一类快速止血新药——注射用尖吻蝮蛇血凝酶（商品名：苏灵）。该基地能合成原料药1500千克/年，制剂1500万支/年。

委员们认为，康辰医药公司坚持长期致力于一类新药研发，坚持用生命科学呵护人类健康的使命，努力打造科技型、现代化、品牌化的高新医药知名企业，取得了重大进展，为生物医药产业发展注入了新的活力。

委员们建议，针对生物医药研发周期长、投入大、风险高的特点，政府应在生物医药研制、生产、投入市场等多个环节给予配套的政策支持。如针对国家一类新药建立快速审批通道，制定快速审批程序；一类新药获得审批后直接进入医保目录，以帮助企业在长期投入后尽快获得收益；国家进行药品定价时应考虑一类新药的高成本因素，与仿制药品区别对待，保护和鼓励企业研发积极性。

市政协有关领导指出，康辰医药公司的创新驱动发展模式很有自身特色，从研发、中试、临床试验到产业化，再到市场营销的整体战略也非常好，公司下一步发展具有良好前景，希望继续坚持创新驱动的模式，不断发展壮大。对于生物医药企业发展扶持政策一些不衔接、不合理的问题，政协要结合调研形成建议，利用不同渠道积极帮助反映和呼吁，促进生物医药产业持续健康发展。

北京印刷学院绿色印刷包装产业技术研究院：产学研一体化模式

2011年4月19日，参观了北京绿色印刷包装产业技术研究院的展示中心、实验室等，听取了北京印刷学院概况、科技创新及产业化情况介绍，并就促进科技成果产业化相关问题进行了座谈交流。

据介绍，北京印刷学院是由国家新闻出版总署与北京市政府共建、以北京市管理为主的全日制普通高等学校。前身是1958年文化部所属文化学院印刷系，1961年该系并入中央工艺美术学院。1978年经国务院批准，在印刷系基础上改建为北京印刷学院。经过五十余年的建设，现已成为工、文、管、艺多学科协调发展的传媒类普通高等学校。2010年，学校成立了北京绿色印刷包装产业技术研究院和科技园，以绿色包装、先进装备制造、出版、设计等产业技术为主要研究领域开展关键共性技术研发，逐步构建以市场为导向的科技创新链条。研究院与科技园实行"两块牌子、一套机构"，形成了完善的科研服务体系。通过特色科技园，引入和孵化相关技术企业，为科技成果转化搭建平台，同17家企事业单位建成北京绿色印刷产业技术创新联盟。2011年4月，联合北京石油化工学院、北京建筑工程学院与大兴区政府签署共建京南大学科技园协议，与大兴区政府和附件赛特新材有限公司、北人机械股份有限公司共同签署了"高阻隔、抗迁移绿色包装薄膜产业化"及"单张纸平板印刷机数字化单元产业化"项目入园协议，积极转化科技成果，搭建创新平台，发挥示范辐射作用，推进区域经济发展。

校方在汇报学院基本情况和科技成果转化创新做法的同时，也提出了相关建议。一是针对目前市属高校科技创新成果转化空间不足等问题，希望市、区两级政府在土地方面给予优惠政策。二是探索政府投入新机制，促进市属高校可持续发展和特色办学，重点扶持市属高校开展科技创新平台建设、引进创新人才；鼓励市属高校在完善科技成果产业化运行机制方面先行先试；进一步扩大市属高校办学自主权，提升高校人才培养、科技研究、社会服务的整体水平和可持续发展能力。三是市属高校分布较为分散，希望在政府引导和支持下，积极探索不同高校间科技资源、教育资源联合共享的新机制，提升协同创新能力。

委员们认为，印刷学院科技成果产业化工作极具特色。一是科技创新机制充满活力、创新活动活跃、创新成果突出，科技成果产业化方面有成果、有探索、有前景，绿色印刷技术、防伪技术和新包装材料技术等创新项目潜力无限、价值巨大。二是坚持创新思路推动产业化，面向市场，贴近百姓，大力促进保障百姓生活的关键性技术转化应用。三是坚持以项目为载体寻求利益共同体，兼顾战略发展与具体成果，达到了双赢互利的效果。四是产学研一体化的模式形成了良好效应，高校与企业的联盟既促进了企业发展和科技创新，又解决了专业人才短缺问题，带动了大学生就业。

委员们建议，一是政府应认真筛选、重点扶持新型包装等关系国计民生的优秀科技项目，为加速成果转化提供政策支持。二是学院应进一步深入细致研究科技项目转化的前景，争取政府的大力支持，促进科技成果产业化的持续推进。三是高校应加强互动合作、优势互补与资源共享，共同促进科技研发和成果产业化。

第一次集中研讨会

2011年5月11日，委员们听取了起草组调研报告（讨论稿）的说明，结合调研整体情况深入全面研讨。

与会人员认为，"十一五"以来，北京市科技创新和成果产业化工作取得了长足进步。市委、市政府高度重视，出台了一系列扶持政策，尤其是2010年底国务院同意中关村开展"1+6"系列新政策试点，进一步激发了科技创新的活力；中关村国家自主创新示范区引领和带动作用日益强化，科研院所和高校成果转化效益初显，区域创新能力显著增强；高新科技产业快速发展，企业创新主体地位进一步明确，一大批重大科技成果在京落地；创立促进科技资源开放共享的"全要素、全链条、全社会"的"北京模式"，首都创新环境不断优化。委员们在调研和座谈中较为全面地了解北京市科技成果产业化的基本情况，深入分析探讨了制约科技成果转化的瓶颈问题，提出具体建议：一是为促进科技成果产业化，由单一变为多元的评估标准，建立以效益为导向的科技成果评定体系，进一步细化科研人员和科研成果的评价标准。二是技术转移要建立科学的风险评估机制，实现成果共享、风险共担。要努力把国际领先、国内一流的研发总部落在北京，并形成产业集群，以科技驱动带动长远发展，打造完整的产业链。三是借鉴国际先进经验，建立非盈利性质的工业研究院，针对企业需求开展科技研发，以解决研发与市场脱节的问题；市科委的生产力促进中心可转化为研究、培训机构，帮助企业培养技术骨干和实用人才。四是做实科技转化服务平台，定期为供需双方见面提供机会，促进科研成果与市场的对接；建立企业和成果持有者共同负责制度，形成科技成果转化的市场化运作机制。五是针对企业用地难、融资难、留人难、销售难问题，尝试分期付款或租赁土地等方式，降低投入成本，缓解企业用地难问题；积极鼓励民营资本进入融资市场，协调市属银行降低中小企业贷款担保条件；强化企业主体作用，在产业化、市场化、效益化上做文章，支持产学研联盟和央企加盟方式，帮助企业解决留住人和拓展市场的难题。六是从保障科技人才住房和子女教育问题入手，探索积分制引进人才的办法，综合考虑科技贡献、专业技能、在京时间等多方面因素，进一步解决企业急需人才户口进京问题。

市政协有关领导就下一步集中研讨提出要求，希望委员们在这次研讨的基础上继续深化和细化，对调研中的突出问题进行全面梳理，理清思路、查遗补漏，针对问题提出切实可行的建议。

第二次集中研讨会

2011年5月18日，结合《关于加快推进北京市科技成果产业化的调研报告（讨论稿）》，进一步深化、细化、实化科技成果产业化过程中的瓶颈问题，并提出针对性的意见建议。

与会人员认为，科技成果转化和产业化既是一个长期性的问题，又是"十二五"时期加快经济发展方式转变的重要问题之一。推进科技创新、加快成果产业化应发挥政府的引导作用，市场配置科技资源的基础作用，企业实施产业化的主体作用，科技人员创新研发的主观能动作用。重点从以下五个方面深入探讨，提出建议。一是进一步明确政府在科技创新、成果产业化中的引导作用，完善促进科技创新成果转化的支撑体系。政府要在科技创新推动中加快职能转变，变主导为引导，建立科技成果评价体系、科技人才评价标准和知识产权保护机制等完善的支撑体系，不断强化企业是科技创新主体的意识，推动行政配置资源逐步向市场配置资源过渡，做好科技创新服务工作。二是进一步处理好当前与长远发展的关系。大力支持具有原发性和世界领先水平的技术创新，坚持创新驱动、推动转型发展，形成符合"三个北京"发展战略的产业布局。同时，结合中关村发展实际情况和中小企业创新发展需求，进一步细化"1+6"政策落实方案，制定出符合北京特点的延伸政策。三是进一步破解资本与成果结合难的问题。政府每年投入大量的科技资金，要加强科学统筹，按照研发、中试、产业化的不同阶段投入比例合理进行配置。特别应加大对中试阶段的资金支持，同时适度放宽对社会资本的限制，发挥政府担保的作用，引导多元化社会资本支持企业实现科技成果的产业化。四是进一步完善科技人才的引进政策。要针对不同类型、不同规模、不同行业、不同发展阶段企业的人才需求，调整引进计划，扩大企业引进人才的自主权，重视技术经纪人、高级评估师、蓝领工人等专用型人才的培养。在引进人才的同时，重视提升和发挥企业自有人才的作用。五是进一步增强政府对科技成果转化和产业化工作的组织力度，发挥示范引领作用。结合北京市重点发展的战略产业和关系国计民生的重要项目，积极组织成果转化。同时，加大对自主创新成果的扶持力度，把自主创新产品纳入政府采购目录，充分利用政府采购自主创新产品的政策优势助推企业发展。

第六章 北京市企业创新创业若干问题研究[①]

企业的创新能力,在很大程度上决定着国家经济的发展前景。提升企业创新能力,强化企业技术创新主体地位,是实现经济社会又好又快发展的重要途径。为进一步促进北京市企业创新创业发展,2012 年 3~6 月,市政协科技委联合民革市委、民建市委、九三学社市委、台盟市委、市工商联、市科研院等单位开展了专题调研。先后听取了市科委、市知识产权局、市经济信息化委、中关村管委会等部门的情况通报,深入中关村 9 个分园区开展调研,与各分园区管委会及 50 余家企业座谈,并实地考察了 14 家企业。在此基础上形成了调研报告,供市委市政府决策参考。

一、北京市企业创新创业的外部条件明显改善

近年来,北京市始终坚持以科学发展观为指导,牢牢把握加快转变经济发展方式主线,出台扶持企业发展的相关政策,企业创新创业的外部条件得到进一步优化和完善。

(一)建立资金支撑体系,不断完善投资融资环境

政府积极创新资金投入和支持方式,采取无偿资助、股权投资、后补贴、

[①] 本研究于 2012 年由北京市政协科技委、民革北京市委员会、民盟北京市委员会、民建北京市委员会、致公党北京市委员会、九三学社北京市委员会、北京市科学技术研究院联合完成。

贷款贴息、间接经费等方式，发挥政府资金的引导作用，提高资金的使用效率。积极为企业发展提供融资支持，优化天使投资、风险投资、创业投资、银行信贷等科技金融政策，调动社会力量投入科技研发和成果转化。截至 2012 年 4 月，通过产业投资、科技金融和园区建设"三驾马车"，驱动重大科技成果产业化，共实现项目储备 604 个、投资和服务落地项目 156 个、投资合同金额 18.84 亿元，实现产值上千亿元。

（二）加快创新人才聚集，不断完善人才发展环境

北京市制定了《加快建设中关村人才特区行动计划（2011~2015 年）》，落实 10 项具体配套政策，开辟中关村人才引进"绿色通道"。实施"千人计划"、"海聚工程"、"科技北京百名领军人才培养工程"、"科技新星计划"等工程，加快聚集创新创业人才。2011 年，中关村人才特区引进海内外人才 1962 人，其中引进海外人才 436 人。截至 2011 年底，有 227 名人才入选"海聚工程"，累计创办企业超过 5000 家、留学人员创业园 33 家。

（三）创新服务运行模式，不断完善知识产权环境

建立知识产权和专利审查绿色通道，形成"咨询—受理—收费—自主—加快审查—实施许可合同备案"服务，提供多项业务"一站式"办理。2011 年，全市专利申请量与授权量分别为 7.8 万件和 4.1 万件，同比分别增长 36.1% 和 22%。中关村示范区修订完善了《中关村专利促进资金管理办法》，将企业实用新型专利审查周期缩短至 2 个月。2012 年 5 月，北京知识产权运营管理有限公司成立，成为国内首家由政府倡导并出资的知识产权商用化公司。

（四）搭建公共服务平台，不断完善行政服务环境

推动多类型科技创新平台发展，探索中央地方科技资源开放共享新模式。目前，北京市拥有市级重点实验室、工程实验室、工程技术研究中心

等 670 余家科技创新基地，475 家国家和北京市级的重点实验室面向社会开放。截至 2011 年底，全市拥有科技中介服务机构上千家，产业技术联盟超过 150 家，在承担国家重大科技项目、标准创制、成果转化等方面发挥了积极作用。

（五）创新发展先行先试，不断完善相关政策环境

北京市先后制定实施了《中关村国家自主创新示范区条例》、《关于推进市属国有企业自主创新工作的指导意见》、《促进科技成果转化和产业化的指导意见》等一系列支持企业自主创新发展的地方性法规和规范性文件，促进创新要素的市场配置及政府职能的转变。中关村示范区积极推进"1+6"先行先试改革试点，促进创新要素资源向企业聚集。目前，正在开展《北京市中小企业促进条例》立法工作，进一步为企业创新创业发展提供保障。

二、北京市企业创新创业方面存在的突出问题

近年来，北京市多措并举，不断优化和完善发展环境取得了积极成效，但是距离建设创新型城市目标还有不小差距。企业还没有真正成为技术创新主体，市场主导的作用还没有真正体现，在行政资源配置向市场资源配置转变过程中，政府的引导服务作用尚未充分发挥，诸多不利于企业创新创业的问题依然存在，主要表现如下：

（一）行政审批不适应发展需要，知识产权工作薄弱

1. 行政审批服务不适应企业发展的需要

一是审批程序烦琐、周期长、效率低，审批事项不公开、不透明。二是一些行业审批标准早已过时，但至今仍沿用。三是一些审批标准不能适应新兴业态发展，一些初创的小微企业，因无固定场所，难以实现注册登记。海淀区试点利用房屋小隔间注册企业，在一定程度上弱化了对固定场所的要求，

但没有从根本上解决初创小微型企业以固定座位形式注册公司的问题。

2. 知识产权保护和利用还显薄弱

一是知识产权专项经费投入不足。近年来北京市知识产权管理工作迅速发展，而现行的财政专项经费已远远不能支撑专利工作发展的需要。二是全市没有构建统一的专利池，知识产权保护薄弱。政府投入较大，但由于没有形成全市专利集中管理，重复研究、资源浪费现象较严重。

（二）科技园区顶层规划设计缺乏预见性、科学性

1. 中关村"一区十园"的规划设计缺乏长远性、科学性和精细化

一是园区规划趋同，产业布局雷同，部分园区无序竞争态势凸显。二是功能配套设施预留空间不足，一些园区运营后道路拥堵、出行不便，住宿、餐饮、教育和医疗等生活配套设施不足。三是园区管理模式单一，运营理念落后，缺乏人性化、规范化。四是部分园区管理与属地管理在体制上还没有理顺，不利于长远发展。

2. 土地资源制约产业可持续发展

一是随着企业创新实力的增长，研发用地严重不足，成为制约企业发展的瓶颈。二是因土地权归属不明确，一些企业上市和扩大发展的积极性受到较大影响。三是土地开发利用率较低，随着商业房租不断上涨，企业负担日益加重。

（三）产业人才引进政策不配套，企业专业人才出现断层

1. 产业人才引进机制有待进一步完善

受进京户口指标的控制、居住证转京户口政策的限制，以及受产业人才评价指标单一的影响，一些企业急需的专业技术人才难以引进，在一定程度上影响了企业创新创业发展。

2. 产业人才缺乏专业技术培训

相当数量的企业科技人才、产业人才缺少专业技术培训，即使有一些培训也缺乏制度化和规范化管理。由于缺乏精通专业的高端技术人才和复合型

人才，一些高新技术企业产业人才出现断层现象，企业发展后劲不足。

（四）支持企业创新创业资金投入不足，使用效益不高

1. 科技资金对企业支持力度不强，创新基金惠及中小企业十分有限

政府的科技资金更多地投向高校和院所，而企业得到的研发经费有限；政府的创新基金更多地投向大型企业，而能拿到的中小企业寥寥无几。有些行业产品研发周期长、费用高，仅靠企业自筹资金，研发难以持续长久。

2. 中小微型科技企业贷款依然存在难度大、成本高、额度低的问题

据调查，企业获得银行贷款的平均成本高达12%~15%，银行提供给中小科技企业的贷款额度一般为5000万~6000万元，但实际贷款数额仅为额度的10%左右，贷款难制约企业创新创业。

（五）相关扶持政策尚未完全落地，措施细化配套不够

1. 中关村"1+6"政策需要进一步落实和细化

一是研发加计扣除、职工教育经费税前扣除、股权激励所得税等政策已于2011年底陆续到期，后续政策尚未出台。二是科技和税务部门对科技项目认定不一致，导致研发费用加计扣除政策落实不到位。三是建立全国场外交易市场的政策至今尚未出台，科研项目经费管理的后补贴、分阶段拨付等政策缺少实操细则或具体管理办法。四是在不同区县和不同科技园区，"1+6"政策的落实存在较大差异。

2. 缺乏相关产业配套政策，政府采购制度有待完善

由于一些战略性新兴产业配套政策缺失，企业受到原材料来源不足、扩大生产规模难、基础元器件不配套、产品销售途径单一等问题的制约。一些具有产业化前景的自主创新成果，因未能及时纳入政府采购目录，失去抢占市场的良机。在某些领域政府采购政策不但没有向中小企业倾斜，反而存在某些限制，在一定程度上抑制中小企业自主研发、扩大规模的积极性。

（六）市场环境不公平，中小微型科技企业发展受到影响

1. 行业垄断不利于中小微型科技企业成长

在一些市场领域内，中小微型科技企业处于竞争弱势，很难进入市场。一些垄断行业企业在招标时，或以文件形式限购系统外设备，或以补贴方式鼓励购买所属系统的产品，挤压市场空间，排斥具有竞争力的中小微型科技企业的产品。

2. 拖欠款现象严重，中小微型科技企业创新发展仍十分艰难

由于市场缺乏规范的行业协会和融资、科技担保等服务机构，中小微型科技企业普遍遭遇行业内拖欠款问题，并且长期得不到解决，导致企业流动资金严重不足，研发活动难以持续，创新创业非常艰难。

三、关于进一步支持北京市企业创新创业的若干建议

推动企业成为技术创新主体，增强企业创新能力，事关经济发展全局，事关国家长远发展。企业要真正成为技术创新主体，不但需要内生动力，还需要政府给予有针对性的扶持和培育。为进一步支持北京市企业创新创业，联合调研组提出如下建议：

（一）进一步完善行政服务职能，提高服务管理效能

1. 科学设计监管流程，提高审批效率

市区政府及各有关部门要切实转变职能，真正全面细心地为创新型企业服务，特别是要为有发展潜力的中小微型科技企业服务。进一步完善"绿色通道"制度，减少审批程序，公开审批事项，加快审批速度。从政策倾斜到资金、人才、市场等方面，对列入战略性新兴产业的科技企业加以扶植和保护，乃至于对企业领导和员工给予政治上、思想上的关心和鼓励。

2. 整合知识产权资源，构建全市统一技术专利池

加强政府引导，帮助企业构建与完善知识产权管理体系，推动建立科学的专利技术价值分析标准，促进评价体系在企业专利组合管理、政府财政投资和私募股权、风险投资项目评审、高科技企业并购中发挥重要作用。设立知识产权管理、专利集中管理、项目全过程管理等考核指标，推进知识产权管理形成合力，发挥知识产权在经济增长中的引擎作用。

3. 探索多元化"政产学研用"协同创新模式

支持和鼓励各创新主体协同创新，在多元一体的产业链中突出"产"即企业的地位，形成以企业为主体，高校、院所、用户及科技服务机构有机结合的"产学研用"链条；鼓励校企合作，实行"风险共担，利益共享"的分配方式，鼓励高校和院所的科技成果到技术交易所、产权交易平台、交易中心进行交易流转，对交易成功的交易方和服务机构给予补贴。

（二）进一步完善新建园区顶层设计，科学规划园区

加强园区顶层设计，科学制定规划。新建科技园区的整体规划应与推进土地利用制度改革相结合，与所在区县或乡镇发展相结合，坚持统筹兼顾，整体发展，做到"宜业宜居"。对于中关村科学城、未来科技城和即将新增的6个子园区，应根据北京的地缘优势、科技优势和区域优势，进一步加强园区顶层设计，科学制定产业规划，合理布局园区功能，细化产业分工，完善产业链条。未来的中关村一区多园应形成特色鲜明、各具亮点的产业布局。

（三）进一步贯彻落实和细化企业创新创业配套政策

1. 落实和细化中关村"1+6"政策

一是加大研发加计扣除税收政策的落实力度，加快解决科技和税务部门项目认定不一致问题。二是将股权激励试点税收政策常态化，建立申报、审核、备案、批复等工作的常态化机制，试点税收政策继续延期执行（三年为宜）。三是研究并出台科研项目经费后补贴和分段拨付政策的实施细则。四

是研究并出台职务和非职务专利申请的界定和管理办法，鼓励拥有非职务发明专利的机构和人员成立高新技术企业。五是完善高校和科研院所国有资产对外投资（即非经营资产转经营资产）管理办法以及事业单位国有无形资产管理办法。六是探索点面结合的新机制，在中关村一区多园布局的基础上，探索"点"的政策扶持机制，对于园区外的大中型企业和科研机构可视需要纳入享受中关村政策的范围。

2. 加大政府采购力度，完善相关配套政策

通过政府采购方式建立示范工程，大力扶持创新型企业。采取政府出资补助企业和用户的形式，支持和鼓励使用国有新产品、新技术。在新产品推出的1~2年内，政府应实施相关配套的优惠政策。

（四）进一步完善产业人才吸引政策，建立人才培养机制

1. 探索并试行吸引产业人才的政策

进一步完善北京市产业科技人才引进机制、中小企业人才评价体系，建立全市的产业人才评价公共平台。推广海淀园区和亦庄开发区试点经验，对技能人才打破学历和申报高级职称的限制。加强产业人才专业培训，使其进一步规范化和制度化。将"千人工程"进一步做大做实，给1万名左右非京籍科技人员以市民待遇，为人才无后顾之忧地搞科研、干事业营造良好氛围。

2. 出台产业人才住房的新举措

在园区内建设一定数量的配套公寓，完善生活服务设施，切实解决产业人才后顾之忧。严格审查申请入园企业门槛，设定如企业发展前景、研发机构、纳税金额等标准，并依据相关标准为企业提供产业人才住房。对已出台的高层次人才创办企业、人才公寓建设、住房补贴等相关的政策措施，加大落实力度。

（五）进一步提高政府资金使用效率，创新投融资机制

1. 加强对中关村示范区的财政支持，优化科技投入结构，建立研发创新投入资金稳定增长机制

对不同行业、不同规模的企业采取不同的资金支持方式，并建立项目后评估监督机制，跟踪政府专项资金的效益。建立重大创新成果奖励机制，取消对大企业的一般性补贴。

2. 建立多层次、多渠道、多元化的投融资体系

积极引导各类金融机构，加大对中小微型科技企业的信贷支持，建立保险、银行、担保为一体的融资平台，支持和鼓励中小微型科技企业贷款融资。

（六）进一步营造有利于企业创新创业的竞争环境

1. 鼓励有条件、有能力的企业建立研发机构，为企业持续发展提供科技支撑和技术储备

采取企业投资、政府免税、高新技术企业（如科技基金等）评审指标的方式，激励企业建立研发中心，推动产学研合作。借鉴发达国家及台湾地区的做法，建立民间或公共研究机构，以低价高效的运营方式为中小企业提供技术研发支持，财政予以适当补贴。"十二五"期间，全市重点建设的工程技术研究中心和实验室，要优先落户到科技型企业。中关村示范区的各园区应建立与大企业合作或政府独资的中试基地，无偿或低偿为企业由项目孵化到产业孵化提供服务。

2. 对国有大企业和中小微型科技企业分类支持

一是鼓励国有大企业加大研发投入。对其投入研发和培训的费用，可视同企业利润；鼓励其加大消化吸收投入比例，对于高投入企业给予财税、金融政策支持；支持其与政府共建中试平台，双方联合提出技术标准和技术需求，有偿对外开放。二是对中小微型科技企业加大扶持力度。降低一些政策或项目申请门槛，部分减免相关测试平台及设备的租金，提供租金优惠的经营场所，减少注册费用。三是推动国有大企业与中小微企业联动发展，一方

面鼓励大企业成熟技术向中小微企业扩散,另一方面鼓励中小微企业创新成果向大企业转让。

3. 大力发展第三方中介服务机构,创造良好的市场环境

进一步加快政府职能转变,弱化行政权力,大力发展技术交易中心、融资机构、担保机构、各类行业协会、人才中心等机构,强化第三方中介服务机构的服务功能,扩大服务范围,建立规范的运行机制和行业自律标准。出台扶持第三方机构发展的相关优惠政策,充分发挥行业协会及各类科技中介机构在维护公平竞争、促进产业发展中的重要作用。

【北京调研案例分析】

2012年3~6月,课题组针对北京企业在创新创业环境中存在的问题进行了专题调研,先后听取了市科委、市知识产权局、市经济信息化委、中关村管委会等部门的情况通报,深入中关村9个分园区开展调研,与各分园区管委会及50余家企业座谈,并实地考察了14家企业,为此,本部分分析了这些调研案例,同时整理了调研座谈过程中委员们针对这些调研机构存在的问题以及希望呼吁的内容给出的相关建议。

北京经济技术开发区
(第一次考察)

2012年3月13日,调研组考察北京经济技术开发区。听取了经济技术开发区优化企业创新创业发展环境情况介绍与泰德、脑泰、昭衍三家生物医药企业座谈交流,实地考察了亦庄生物医药园。

据介绍,2011年经济技术开发区高度重视创新驱动产业发展,积极为企业自主创新发展营造良好环境。提出了以"创新驱动产业发展"为核心,以"提升科技创新能力,促进科技成果产业化"为重点,大力加强"企业创新主体能力、创新平台支撑能力、创新创业服务能力"的"一二三"发展战略,明确了重点实施的科技创新八大工程。一是打造"大旗舰"工程,引进和培育龙头项目,扶持规模企业加速发展,完善制定与产业政策相关的各项制度,优化企业科技创新的政策环境;二是推出"小巨人"孵育工程,重点培育企业42家,重点培育孵化器7家,最大限度争取政策资源,加大政府对高新技术产品采购力度,促进中小企业壮大发展;三是鼓励企业研发,目前区内国家级、市级研发机构达111家,进一步完善科技信息平台;四是实施高端人才汇聚工程,增强开发区对高层人才的凝聚力,目前开发区有海外学人1203名、外籍专家1011名,其中27人入选"千人计划",37人入选北京市"海聚工程";五是实施中小企业知识产权战略推进工程,强化知识产权对创新发展的引领作用,区内企业发明专业占申请量的56%;六是落实科技金融创新工程，推进企业上市融资，2011年又有6家企业获批上市；七是全面启动科技中介服务提升工程，积极筹建科技创新服务中心；八是推进创新文化建设工程，发挥科协组织、知识产权联盟等作用，深化交流合作，促进科技资源向企业聚集。2012年，经济技术开发区将进一步落实八大工程，优化企业创新发展环境，努力在搭建公共平台、聚焦实体企业、整合放大资源三个方面实现新的突破。

据介绍，泰德制药股份有限公司集国家高新技术企业、北京市G20工程企业、北京市十百千工程企业、北京脂质靶向工程中心于一身，是首家研发、生产脂微球载体靶向药物的企业。昭衍新药研究中心致力于新药研发和研发服务，2009~2011年共参与研发、评价了400多个新药，先后承担了4项"十一五"重大新药创制、2项"十二五"重大新药创制和1项"863"项目。脑泰科技有限公司研制的将光学导航和磁刺激治疗相结合的导航经颅磁刺激医学治疗系统，用于治疗以精神抑郁为主的多种脑部疾病。已申请14项国家专利，8项已获授权。国家北京生物医药创新孵化基地是国家科技重大专项课题，由商务中心、孵化中心、中试中心、中型企业楼和地下室等建筑组成，主要为生物医药园企业研发活动提供条件支撑。

委员们认为，经济技术开发区通过实施"一二三"战略和八大工程，为企业创造了良好的环境，开发区的发展建设取得显著的成绩。希望进一步关注企业在发展中存在的诸如人才引进、审批程序、市场推广、中试平台等方面的问题，及时为企业排忧解难。委员们建议：一是主管政府部门应提高行政审批效能，缩短新药审批周期，为企业开拓市场争取有利时间，通过政府采购等途径加大对国产新药、高科技产品的扶持与保护；二是政府应进一步加强中试平台的规划和建设，促进基本检测服务向真正的中试平台转换，加强后续支持，促进平台发挥更大效用，最大限度降低企业成本；三是政府应与企业进一步沟通，建立公共的科技信息体系，实现资源共享，及时为企业提供信息；四是政府应引导企业与高校对接，培养企业需要的实用型人才。

中关村科技园区昌平园
（第一次考察）

2012年3月14日，调研组到昌平园调研。与3家医药、医疗设备企业及1家节能环保企业座谈，听取企业对优化自主创新发展环境方面的意见建议，并实地考察了北京泰宁科创科技有限公司研发基地。

据介绍，北京佰仁医疗科技有限公司成立11年来，主要开展人工生物心脏瓣膜、瓣膜成形环、心包补片、涤纶补片、心血管病封堵器及输送系统的研发。公司拥有2项国家发明专利和两项实用新型专利，获得国家食品药品监督管理局正式注册并投放市场的产品有7项，其中有4项填补了国内空白。北京天新福医疗器材有限公司2002年成立，主要生产三类植入型医疗器材，产品涉及再生医用生物材料和骨科两大类。公司现有专利技术24项，其中发明专利5项，近三年研发经费占销售收入的4%。北京德海尔医疗技术有限公司创立于2003年，产品涵盖医疗设备、家用医疗、技术服务三大领域，重点研发家用呼吸及氧疗产品，目前公司员工近200人，研发人员比例占15%，近三年共获得实用新型专利2项、外观设计专利4项、计算机软件著作权专利5项，2011年度研发费用投入占到总收入的7%。北京泰宁科创股份有限公司成立于2003年，是涵括雨水排放、收集、存储、处理、利用以及渗排一体化等全方位雨水综合利用系统解决商。公司组建了实力雄厚的高水平专家技术团队，研发设计人员达到30人，并承担了"十二五"水专项中《绿色建筑与小区低影响开发雨水系统研究与示范》课题的研究任务。

委员们了解到，4家中小科技型企业经过10年艰苦创业，其资产总额、主营产品具备了一定的市场竞争能力，企业研发能力较强，研发费用投入均超过总收入的4%以上，在行业内领先优势突出，委员们指出，企业要保持在领域中的领先优势，必须保持持续创新能力，加快产业化步伐，拓展市场细分领域。委员们建议：一是政府应对市场前景好的项目加大扶持力度，进一步扩大扶持研发的种类，放宽扶持政策；二是科研经费投入应向中小科技型企业倾斜，特别是企业成长期更需要扶持，可以采取先研发后以税收返还或支付专利费用的方式给予支持;三是针对医药行业等研发过程长的创新领域,应开辟绿色通道,加快专业审批时间、减少烦琐环节;四是政府招标采购应有合理评定标准,一味压低价格势必影响产品研发质量;五是政府应加大对国有自主创新产品的扶持与保护,既要增加政府采购额度,也要扩大采购产品的目录。

中关村科技园区德胜园

2012年3月15日,调研组考察中关村科技园区德胜园。听取了德胜园优化企业自主创新发展环境情况介绍,与硕人海泰、因科瑞斯、维旺明公司负责人座谈交流,并实地考察了维旺明公司。

据介绍,中关村科技园区德胜园自2002年建园以来,充分发挥地域和政策优势,在加快高新技术产业发展的基础上,重点打造研发设计、金融后台服务、文化创意和高端交易四大产业。经过10多年的发展,园区经济总量快速增长,基本形成以现代服务业为主体,以科技、金融、文化创意为主要支撑的产业格局。近年来,德胜园通过优化政策、强化合作、搭建平台等举措,努力为区内企业发展营造良好环境。一是制定规划,出台政策,着力引导重点产业集聚。根据都市型科技园特点,以集约化土地利用模式为主要形态,编制空间规划和产业规划。出台了涵盖研发项目资金配套、贷款贴息、孵化基地专项返还等方面的10多项政策规定,引导形成首都高端创新型产业集聚区。二是强化合作,抢占高端,着力提升产业层级。与国家和北京市相关单位合作,建设了工业设计创意产业基地、国家数字版权产业基地、中国电视网络商城等一批高端产业化项目,带动了园区产业升级。三是统筹协调,搭建平台,着力优化创新创业环境。成立由35个政府部门组成的联席会议制度,形成了部门联动、政策集成、资金聚焦的长效机制;建立德胜园投融资服务平台,解决企业融资难题;组建德胜园协会,搭建政企交流平台,整体提升服务水平。

据介绍,硕人海泰能源科技有限公司主要致力于节能技术、能源管理软件开发、合同能源管理项目实施以及能源审计评估等咨询服务,是中国节能服务产业委员会首批认证的47家节能服务公司之一。公司产品全部为自主研发的高新技术产品，已经在冶金、电力、市政、纺织等行业得到了广泛应用。因科瑞斯生物制品研究所是因科瑞斯药业集团下设的研发企业，研发近百种新药，申请国家发明专利近百项，并承担了多项国家和省部级课题，在国内新药开发领域尤其是中药新剂型领域具有领先地位。维旺明信息技术有限公司提供融图、文、音视频为一体的手机新媒体平台技术与运营服务，拥有WAP和手机客户端新媒体技术平台，与1500多家国内知名互联网期刊建立了合作关系，拥有千余种杂志媒体库，公司开发的"VIVA畅读"的用户数已突破4600万，在线或下载阅读杂志量超过3亿本，是目前国内手机装机量最大的手机杂志阅读软件。

委员们认为，德胜园管委会高度重视企业创新发展环境，在政策引导、管理服务等方面对区内企业给予了大力支持，园区建设与发展取得显著成效。委员们建议：一是政府应加大对中小创新型企业的资金支持力度，研究制定针对中小创新企业研发费支持的措施，并解决银行贷款政策落地难的问题。二是政府应为中小企业搭建更多技术转让、成果认知的媒介和平台，发挥公共平台作用，助推企业加速实现科技成果产业化。三是政府应制定相关政策法规，进一步加大知识产权保护力度，采取一些措施，如建立版权投资基金等方式，促进企业实现更好、更快发展。

北京经济技术开发区
（第二次考察）

2012年3月20日，调研组赴北京经济技术开发区进行了调研，听取了京运通、朗波尔、云基地、星旋科技、中科晶电5家企业创新发展情况并进行座谈交流，实地考察北京云基地。

据介绍，作为培育下一代信息技术制高点"云计算"的新型产业基地，北京云基地由北京市经信委、北京经济技术开发区与中国宽带产业基金联合创建，2010年8月16日在北京经济技术开发区正式挂牌成立。目前，已有15家企业入驻，总投资额达6亿元，旗下员工1000余人。入驻的各公司业务涵盖了云计算技术与产品主要环节，包括分布式数据中心、云服务器、瘦终端、云存储等硬件产品，云操作系统、桌面虚拟应用系统等基础软件，智能知识库、数据挖掘系统等应用软件，云应用、云系统集成及整体解决方案等，构成了云计算完整产业生态系统的核心部分。"十二五"期间，云基地将配合各级政府云战略规划，如北京市"祥云计划"、上海市"云海计划"等，吸引高端人才，投资芯片等云核心技术项目，建设引领云计算产业稳健、快速发展的核心基地，为中国乃至全球云计算与信息技术发展做出应有的贡献！

据介绍，京运通科技股份有限公司是一家以光伏设备制造业务为核心、光伏设备与晶体硅生长和晶片业务互补发展的高新技术企业，于 2011 年上市，公司主导产品包括单晶硅生长炉和多晶硅铸锭炉等光伏设备以及硅棒、硅锭和硅片等光伏产品。朗波尔公司是一家专业照明机构，主营范围包括生产 LED 照明节能产品，销售、开发环保照明节能产品、太阳能器具、电容器及配套设备，提供城市照明节能技术服务及城市照明设施维护等。星旋世纪科技有限公司 2010 年注册成立，主要研发生产节能环保产品，包括星旋式液压气动马达、压缩机及泵、发动机，各种精密线圈绕制设备和电子线圈，工厂自动化系统等。中科晶电信息材料有限公司是来自中国内地和香港地区以及美国的投资人共同投资的合资企业，通过资源的优化整合，逐步形成了全系列、多品种的砷化镓晶片生产能力。

北京经济技术开发区发展环境不断优化，区域内科技企业非常注重技术研发和创新发展，在各自领域形成了很强的自主创新能力，在国内乃至国际具有技术领先优势，在今后的发展中要把不断提升产品内在质量放在第一位，研发制造出更多的技术领先、质量可靠的自主创新产品。委员们建议：一是扩大政府采购范围，在云计算应用和 LED 照明产品使用等方面，通过政府采购发挥率先示范和引导作用，从而促进和带动相关产业的创新发展。二是政府应大力支持企业联合创新，给予相关的政策支持，提供更多信息，为企业牵线搭桥，推动企业联合。三是北京市应进一步重视半导体产品的研发应用，在推广使用 LED 照明设备等方面加大推进力度，促进节能环保。

中关村科技园区昌平园
（第二次考察）

2012年3月21日，调研组第二次考察中关村科技园区昌平园。听取昌平园优化企业自主创新发展环境情况介绍，与3家不同行业领域的中小科技型企业座谈，并实地考察了未来科技城。

据介绍，中关村科技园区昌平园成立于1991年11月，包括中心区、中关村国家工程技术创新基地、中关村生命科学园及三一产业园四部分。经过20年的发展，园区规划建设面积将达到51.24平方公里，形成以能源科技、高端现代制造、生物医药为支柱的产业体系。目前，入园企业达到1600余家，其中国家级高新技术企业373家，拥有国家级研发中心4家，市级研发中心21家，被确定为"北京市知识产权托管工程试点基地"。2011年，昌平园企业共实现总收入1500亿元，比上年增长66%；工业总产值超过千亿元；上缴税金70亿元；技术合同成交总金额达到48.1亿元，登记技术合同821份，技术交易市场日益活跃。为进一步激发企业创新创业活力，发掘重大创新成果，推动科技成果产业化，昌平园出台了鼓励科技创新的"1+5"政策文件，围绕发展实验室经济、支持中介机构、发展大学科技园、鼓励发明创造，安排了每年不低于2亿元的支持资金，为园区科技进步提供了有力的政策保障。在此基础上，通过优化空间资源、完善创新体系、建设人才高地、拓宽投融资渠道、培育和发展社会中介机构、建立科研条件共享等措施，为企业自主创新发展营造良好环境。

参加座谈的3家企业分别是从事石油测井仪器研发、生产和销售的北京环鼎科技有限责任公司，从事冶金领域工业自动化控制设备及相关业务的北京北科麦思科自动化工程技术有限公司，以及从事眼科医疗产品研发、生产和销售的爱博诺德（北京）医疗科技有限公司。他们分别介绍了创新创业发展的总体情况及遇到的困难和问题。一是目前政府出台的一些科技计划和扶持政策（国家工程技术中心、博士后工作站等）门槛较高。对中小企业来说，虽然切实需要这些服务，但难以符合申请条件。二是申请政府资助资金难度大。中小企业很难与国家扶持项目挂钩，即使对接上，也难与效益挂钩，新产品的盈利难以预测，投入产出不对等。三是缺少公平的市场竞争环境。一些国有大型企业对其所属企业进行行业保护，以文件形式限购系统外设备，并用导向补贴资金方式鼓励购买所属系统的仪器设备，挤压行业外企业的盈利空间。四是一些项目的申请流程长、手续繁，耗费企业大量的时间和精力。企业研发的先进成果经过 3~4 年审批时间，产业化时领先优势已消失殆尽，极大地影响了企业创新的动力。

市政协有关领导指出，到昌平园调研，参观了未来科技城，听取了园区工作介绍，与企业家座谈，感触很深。2012 年，温家宝总理在政府工作报告中提出，要大力支持企业加强研发中心建设，承担国家和地区重大科技项目，引导科研机构、高等院校的科研力量为企业研发中心服务，更好地实现产学研有机结合，提高科技成果转化和产业化水平。未来科技城建设定位在引领我国应用科技发展方向、代表我国相关产业应用研究技术最高水平的人才创新产业基地，对于形成具有中国特色的自主创新体系，最终实现中国制造向中国创造跨越式转变具有重要的战略意义。听取昌平园介绍，对园区发展建设情况有了更多的了解。总体看，目前园区内的企业创新发展势头很好，但也面临着一些制约企业持续发展的问题。如"1+6"门槛高，政府审批程序复杂、时间长，引进人才与留住人才难等，特别是生物医药企业市场准入和审批过程中存在的问题更多。市政协的调研要多听企业的反映和呼声，认真梳理问题，有针对性地提出建议，供市委、市政府参考。

中关村科技园区通州园
（第一次考察）

2012 年 3 月 22 日，调研组考察中关村科技园区通州园。听取了通州园园区基本情况介绍，并与同益中、捷宸阳光、中纺锐力公司负责人就企业发展环境进行座谈交流。

据介绍，中关村科技园区通州园 2006 年建园，包括光机电一体化产业基地和金桥科技产业基地，是通州区规划建设、重点发展的产业基地之一。园区以高端制造、商务、现代物流为主导产业，同时积极打造国家级太阳能检测中心，促进产业链的形成和发展。目前，区内共有企业500家，2011年实现总收入301亿元，同比增长11.1%。园区共有国家高新技术企业60家、中关村高新技术企业97家。近年来，园区不断加大工作力度，促进企业自主创新能力逐步增强、投融资环境不断优化、科技创新发展空间不断扩展。围绕落实"1+6"先行先试政策，积极建立与中关村工作对接机制，政策培训等工作走在中关村各园区前列。园区现有30个项目列入中关村创新资源平台项目库，多家企业被评为中关村"百家创新型试点企业"，或纳入北京市"专利试点企业"，2家企业承担国家"863"项目计划，区内企业专利申请授权数610项。2012年，结合园区扩园工作的开展，邀请战略研究机构就产业发展进行专题研究，重新进行功能定位，进一步夯实发展基础。同时，不断加强与国家科研院所、中关村发展集团合作，启动建设中关村国家院所通州产业园，中国建材院建材检验认证中心等项目。

据介绍，北京同益中特种纤维技术开发有限公司是从事超高分子量聚乙烯纤维及其下游产品研发、生产和销售的高新技术企业。以纤维研究所和复合材料研究所为主体组建的技术研究中心具有产业化生产的全套装备，公司投资1.5亿元建设的"国家高技术产业化示范工程"——新一代超高分子量聚乙烯纤维生产基地，将成为北京市首个高性能纤维研究开发基地及首个高性能纤维检验检测中心。北京捷宸阳光科技发展有限公司是集科研、开发、生产、销售为一体的太阳能光伏产品制造及应用企业，汇聚了国内外多位知名专家和专业人才，并获批准成立了北京首家光伏工程实验室。北京中纺锐力机电有限公司是中纺机电研究所转制后成立的高新技术企业，产品主要用于机床、煤炭、石油、电动汽车等行业，公司承担并完成了多项国家863、国家级重点新产品、国家及北京市火炬计划等项目，多次获得国家和省部级科技奖励。

委员们建议：一是政府有关部门应加紧制定超高分子量聚乙烯纤维等高新技术研发和创新的行业标准，明确统一技术参数和具体标准；二是政府有关部门应进一步加大产学研合作的支持力度，促进企业间横向联合与资源整合，促进上下游企业无缝衔接，更好地满足市场的新需求；三是政府应对企业工业用地转研发用地给予适当政策支持，简化办理和审批手续，为企业技术研发创造良好外部条件；四是要充分发挥高新技术企业知识产权的优势作用，推进新兴产业联盟的建立，不断提高行业的国际竞争力；五是政府应对一些研究院所转企改制后，更多精力用于企业生存，创新研发动力不足，成果转化率不高的情况予以重视，并给予资金支持和项目支撑，确保技术研发的持续推进。

中关村科技园区丰台园
（第一次考察）

2012年3月27日，调研组考察中关村科技园区丰台园。考察北京交控科技有限公司，听取丰台科技园优化发展环境情况和3家企业自主创新发展情况汇报，并进行座谈交流。

据介绍，中关村科技园区丰台园成立于1992年，空间布局分为三个部分，其中东区是知名的总部经济区，西区是战略性新兴产业研发与成果转化基地，科技一条街由孵化器网络构成，是中小型科技企业创业成长的重要基地。目前园区入驻企业3753家，其中高新技术企业2935家，上市公司25家，收入过百亿元的企业3家。园区现有企业技术中心26家，工程技术研究中心2家，设立博士后科研工作站4个，院士专家工作站3个。园区在营造企业自主创新发展环境方面开展了大量工作：一是完善政策环境，实施"企业倍增计划"，对创新能力强、极具发展潜力的重点企业，集中政策资源给予支持。二是优化人才环境，构建博士后基地、留学生创业园、科技研发共享平台等"五大平台"，出台人才特区建设实施意见，通过多种途径促进高层次人才脱颖而出。三是打造设施环境，建设人才公寓，强化医疗服务、交通服务，努力解决企业员工后顾之忧。四是营造服务环境，摸清企业需求，整合企业服务体系，设立园区综合服务站，有针对性地做好服务，促进高端产业集群式发展。"十二五"期间，丰台园将实施"东扩西进"，全面提速发展，努力建设总部云集、集群发展、自主创新、活力无限的新园区。

据介绍，北京交控科技有限公司成立于2009年，致力于建立高速铁路、城市轨道交通和磁悬浮三大领域列车运行控制系统技术和产品的体系，拥有国内第一个、也是目前唯一的列车运行控制核心技术与装备。世纪东方国铁科技股份有限公司成立于2002年，是一家在通信信号技术和专网建设领域中集研发、生产、销售和系统集成为一体的高新技术企业。海鑫科金高科技股份有限公司成立于1998年，专业从事以多生物特征识别技术和智能监控技术为核心的基础技术研究、产品研发、信息化系统建设、系统集成和技术服务。企业在介绍创新发展情况的同时，也提出了当前面临的突出问题：一是目前轨道交通技术体系不够健全，认证滞后于创新，一定程度上影响了技术创新；二是企业进行轨道交通控制系统研发，使用国家重点实验室的费用较高，自身筹备建实验室投入也很大，希望政府给予场地或资金支持；三是企业引进和留住人才面临困难，主要是企业人才住房和子女入学等问题难以解决，希望政府能够多种方式帮助解决，使企业能够留住人才，确保持续发展。

委员们认为，丰台科技园是中关村最早的"一区三园"之一，也是总部经济概念的首倡者和实践者。通过深化科技创新、加速成果转化、搭建企业交流合作平台、做大轨道交通产业等举措，促进了园区的持续快速发展，园区科技创新和企业科技自主创新发展取得了显著成绩。对于企业发展中遇到的困难，政府应高度重视，采取有效措施帮助解决，为企业创新发展提供良好的外部条件。

市政协有关领导在讲话中指出，经过多年不懈努力，丰台园保持了非常好的发展态势，未来的任务也很重。在下一步发展中，一是要坚持科技与文化有机结合，双轮驱动，为园区发展注入新的动力。二是从扶持实体经济、科技企业融资、企业员工住房、营造市场环境等环节入手，进一步做好企业服务工作。三是引导企业发展，自主创新产品要切实把质量放在首要位置，企业要在国家整体发展的进程中准找切入点，从而获得更大发展。

中关村科技园区石景山园

2012年3月28日，调研组考察中关村科技园区石景山园。听取石景山园领导关于园区基本情况及创新发展环境建设情况的介绍，参观考察趣游（北京）公司和东方信联公司，并就产业梯次布局、创意人才标准等问题与东方信联、易宝支付、趣游（北京）等企业座谈交流。

据介绍，中关村石景山园 2006 年加入中关村国家自主创新示范区，定位为文化创意产业特色园，规划面积 3.45 平方公里，分为北Ⅰ区、北Ⅱ区和南区。园区现有企业 2075 家，2011 年实现收入突破 600 亿元，税收超过 16 亿元。园区发展呈现三大特点：一是经济总量快速增长。平均每年新入驻企业超过 500 家，销售收入和税收平均每年增长 30%，年税收过百万企业 120 家，年税收过千万企业 20 家。二是高端产业特色鲜明。以科技和文化融合发展的数字娱乐产业为特色，带动全区文化创意产业 2011 年收入超过 200 亿元，占全区经济比重突破 12.5%。三是辐射带动能力强。实施"小园区大发展"战略，将品牌、政策和服务优势辐射至全区，形成从创新研发、创业发展到产业聚集的功能布局，营造良好发展环境。园区发挥"三位一体"（区科委、园区管委会、区知识产权局合署办公）体制机制创新优势，出台《石景山区关于贯彻落实中关村"1+6"政策先行先试改革政策的办法》，与国家和北京市的政策体系实现良好互动；搭建"中关村石景山园知识产权法律服务平台"为企业提供法律服务；全面启动"引育聚"工程，努力打造"首都创意人才特区"；积极探索首钢搬迁后科技引领产业转型的思路、模式。2012 年，园区将重点打造"石景山创新平台"，着力完成园区发展、可持续发展试验区建设、科技创新和党建工程四项重点任务。

参加座谈的东方信联科技有限公司成立于 1997 年，专注于为通信运营商及建筑业主提供从接入网解决方案设计、设备研发、生产到工程集成服务和网络维护的全方位业务服务，拥有网络研发、应用系统研发及方案研发三大研发中心。趣游（北京）科技有限公司成立于 2010 年 7 月，主要致力于为中国的白领精英阶层提供轻游戏类（网页游戏、手机社区、移动互联网应用）在线娱乐产品。易宝支付 2003 年 8 月由北京通融通信息技术有限公司创建，致力于为广大商家和消费者提供专业电子支付解决方案和服务，陆续推出了航旅、数字娱乐与游戏、网上购物、教育考试、电信缴费、保险基金、物流等行业的专业电子支付解决方案。座谈中委员们了解到，3 家公司作为国内细分行业领域的龙头企业，在快速发展、扩大规模的进程中，均面临创意人才引进无法满足企业发展需求的难题，创意产业人才队伍的年轻化、专业学历的中等化难以符合现有的高端人才标准。

委员们认为，人才是创意产业发展的核心，建议市委市政府在人才引进中突破现有人才标准，试点将人才指标审批权力下放到中关村自主创新示范区，同时合理规划"一区十园"的产业布局，梯次分布特色产业，避免同质化竞争。

中关村科技园区通州园
（第二次考察）

2012年3月29日，调研组赴中关村科技园区通州园进行第二次考察。听取了通州园光机电基地基本情况，与天宇朗通、中丽制机、新福润达、中科信4家企业进行座谈交流，实地考察天宇朗通公司。

据介绍，通州园光机电一体化基地自2002年建设以来，围绕现代化产业发展需求，着力抓好关键领域技术的引进、消化与吸收，积极推进原始创新，促进创新成果转化。一是实施知识产权和技术标准战略，加大入区知识产权保护和应用力度。鼓励企业拥有自主知识产权专利，对授权专利给予相应补助，目前基地高新企业共有授权专利500余个。二是协助企业申报自主创新项目，为企业自主研发提供资金扶持，2011年协助业获得国家级市区等专项扶持资金840余万元。三是不断加大人才队伍建设，成立了高端人才管理工作领导小组，营造良好的基地环境和人文背景，帮助企业引进高端人才，为企业发展提供人才保障。下一步基地将继续完善人才扶持政策，对高端人才、重点企业实行"特事特办"；加紧研究人才扶持政策，适当配比人才公寓或公租房指标；健全人才培育平台，满足不同类产业发展的人才需求。

据介绍，天宇朗通是集设计、生产、分销和售后服务能力为一体的专业手机公司，天语品牌手机年均产量1000万部，产品远销东南亚、欧洲、拉美及非洲等国家。2011年与NVIDIA、阿里巴巴合作，发布了中国首款"云智能"手机，率先成功转型为中国本土智能手机厂商。中丽制机工程技术公司是我国最大的现代化化纤机械制造基地之一，拥有现代化化纤成套设备生产线和组装线，生产塑料机械设备及其他棉纺、化纤成套设备用电气控制柜等，产品远销海内外上百家企业。新福润达公司主要研发、生产、销售电工绝缘材料,是施耐德、西门子、ABB 等国际知名公司确定为定点加工生产单位,部分产品已应用于航天及三峡水利工程等相关领域,批量出口到海外几十个国家。中科信电子装备有限公司主要从事太阳能电池制造装备、光伏科技产品等研发与生产,2011 年实现销售收入 8.8 亿元,利润总额 4300 万元。

委员们认为,光机电一体化基地建设十年来,积极营造企业发展环境,在人才引进、项目申报、知识产权保护等方面做了大量工作,并取得了一定成效。委员们建议:一是应进一步提升基地整体创新发展水平,加快基地建设;二是进一步加强人才培训,建立园区培训平台,对重点专业人才进行专项培训,提升研发人员的专业化水平,避免专业人才的断层断档;三是针对部分企业人员不符合经济适用房和两限房政策适用条件的住房难问题,应采取公租房等可行措施协助解决;四是出台光伏产业应用扶持政策,推进屋顶建筑节能一体化建设,做好前期的规划,由企业建立统一的屋顶基站,组织实施节能工程;五是搭建园区与科研机构协作、对接的平台,为企业提供更多的技术支持。

中关村科技园区丰台园
(第二次考察)

2012 年 4 月 10 日,调研组考察中关村科技园区丰台园。考察北京谊安医疗系统股份有限公司,听取 4 家企业自主创新发展情况汇报,并进行座谈交流。

据介绍,北京谊安医疗系统股份有限公司拥有 4 家全资子公司、7 家控股子公司、2 家加盟公司,已建立了覆盖全国的销售网络与客服网络。公司员工 460 余名,研发人员数量约占公司总人数的 25%,在手术室及危重产品制造行业中研发实力较强。公司业务涵盖麻醉与手术支持、急救与危重症治疗、医疗工程设备三大产品组合以及层流感控、环境及设备配置、集中供气、流程质控、信息一体化五大医疗系统解决方案,其中呼吸机所占国内市场份额多年保持第一。先后起草了国家行业标准——《急救与转运呼吸机》和

《麻醉呼吸机》，并参与编写相关国家行业技术标准共 4 份，其主要产品——Solo 呼吸机荣获首届中国创新设计红星奖，并被列入国家重点新产品计划。2008 年，谊安麻醉机成功登陆美国本土市场，Shangrila510 急救呼吸机在被国际奥组委选定为 2008 年北京奥运会 31 个比赛场馆现场急救站指定品牌。国电富通科技发展有限公司是一家集电力行业节能、节水、环保、资源利用等产品研发、销售、设备成套以及工程承包于一体的高新技术企业。国铁华晨通信信息技术有限公司是中国铁路通信信号集团公司全资子公司，一直致力于铁路通信信息行业，主营业务包括大型通信信息网络咨询规划、设计开发、系统集成、设备供货、工程实施及网络维护。铁道工程机电技术研究所有限公司为北京市高新技术企业、国家创新型试点企业和国家火炬计划重点高新技术企业，研发项目包括铁路动车组、机车、城市轨道交通等专用设备，产品遍布各铁路局、动车组检修基地等单位。企业在汇报自主创新发展情况的同时，也反映了在医疗器械认证注册、复合型人才引进和培养、政府采购、知识产权保护等方面面临的困难。

委员们建议，一是生物医药、医疗器械企业认证注册的门槛过高、程序过繁、审批时间过长，领域内企业特别是新企业进入非常困难，不利于企业创新发展，应进一步优化认证注册流程。二是市级政府采购权下放，对部分企业影响较大，一些产品采购数量大幅下降，给企业带来一定风险，对此应予以足够的关注。三是对于企业非京籍人才在购房和子女入学等方面给予一定本地化待遇，使企业能够更好地留住所需人才。

委员们指出，中关村科技园区和丰台园要把营造有利于企业创新发展的竞争环境放在重要位置，这是政府重要职责所在。民营企业比国有企业更有活力和生命力，中小企业在解决就业、促进创新、激发城市活力方面发挥着重要作用，但当前总体发展态势还较弱，政府要重视中小企业，切实支持民营企业发展。科技园区在吸引总部落户的同时，要关注和关心中小企业发展，为经济长远持续发展积蓄力量。

市政协领导在讲话中指出，参观了谊安医疗系统股份有限公司，听取了 4 家企业的汇报，非常高兴。中关村科技园区丰台园近年取得了良好发展，企业有各自的特点和特色，在各自领域锐意创新发展，都取得了良好的成绩。中关村和丰台科技园区要为企业创新发展营造更加良好的环境，一是要在创新发展上下功夫，创新是北京的灵魂，这既是北京功能定位和资源禀赋决定的，也是转变经济发展方式的客观要求。二是要大力发展实体经济，一二三产业并无必然的严格界定，作为实体经济的第二产业对于做大做强第三产业具有重要作用。三是在实体经济发展中要注重发展中小企业，中小企业产出了大量的创新成果，提供了70%以上的就业岗位，在经济发展中发挥着重要作用。四是中关村在发展中要努力创造平等竞争环境，对于民营企业和国有企业要一视同仁，在市场配置资源的基础上营造公正平等的法制环境，着力落实好国家赋予中关村的先行先试政策。同时，相关部门要积极解决企业反映的居住证、住房、子女入学等实际问题，加大政府采购力度，帮助中小企业解决好资金不足的问题，做好服务工作。

中关村科技园区海淀园

2012年4月11日，调研组考察中关村科技园区海淀园。听取海淀园管委会关于园区优化企业自主创新发展环境情况的介绍，就相关问题与3家企业座谈交流，并参观考察"车库咖啡"。

据介绍，2009年4月1日，北京市批复同意在海淀园建设中关村国家自主创新示范区核心区。目前，海淀园已成为国家科技金融创新中心、国家高新技术产业标准化示范区、国家商标战略示范区、国家新型工业化产业示范基地、国际科技合作示范基地、中关村移动互联网产业集群建设试点以及国家文化与科技融合示范基地。园区拥有国家级高新技术企业4172家，约占全市60%；其中在海淀区纳税企业超过700家，纳税额占全市高新技术企业的70%。近年来，海淀园不断创新体制机制，不断修订和完善支持科技创新和产业化政策，取得了突破性的进展。一是率先落实国务院关于中关村"1+6"系列先行先试政策。二是率先应用新技术新产品，共有971家企业的2902个项目列入北京市新技术新产品目录。三是深化行政审批制度改革，在办理企业设立审批、固定资产投资项目审批、高新技术企业认定以及人力资源服务等四个方面进行改革探索。四是园区管委会与区科委合署办公，增设科技处和知识产权处，加挂区科委、区知识产权局牌子。五是按照优化创新创业环境、聚焦重点产业发展的指导思想,初步设计了"1+12"的政策体系。

北京麦格东方材料技术有限公司主营高性能铁基磁致伸缩材料及应用器件的研发、生产、销售。北京北科光大信息技术股份有限公司一直从事政府、企事业单位信息化建设及行业应用所涉及的软件开发业务及系统集成工程。北京荣智精诚科技发展有限公司业务重点专注于数字出版领域,致力于成为中国数字出版方案及服务核心供应商。座谈时3家公司提出,目前办公用房租金和员工薪金要求上涨过快,导致公司办公和人力成本急剧增加,影响企业效益和长期经营;国家对软件著作权保护力度不强,审核门槛低且流于形式,既降低了软件著作权的价值,也影响了软件企业的创新价值认定;企业的一些高科技创新产品由于受行业保护和市场无序竞争影响,难以快速进入到应用领域,影响企业创新动力的持续增强。

委员们认为,海淀园作为中关村核心区,拥有丰富的人才智力和科教资源,涌现出了曙光超级计算机等一批重大科技创新成果,大唐电信TD-SCDMA等一批国际标准以及联想等一批成功迈向国际化标志性高科技企业,在中关村示范区建设中的引领示范作用进一步显现。希望园区紧紧抓住落实"1+6"政策的大好时机,在股权激励、高新认定、新型业态注册、企业定向融资等方面积极探索、大胆尝试。

顺义林河开发区

2012年4月12日,调研组赴顺义林河开发区进行考察。听取了顺义林河开发区基本情况,与北一数控、康仁堂、莱姆电子3家企业进行座谈交流,实地考察北一数控机床有限责任公司。

据介绍,林河开发区成立于1992年,是北京临空经济区的核心组成部分。开发区始终以市场为导向,以政策为引领,以研发中心为依托,形成了汽车及配套零部件、微电子、光机电一体化和生物新医药四大产业为主导的现代制造业产业格局,并逐步形成以技术外包、技术服务和物资流通领域为主导的、具有较强竞争力的跨国家、跨地区的现代服务业产业集群。目前园区入驻企业115家，总投资170亿元。2011年，上缴税收6亿元，工业总产值145亿元，增长193%。"十二五"期间，开发区将在争取土地资源的同时，高效利用现有资源，进一步加大引进总部型企业和技术创新型企业力度，促进企业及开发区的长远发展，力争"十二五"末，实现年总产值248亿元，上缴税收12亿元。

北京北一数控机床有限责任公司成立于2001年，主要产品包括重型超重型机床、中型数控机床、刀柄刀具、生产线等，重点用户涉及发电设备、船舶、冶金、军工、航空航天、轨道交通、通用机械等行业领域。公司旗下拥有8家国内参股控股子公司，3家与外资合作的合资公司和1家境外全资子公司。2011年，主营业务收入32亿元，利润2.7亿元。预计"十二五"末年主营业务收入将达到60亿元。北京康仁堂药业有限公司是以研发生产天然药物为主的高科技制药企业和中医药行业整体解决方案供应商。公司与国家大型的中药科研院所合作，提出中药配方颗粒"全成分"概念，创新中药指纹图谱标准技术，并应用该技术对常用中药配方颗粒400余种"全成分"工艺进行研究，解决了中药配方颗粒与中药汤剂"单煎、共煎"的等同性问题。2011年工业生产总值3.42亿元，收入2.5亿元，利润7274万元。莱姆电子（中国）有限公司是全球电量传感器的知名制造者瑞士LEM集团在中国的独资公司，建立于1989年，主要设计生产销售多种高性价比的电量传感器，产品广泛应用于驱动与焊接、可再生能源与电源、铁路与轨道交通、高精度、传统汽车与新能源汽车等业务领域。2011年实现销售收入5.91亿元，税收2441万元。

委员们认为，林河开发区管委会不断加大对高新技术企业的支持和引导，着力发展以四大产业为主导的现代制造业，取得了显著成效，也是贯彻落实中央关于大力发展实体经济，进一步增强企业科技创新能力的具体体现。委员们建议：一是政府相关部门应协调解决企业土地权属问题，消除企业上市后顾之忧，使企业全力投入科技创新和企业发展；二是政府应加大对企业扶持政策的力度，对数控产品的支持政策应有连续性，应加大企业承担国家科技重大专项课题配套补贴资金占比，且配套资金应及时到位；三是放宽对中药配方颗粒的限制，扩大中药配方颗粒的销售范围，为医药类企业公平竞争营造和谐、良好的环境。

中关村科技园区电子城

2012年4月17日，调研组考察中关村科技园区电子城。听取了电子城管委会关于园区发展情况介绍，与3家高科技企业座谈交流，并实地考察了北京超图软件股份有限公司。

据介绍，电子城科技园已形成了以电子信息产业为主，集移动通信产业、生物医药产业、能源环保产业、高新技术服务产业、原创技术孵化产业为一体的综合性产业园区，2011年实现总收入1800亿元，同比增长44.6%。园区由4个功能区构成：东区是由老工业基地改造，以发展电子信息产业为主体的多功能、综合性的高新技术科技园区，聚集了西门子、三星等多家跨国企业和京东方等具备国际水准的民族企业，798艺术园区和正东创意产业园区辐射带动了周边的文化创意产业发展。西区是高新技术产业发展的主要承载空间和信息产业技术创新的沃土，吸引了摩托罗拉、爱立信等世界500强企业地区总部及研发中心以及叶氏集团、洛娃集团等一批高科技民营企业总部。健翔区有众多的科研院所及10个国家级实验室，会展资源丰富，是重点发展国际科技商务服务业的区域。北扩区是电子城的"未来之星"，将建成以电子通信产业研发为主，高端制造为补充的产业发展新区。

据介绍，北京超图软件股份有限公司是从事地理信息系统基础平台和应用平台软件的研究、开发、推广和服务的高新技术企业。2009年公司在创业板成功挂牌上市，并入围国家规划布局内重点软件企业。公司员工总数达694人，技术人员比例达65%，每年科技投入比重高于20%。公司产品在国内30多个地区的城市规划、设施管理、公安消防、工商、税务等领域得到应用，并出口到日本、韩国、蒙古、哈萨克斯坦等国家和港澳台地区。北京双鹤药业经营有限责任公司是专业化医药商业公司，经营范围涉及西药制剂、中成药、医疗器械的销售以及化工产品、电子产品的技术开发和技术服务。北京握奇数据系统有限公司是全球领先的数据安全解决方案提供商，专注于数据安全与认证技术、安全芯片操作系统的研发，为电信、交通、金融、政府、企业等领域提供智能卡、读卡器、平台、密钥系统等安全产品以及跨行业融合型产品和方案。

在座谈中,企业反映了当前发展中面临的突出问题:一是园区生活设施不配套,没有开通公共交通,周边缺少职工宿舍,员工上下班不方便,企业开班车增加成本;二是软件研发投入太大,企业获取政府资金扶持的渠道不够畅通;三是IT企业员工薪酬不断攀升,日渐成为企业发展的巨大压力;四是政府信息化开发项目多由企业垫资,给企业运营造成较大风险。

委员们认为,中关村科技园区电子城近年来发展成果非常明显,园区企业自主创新发展的良好态势令人很受鼓舞。委员们建议,一是中关村各园区的软硬件建设值得关注,无论是教育、卫生等软件配套设施,还是市政道路、公共交通、职工宿舍等硬件设施,政府都需要整体统筹规划,进一步加大推进力度。二是"1+6"先行先试政策在企业层面的关注程度不高,这反映出政策在实施过程中不到位,企业没有享受到政策的实惠,应着力抓好政策的细化和落实。三是软件研发类企业研发经费以自筹为主,且投入高,企业感到压力过大,长此下去可能拖垮企业,政府应予以高度关注并加大扶持力度。四是针对部分企业外迁现象,政府应从感情投入和做好深层次服务等方面入手,为企业创新发展营造良好环境,切实留住企业。

上地信息产业基地

2012年4月18日,调研组到上地信息产业基地调研。与3家电子信息及软件服务企业座谈,听取企业对优化自主创新发展环境方面的意见建议,并实地考察了北京金和软件股份有限公司。

据介绍,北京金和软件股份有限公司主要从事企业内部运营管理研究和管理软件研发,面向中国企业提供适用于初创、成长、成熟等各个阶段的管理软件,是国内最大的协同管理软件服务商,公司拥有30余项软件著作权,掌握20余项国内自主软件研发技术及10余项国际领先的软件研发技术,承担了国家工业和信息化部中小企业管理水平工程"育林计划"。北京佰能光电技术有限公司是专门从事大功率LED封装和LED照明灯具研发、制造的高科技企业,自2011年成立以来,公司已投入320万元进行自主创新研发,在

LED领域申请专利技术9项（其中2项已获得专利证书）。北京海泰方圆科技有限公司是一家以密码技术的研究与应用为核心，提供领先终端密码设备、安全解决方案、行业应用方案及安全服务的综合性信息安全企业。公司拥有密码技术、安全芯片智能操作系统、PKI应用、电子文件管理等核心技术，在系列化终端密码产品领域拥有多项自主知识产权，获得国家密码管理局多个鉴定型号。

委员们了解到，作为高新技术产业的研发、孵化和生产基地，上地信息产业基地近年来发展势头强劲，具备了较强的自主研发实力和技术创新能力，希望在优化发展环境方面，进一步加大政府对自主创新产品的采购力度，重视发挥创新基金的引导支持作用，通过税收减免或返还方式减轻企业资金压力。

顺义天竺空港开发区

2012年4月19日，调研组考察顺义天竺空港开发区。听取了天竺空港开发区发展情况介绍，与生物医药、文化创意、节能环保领域4家高科技企业座谈交流，并实地考察了北广科技股份有限公司。

据介绍，北京天竺空港经济开发区成立18年来，逐渐发展成为以第三产业为主、高端制造业为辅的综合型园区，形成了航空物流、电子信息、生产性服务、文化创意四大产业集群，总部经济发展迅速。18年来，累计实现总产值3410亿元，上缴税金282亿元，税收占顺义区1/5强。园区不断加大招商引资工作力度，吸引了来自20个国家和地区的450家企业入区发展，其中跨国公司90家、世界500强企业21家。园区培育了"空港股份"和空港物业两大经济实体，建立了从土地开发到物业管理、综合服务一条龙、产业链式的集团化经营体系，实现了国有资产的保值增值。园区坚持以提升自主创新能力为先导，注重培育创新主体，积极构建创新平台，着力完善创新体系，不断优化创新环境，整体发展取得了明显成效。"十二五"期间，空港开发区将进一步加强政策保障，积极完善包括产学研合作与技术转让、人才支持、投融资等多个平台建设，进一步优化创新环境，加速集聚创新创业人才，健全开发区的公共服务设施，全面提升园区综合服务水平，创造一流的投资发展环境。

据介绍，北京雅昌彩色印刷有限公司是为美术市场、文化市场以及艺术市场提供服务的高度专业化的新经济产业公司，主要从事美术出版物、拍卖图录设计和生产，艺术品高仿真印刷等，首创"传统印刷+现代IT技术+文化艺术"的商业模式，实现了传统印刷、现代IT技术和文化艺术的有机结合。盈创再生资源有限公司是国内第一个规模化集中回收处理废聚酯瓶的高科技现代化企业，生产工艺达到美国FDA、欧洲ILSI国际标准，年处理废旧PET饮料瓶5万吨，年产再生洁净PET碎片3万吨，再生超洁聚酯切片2万吨。北京北广科技股份有限公司主要从事广电、通信领域发射设备研发生产和系统集成，产品遍布全国，并远销欧美、非洲、东南亚等16个国家和地区。北京韩美药品有限公司是韩国在华投资的第一家现代化制药企业，致力于处方药的研发，拥有280余种专利技术，在抗生素、心血管、消化、抗肿瘤、儿科等多个领域居于领先地位。

委员们认为，政府应从政策、资金、平台建设、人才吸引等多方面加大扶持力度，多渠道优化企业自主创新发展环境。一是应进一步加大对企业的政策和资金扶持力度，增强企业创新发展动力，助推企业更快实现规模经济发展；二是应加大重点企业政策倾斜力度，集中资金予以支持，解决"撒芝麻盐"、"一刀切"等资金分散使用的问题；三是应进一步完善循环经济、环保产业的退税优惠政策，为节能环保企业营造良好的发展环境；四是药品监管部门应不断提高工作效能，缩短、简化新药审批流程，改善提升医药产业配套环境；五是有关部门应为企业和高校院所搭建更多产学研平台，促进供需对接和动态信息交流，增加院企业合作机会；六是应积极探索吸引人才的新举措，加大公租房、教育、文娱等园区配套设施建设，打造一流的软硬件环境。

第七章 加快推进北京市科技企业孵化器创新发展研究[①]

以科技企业孵化器为核心代表的创新型服务业,是国家创新体系的重要组成部分,是区域创新体系的重要核心内容。当前北京市经济发展正处在战略转型期,加快创新驱动,将首都丰厚的科技资源转化为强劲的发展动力是北京科技工作的重中之重。为加快北京市科技企业孵化器创新发展,切实发挥科技创新驱动作用,市政协科技委员会与部分民主党派市委、市科研院联合开展调研,听取了科技部、市科委、中关村管委会的情况通报,深入西城、朝阳、海淀、大兴等区的科技园区考察,与各类孵化器座谈交流,并赴湖北和江苏学习考察。在深入调研、广泛听取各方意见的基础上,形成本调研报告。

一、孵化器是创新的重要载体

中共十八大提出加快实施创新驱动战略,强调科技创新是提高社会生产力和综合国力的战略支撑,大力推动国家科学发展和经济转型发展,推动现代服务业大发展。孵化器是促进科技成果转化的有效载体,是链接知识创新源头和高新技术产业的桥梁,是集聚技术、成果、资本、人才、信息和服务于一体的重要平台,是培育自主创新企业和优秀人才创业的摇篮,在加快高新技术产业化进程、优化产业结构、扩大内需、带动和促进国民经济健康、

[①] 本研究于2013年由北京市政协科技委、民革北京市委员会、民盟北京市委员会、民建北京市委员会、致公党北京市委员会、九三学社北京市委员会、北京市科学技术研究院联合完成。

稳定、快速发展等方面发挥了重要作用。

习近平总书记在中央政治局第九次集体学习时的讲话，深刻分析了科技创新发展的大势，指出我国实施创新驱动发展战略的重要性和紧迫性，并从着力推动科技创新与经济社会发展紧密结合、着力增强自主创新能力、着力完善人才发展机制、着力营造良好政策环境、着力扩大科技开放合作五方面提出明确要求，为加快实施创新驱动发展战略指明了方向。北京是科技资源高度集聚的地区，应抓住机遇，乘势而上，紧跟全球孵化器发展的浪潮，积极推进科技企业孵化器创新发展，推动高新技术产业和战略新兴产业的发展，率先实施国家创新驱动发展战略。

二、北京市孵化器发展现状

自20世纪80年代，北京市孵化器伴随着一批大学教师和科研人员"下海"创业兴起，经历了不同阶段。第一阶段是1988年孵化器初始形态，建立创业服务中心，为科研人员下海创办企业做服务；第二阶段是2000年后孵化器进入快速发展时期，吸引了大批留学人员归国创业；第三阶段是2009年至今，一批创新型孵化器涌现，形成了孵化器发展的新格局。据统计，目前北京市孵化器共约130家，其中，国家级科技企业孵化器28家，国家级大学科技园14家，总面积超过400万平方米，在孵企业8500家，向社会提供就业岗位17万个。2012年入驻企业总收入1106亿元，纳税90亿元。孵化器在北京经济社会发展中发挥了重要作用。

（一）孵化器结构持续优化

一是孵化器的类型较齐全，孵化器已从单一创业服务中心，发展到大学科技园、科技企业孵化器、留学人员创业园、国际企业孵化器等多种形式。2011年又出现了以创新工场等为代表的创新型孵化器。在北京市130家孵化器中，科技企业孵化器有101家，占77.6%；留学人员创业园30家，大学科技园29家。二是投资主体日益多元化。顺应全球多元开放创新创业的新趋势,成功企业家、天使投资人等社会资本成为北京孵化器发展的新生力量。国有企业、民营企业、高等学校、科研院所、事业单位作为投资主体设立的孵化器分别为52家、41家、29家、4家和4家。三是运营机制有所改善。企业法人、事业单位法人和民办非企业法人运营的孵化器分别为125家、4家、1家。四是专业孵化器数量逐步增加。电子信息、生物医药、节能环保、航空航天等专业孵化器85家,占65.4%;综合性的孵化器45家。

(二) 新型孵化器模式不断涌现

孵化器功能不断增强,逐步形成从源头上发现、汇集、孵化、毕业到再发现的良性循环。以清华科技园为代表的"孵化服务+创业投资"模式,以创新工场为代表的"早期投资+产品构建+全方位创业辅导"模式,以汇龙森为代表的"平台建设+产业联盟"服务模式等一批新型孵化模式不断涌现。目前大部分孵化器都建立了从项目筛选、孵化服务到毕业评估退出的机制。随着天使投资快速发展和创业者服务需求不断升级,物业与服务分离、投资与孵化融合成为趋势,一批将早期投资与深度孵化服务相结合的创新型孵化器应运而生。创新型孵化器一般采取市场化、盈利性的民营企业运营方式,主要由天使投资人、成功企业家等创办,积极培育以创业教育和辅导、创业投资等为主要内容的创业服务新业态。

(三) 孵化器政策环境初步形成

为促进孵化器发展,国家制定了《中国科技企业孵化器"十一五"发展规划纲要》以及《中国科技企业孵化器"十二五"发展规划纲要》,《国家中长期科学和技术发展规划纲要(2006~2020年)》明确提出加大对创业孵化器基础设施投入和创建创业服务网络。财政部、税务总局对孵化器营业税、房产税、城镇土地使用税和部分所得税实行减免政策,科技部设立孵化器专门管理机构,制订相关管理办法。

近年来,北京市相继出台了《关于进一步加强科技孵化体系建设的若干意见(2010)》、《中关村创新型孵化器发展规划(2013~2015年)》、《关于进一步促进首都科技企业孵化体系建设的意见（2013）》等系列政策文件，孵化器发展的政策环境不断得到改善。

（四）孵化器创新绩效逐步提高

一是创新资源汇聚效应和新兴产业培育能力逐步提高。科技企业孵化器通过搭建公共技术平台、提供投融资、知识产权、技术转移等各项服务，支撑了创业者向企业家、创意项目向创新品牌产品、在孵企业向上市公司的跨越发展，成为优秀企业和上市公司的摇篮。目前，全市孵化器累计毕业企业超过7500家，培育了启明星辰、海兰信等境内外上市公司70余家，创办了上千家留学生企业。其中国家级科技企业孵化器累计毕业企业2544个，毕业时收入达千万元的企业90个。二是发挥了示范引领和辐射带动作用。科技企业孵化器在整合创新资源、创新组织发展模式、打造自身品牌的同时，不断探索服务输出和品牌输出，积极探索国际化发展模式，逐步加快了跨国技术转移。

三、存在问题分析

孵化器在创新驱动发展、强化企业技术创新主体地位中发挥着重要的基础性作用。通过对北京市孵化器发展情况的调研及借鉴外省市做法，我们感到在新的发展形势和要求下，北京市科技企业孵化器创新发展还存在一些问题。

（一）链接与整合社会资源的能力有待提升

一是充分链接社会资本的能力不足。孵化器与银行、担保等金融机构以及创业投资机构的合作力度小。投融资渠道单一，没能充分调动全社会资本参与孵化器建设，在很大程度上制约了入孵企业的发展。二是没有充分发挥社会各界的专家资源和有经验的创业导师的作用。尽管大多数孵化器都设置了创业导师，但具有丰富创业经验的导师数量偏少，远不能满足当前创新创业的需求。三是充分集聚全社会各类中介机构的优势资源的能力不足，包括技术转移、成果推广、管理咨询、国际合作等各种创新要素得不到有效集聚，服务质量和水平偏低。

（二）政府行政效率和服务水平有待提高

一是政府行政服务理念有待转变，服务效率有待提高。一些政府部门参与的孵化器，由于尚未建立起现代孵化器的市场运营机制，已从初期的"政府引导"变成"政府主导"，甚至是"政府领导"，导致重视完成行政任务，淡化孵化器自身目标，形成了重管理、轻服务、服务项目少、服务层级低的局面。二是市区两级政府、政府部门之间的组织协调和管理有待完善。市区两级政府部门、市级各部门之间、区级各部门之间的相互协调机制有待完善，同时政府部门购买社会组织服务的力度还有待进一步加强。

（三）扶持孵化器发展的政策有待完善

一是部门政策分散，缺乏统筹联动。北京市支持孵化器发展的政策相对分散，措施不具体，缺乏统筹整合和市区联动，难以有效落实。二是一些政策不能适应新形势需求，如实行"营改增"税收政策后，部分孵化器因无法享受税收优惠政策，税负不减反增。三是部分优惠政策到期后没有延续。2011年国家制定的《关于延长国家大学科技园和科技企业孵化器税收政策执行期限的通知》将政策执行日期延长到2012年底，目前该政策已到期，但后续政策没有跟进，出现断点。四是工商注册等配套政策有待完善。部分孵化器是利用国有企业老旧厂房重建、改扩建发展起来的，但因土地性质属于工业用地和交通运输用地，不能用于企业的工商注册，由于这类孵化器不能为入驻企业注册提供合法入驻手续，孵化器发展受到较大影响。

（四）孵化器自身创新能力和服务功能需加强

孵化器创新创业要素分散，资源不能有效整合，自身创新能力不足。一是部分孵化器自身发展定位不够清晰，没有发挥区域创新的有效作用。部分孵化器过于注重硬件条件建设，主要精力放在房产出租经营上，缺乏既懂经济又懂金融、既熟悉科技研发又有企业管理实践经验的高端人才，更缺乏专业的、具有高端增值价值的孵化服务体系。二是孵化器内企业流动培育机制尚不完善。入孵企业"不进不出"的问题突出，原因一是有的城区迫于财政税收压力，不希望发展良好、形成产业的企业迁出；二是退出机制执行不严，造成一些成长性不强的企业在孵化期满后不迁出，有良好发展前景的企业无法入驻。

（五）孵化器国际化水平有待提高

目前，北京市已经成为国内创业孵化器孵化模式探索最为活跃的地方，但与发达国家孵化器模式创新快速发展的态势相比，与建设具有全球影响力科技创新中心的目标相比还存在差距，尤其是在不断发挥孵化培育有国际影响力的创业企业功能方面有较大差距，在全球范围内吸引和汇聚战略性新兴产业领域高端创新项目和团队的能力明显不足。

四、对策建议

当今，世界各国尤其是发达国家纷纷把科技进步和创新作为国家战略。加快实施创新驱动发展战略，促进北京市孵化器创新发展，有助于推动技术创新，加快科技成果转化，为首都经济社会发展提供持久动力。为贯彻落实习近平总书记关于"五个着力"的讲话精神，调研组从引导社会力量、政府服务和政策、引导孵化器自身建设三个层面提出以下建议。

（一）引导和支持社会力量关注和参与孵化器建设

1. 健全孵化器投融资功能

引导和支持孵化器及其管理人员持股孵化；政府对支持孵化器的风险投资可进行一定比例的跟投；鼓励孵化器与创业投资机构合作，建立孵化体系内的风险投资网络，实现孵化体系内资金和项目的共享；借鉴美国硅谷经验，完善天使投资退出机制；大力发展捐赠型众筹平台和股权型众筹平台；建立天使投资网络服务平台，搭建天使投资人和创业团队之间的桥梁；充分发挥全国场外交易市场的作用，鼓励银行、担保等金融机构积极创新面向科技创业企业的金融产品。

2. 加强创业导师队伍建设

一是借鉴美国退休职业经理人联盟制度，集聚全球范围内退休职业经理人为孵化器服务。二是制定和完善创业导师管理办法和实施细则，加强对创业导师的认定和规范工作，建立全社会创业导师数据库，建立完善的"联络员＋辅导员＋创业导师"的孵化体系。鼓励支持具有创业经验和社会责任感的企业家，以及知识产权、技术交易、法律咨询等领域的专家建立科技创业导师队伍。三是推进创业导师与企业捆绑发展，对辅导小微企业入孵的创业导师，可以将其辅导部分转化为入孵企业部分股份。

3. 引导和鼓励各类中介机构投入孵化器建设

聚集一批法律、专利、财务、人才、金融、创业投资、管理咨询领域的中介机构，开展创业培训，提供咨询服务，鼓励相关中介机构对入孵企业进行股权投资，并健全企业化运作机制，为入孵企业开展精细化服务。

（二）加强统筹协调，提高政府服务效率

1. 加强统筹协调，推动孵化器有序发展

一是进一步加强相关政府部门的统筹协调，建立会商机制，发挥整体合力；加强市区两级政府部门对于孵化器发展的组织协调，明确职责分配和支持政策。二是扩大政府购买社会服务的规模和范围，并强化规范管理和有效

落实；充分发挥政府采购作用，给在孵产品提供更多的展示空间，如在特定区域的街道、商场、公园等开辟一定空间展示有良好市场前景的孵化产品，引导和促进孵化产品的推广示范，为孵化产品打开市场创造条件。三是结合中关村一区多园整体布局，鼓励特色产业创新基地建立专业孵化器或为专业孵化器发展预留空间。四是加强孵化器联盟建设，推动各类孵化器成立联盟，促进同一区域、同一领域的孵化器加大合作力度，实现孵化资源共享。

2. 简化政府审批职能，提高政府服务效率

借鉴南京科技广场搭建"一站式科技服务平台"，为科技企业提供一站式服务的经验，进一步简化政府审批流程，缩短审批时限。采取措施解决工业和交通运输用地性质的旧厂房建立孵化器不能工商注册的问题。针对孵化器模式不断创新的情况，适当放宽对新型孵化器或入孵企业的工商注册条件。

（三）完善孵化器发展的政策环境

1. 加强法律层面的支持，保持政策的延续性

一是从立法层面体现政府支持孵化器发展的理念。在即将出台的《北京市科技成果转化和产业化促进条例》中，加入促进将孵化器整体发展的相关内容。二是取得较好成效的政策要保持稳定性。《国家大学科技园和科技企业孵化器税收政策》、《北京市关于进一步促进高新技术产业发展的若干规定》等政策执行效果较好，但已到期，应予以延续或出台后续政策。三是对孵化器国际化发展、创新型孵化器的专业化与特色化、孵化器不同运营机制比较、天使投资与孵化器发展有效结合等问题开展研究，制定相关政策。

2. 修改和细化相关政策条款

尽快修订国家大学科技园与科技企业孵化器的有关认定标准，将综合孵化器的孵化时间延长至5年左右，专业孵化器根据行业特殊需要可延长至7年。降低对在孵企业注册资本金的限制，帮助创业企业与风险资本金对接，加速企业创业成长。将公共服务平台、会议室、餐厅、图书馆、咖啡吧、绿化等配套设施环境部分纳入孵化使用面积。鼓励孵化器吸引相关中介服务机构为在孵企业服务。

（四）提升孵化器的自主创新能力，拓展服务功能

1. 筑巢引凤，提供高端增值服务

进一步聚集"政产学研金介贸"等优势资源，实现技术转移、成果推广、国际合作等各种创新要素集聚，引导孵化器为科技企业提供全方位、多层次、多元化的一站式高端增值服务，不仅为在孵化企业服务，同时对接科技园区，为科技园区内的企业做好服务，辐射更多创业者。

2. 完善孵化器管理运行机制

一是国有企业孵化器要进一步提高孵化基金的使用效率，同时国资委等部门要进一步整合优势资源，充分利用闲置厂房和办公楼，结合区域和行业建设孵化器，充分发挥国有企业科技和产业资源，培育新兴产业，促进国有企业转型升级。借鉴以色列孵化器建设经验，建立考核孵化器的明确标准，完善企业的治理结构及知识产权归属。二是给予民营孵化器更大的发展空间，加强政策引导，营造发展环境，鼓励其做大做强。

3. 完善孵化器考评机制，延伸为毕业企业的服务

一是建立孵化器与国有企业对接机制，拓展央企、市属企业并购孵化器内毕业的小微企业的渠道，提高小微企业的科技成果及产品转化率，增强毕业企业的生存竞争力。二是加强对市级、区级加速器的发展支持，制定具有专业特色的加速器的评价标准、细则、优惠政策等。三是完善在孵企业入孵和毕业退出机制，根据不同行业特点强化孵化器"毕业企业数占入孵企业数比例"考核指标，鼓励各孵化器加快企业的毕业流动，从而培育更多创业企业。

（五）大力推进孵化器国际化发展

1. 完善孵化器高端服务的国际化标准，加大孵化器企业自身国际化发展

一是鼓励孵化器采取多种形式发展，从与国际接轨的层面探索建立网络虚拟孵化器、微型孵化器、各类专业领域孵化器等新型孵化器。二是加大对国际企业孵化器的支持，完善对国际企业孵化器的认定标准和管理办法，加

大对国际企业孵化器的引导和支持。进一步支持孵化器与海外知名孵化器合作，引入国际先进孵化理念、资源、创业人才及项目，鼓励海外知名孵化器在北京或中关村设立分支机构，提高对全球原创技术的吸附能力。三是鼓励有条件的孵化器向国外多层次输出孵化服务、孵化信息、孵化品牌，引导和扶持国内外孵化器相互交流，促进孵化器国际化发展。

2. 提升孵化器从业人才的国际化水平

只有拥有了具备国际化视野的企业家和人才，才能建成具有国际化标准的孵化器，培育出有国际影响力的创业企业。因此，要建立完善的国际化人才培训体系，开展对孵化器管理人员、服务人员和创业者三个层次的国际化培训，培育一批具备创新精神、国际视野的企业家，提高孵化器行业从业人员国际化发展能力。同时要建设一批孵化从业人员国际化培训基地，加强对从业人员的培训、考核和资质认定，整体提升国际化孵化水平。

【北京调研案例分析】

2013年9~11月,课题组围绕北京科技企业孵化器发展开展了专题调研,分别调研了创新型孵化器、大学科技园、专业产业孵化器等机构,本部分不仅分析了这些科技企业孵化器的发展状况及遇到的一些问题,同时也整理了委员们针对这些科技企业孵化器的发展给出了相关的建议。

创业邦、亚杰商会及云基地:独具北京特色的创新型孵化器

2013年9月17日,调研组到创业邦调研。听取创业邦、亚杰商会和云基地三家企业有关孵化器建设和运营情况的汇报,就相关问题进行座谈交流并参观创业邦办公环境。

据介绍,创业邦(爱奇清科信息科技有限公司)成立于2007年,以媒体+平台+天使基金的方式帮助创业者实现创业梦想,形成了独特的虚拟孵化器,推动中小企业成长壮大。创业邦网站是创业者的资讯门户和互动平台,《创业邦》杂志致力于成为创业者的思想乐园和行动指南,帮助成长中的中小企业解决发展中遇到的各种问题。通过举办创业类项目秀比赛,由专家组挑选具有强劲发展动力的高技术项目,推荐给风险投资家、国际媒体和行业内大公司的主管,为具有创新精神的企业铺平发展道路。此外,创业邦定期举办创业沙龙、项目展示等各种活动,帮助创业者积累、丰富商业伙伴网络和资源。

亚杰商会成立于2004年,是中国最早的由创业导师指导的公益性的创新创业孵化器。10年来亚杰商会帮助过数千位创业者,2006年启动的公益创业项目摇篮计划邀请科技经济界的精英人士作为导师,开展对创业者深度辅导及一系列课程、讲座与主题活动,8年来已培育6家上市公司,近200位创业家。

云基地成立于2010年,2012年入驻中关村软件园,是将云计算技术和业务落地的特色孵化器。它通过提供基地和基金的创新服务模式与管理方法,

为初创企业提高效率、节约成本、扩大品牌影响力,提供良好的发展环境和资金、项目增值支持。同时,建立针对投资企业的辅导管理体系,帮助创业家及时发现和解决问题,获得良好发展。

在座谈中,各个企业都反映在成长中面临着人才、资金和政策辅导等问题,希望政府能够给予更多的支持和帮助。

委员们认为,中关村科技企业孵化器为中小企业发展壮大提供了重要支持,为中关村创新发展激发了巨大活力。目前,科技企业孵化器发展已经进入了一个新的阶段,呈现出许多新的特征,政府部门要予以更多关注,为其发展营造好外部环境。在盛行的当下,当前传统平面媒体受到电子媒体冲击,创业类平面媒体处境艰难,应给予一定的政策支持。一些非营利的科技企业孵化器为政府分担了不少职责也承担了很多社会责任,政府应制定相应扶持政策。

委员们认为,此次调研活动收获很大,对几种新型的孵化器有了进一步了解,媒体类孵化器、云计算孵化器,包括不提供物理空间而是转为提供各种咨询、辅导等服务的孵化器,都体现了现代高阶段的服务形式。国有大中型企业实力雄厚,不但大量的人财物聚集于此,更由于科技研发基金可做税前扣除使得国有大中型企业具有极大的科技研发积极性,应该积极发展有中国特色的科技企业孵化器,充分与国有大中型企业相结合。

汇龙森国际企业孵化有限公司:股权孵化模式

2013年9月18日,调研组到汇龙森国际企业孵化有限公司调研。听取汇龙森孵化器发展情况的介绍,与公司主要负责人及3家在孵企业代表座谈交流,并参观了先进陶瓷材料公共技术服务平台。

据介绍,汇龙森国际企业孵化(北京)有限公司是专业从事科技园区建设与管理、科技企业服务和科技投资业务的集团公司,目前是北京经济技术开发区内唯一经科技部认定的"国家级孵化器",唯一经北京市科委认定的"高新技术产业孵化基地",唯一经北京市人事局认定的"北京留学人员创业园"。公司拥有孵化园、科技园、国际科技产业园三个具有不同功能的园区,园区总面积达到 28 万平方米。公司投资建立了新材料公共技术服务平台、生物医药公共实验平台、信息系统支撑平台、综合商务服务平台、政策对接导入服务平台、投融资服务平台等增值服务平台，每年设立 1000 万元直投基金，并与赛伯乐投资中孵高科设立了首期 1.33 亿元投资基金，以"专业孵化 + 创业导师 + 天使投资"的形式，为在园科技型中小企业提供便利的创新创业环境要素、降低其创业成本和创业风险，帮助在园科技型中小企业加速裂变、快速成长。

座谈交流中，3 家园区在孵企业反映了目前创新创业型小微企业在发展中面临的主要困难：一是人力成本逐年增加，企业成长期难以留住有用人才；二是融资渠道单一，无形资产不能作为申请项目的固定资产；三是在国内外行业竞争中，我国保护知识产权的力度不够。

调研组充分肯定了汇龙森公司探索形成的科技企业孵化模式，建议市委市政府在加大科技创新投入过程中，应注重创新型应用的开发，逐步由支持企业研发向支持应用创新转变，通过直接补贴用户鼓励新技术、新产品的应用，拉动市场需求，吸引企业投入创新。同时强调，中关村科技园区应积极搭建专业技术公共服务第三方平台，成立孵化器专业联盟，引导孵化器向专业化发展，打造全过程、多功能、高端化的创新服务体系，加速科技资源聚集，推进自主创新成果与产业化结合，推动战略性新兴产业发展。

北航科技园：大学科技园的孵化方式

2013 年 9 月 24 日，调研组到北航科技园调研。听取北航科技园、清华科技园启迪创业孵化器、北京理工大学科技园和海淀园创业服务中心情况的汇报，并就孵化器建设和大学生创业等问题进行座谈交流。参观了北航双实双业综合基地、北航孵化器、国家软件出口中心及民航数据公司。

据介绍，北航科技园成立于 2000 年，与北航建立了推动人才培养、科技研发、成果转化三位一体的深度合作，形成了四大公共技术服务平台，构建出了知识—技术—产业化的创新链。园区内依托北航科技成果创办企业已达 55 家。同时，建设"双实双业"基地，为在校学生实习和实训，为毕业生创业和就业提供场地及各类服务辅导、扶持、鼓励和帮助大学生自主创业。截至目前，园区企业提供实习岗位超过 1200 人次，接收应届毕业生 1220 余人，在孵的大学生创业企业 53 家，留学生归国创业企业超过 80 家，获得国际、国内发明及实用新型专利 10 余项，软件著作权 30 多项，近三年累计为在孵企业融资近 1.5 亿元，产生了一批优秀的具有战略性新兴产业发展前景的企业。

清华科技园启迪创业孵化器成立于 2001 年，依托清华大学的科技优势和丰富资源，按照国际化、金融化、专业化、网络化的方向和思路建设新型孵化器。按照"无边界管理"理念，采用"投资+孵化"的经营模式，累计孵化出 231 家企业，其中有 8 家上市，39 家入选"2012 年度海淀区重点企业"。

北京理工创新高科技孵化器于 2000 年由市科委和北理工大学共同创建，有效整合学校和社会各种创新资源，引进学校专家 40 余人，国际专家 10 余人为归国留学人员团队、大学生团队和非留非大学生团队创业服务。截至 2012 年底，北理工孵化器累计吸引项目 300 多项，孵化企业 226 家，在园企业 104 家，在孵企业 74 家。

海淀园创业服务中心创建于 1989 年，是全国第一批科技企业孵化器之一，专门为从事国家战略性新兴产业的留学人员回国创业提供服务。截至 2013 年 6 月，创业中心累计孵化企业 818 家，其中留学人员企业 701 家。目前在园企业 170 家，其中留学人员企业 152 家，20 余年来，园区先后走出 6 家上市公司，24 名国家千人计划入选者。

委员们认为，旨在帮助大学生及留学生创业的各大学科技园扶持了一批优秀的企业，为大学生自主创业提供了有效支持，激发了科技企业创新发展的活力，应得到更多的帮助和支持。一是确保国家层面政策得到有效落实。2007 年，财政部和科技部颁布了相关的免税政策，但该政策的实施细则及认定工作由税务部门负责，由于政策认定不一致导致许多孵化器企业无法享受政策实惠。二是由于拥有更高的学历和工作经验，以及更好的政策支持，目前海归创业者比国内人才创业成功率高，应对国内人才加大政策扶持力度，加强创业辅导培训，帮助其积累创业经验，提升创业能力。三是政府应制定大学科技园孵化器发展相关政策，在空间、资金以及人才方面加大扶持力度。

望京留学人员创业园：为留学回国创业人员提供施展舞台

2013年9月25日，调研组到望京留学人员创业园调研。听取中国北京（望京）留学人员创业园、北京牡丹科技孵化器有限公司和北京普天电子城科技孵化器有限公司等3家企业负责人关于孵化器建设发展情况的介绍，与部分在孵企业代表座谈交流，考察了入园企业星河亮点公司。

据介绍，2003年4月北京市首家留学人员创业园落户于中国北京（望京）留学人员创业园（以下简称望京创业园）。经过10多年发展，园区已拥有15万平方米的高新技术企业孵化基地和留学人员回国创业基地，基本形成了物理聚集的移动通信、新生物医药、新能源企业集群和中小型科技企业发展带，以及海外回国留学人员聚合交流圈和未来促成大中小型及上下游企业紧密协作的技术产业链。截至2013年8月底，累计孵化入园企业636家，现有在孵企业86家，其中留学人员创办企业79家。目前，望京创业园已初步建立了北京移动研发实验服务基地、新媒体技术服务平台、海外人才频道、台湾地区高层次人才创业基地等特色服务平台。在实施国家和北京市各项科技优惠政策的同时，园区每年还投入1000万元的留学人员专项扶持资金和300万元的科技型中小企业创业投资引导资金，构建了较完备的三级政策扶持体系。北京牡丹科技孵化器有限公司是全国唯一一家数字电视产业的专业孵化器，依托牡丹集团、数字电视（北京）国家工程实验室强大的技术力量和雄厚的行业资源，聚集了中关村数字电视产业联盟和中关村数字音视频技术创新联盟、工程检测中心等科技创新要素，重点服务于中关村数字电视产业园、北京市以及数字电视链上的高新技术企业。北京普天电子城科技孵化器有限公司是普天科创实业有限公司所属的全资子公司，主要为入驻普天三网融合创新园的中小企业发展提供多方位服务。

座谈交流中，孵化器机构与在孵企业代表反映：一是国家扶持孵化器发展的政策比较少，政策支撑体系有待完善；二是一些税收优惠政策在部分区县尚未得到切实落实；三是孵化器机构缺少熟悉科技企业运营、懂得风险资本经营、了解国际贸易惯例、善于人际沟通的专业人才；四是在孵企业退出机制不够完善，部分企业孵化期满后不迁出，致使孵化场地不能顺利流动，新项目、新技术难以入园孵化，降低了循环使用效率，不利于创新创业发展。

调研组认为，中小微企业在培育新的经济增长点、吸纳就业方面发挥了重要作用，孵化器要充分发挥企业与政府之间的桥梁作用，为企业树立品牌、拓展市场指明方向，政府相关部门应积极支持创新创业，大力营造更好的政策环境。为此建议：一是进一步提高专项扶持资金使用效率，建立专项资金使用机制，将财力集中在重点项目和重点人才培养上，充分发挥园区扶持资金的撬动效应；二是进一步完善企业和项目的退出机制，提高创业资源利用率，实现孵化资源的有效配置，加快孵化企业的新陈代谢；三是进一步整合现有的公共平台，创新公共平台建设模式，布局完整的创业链体系，提升平台的利用率。

市政协领导指出，孵化器发展到现在，其功能已从最初提供场地、资金的原始形式，向提供技术支持、培养专业人才、建立企业制度和培育企业文化等多方位发展。新的形势下，随着创业企业需求多样化以及创业服务平台多元化趋势的不断凸显，孵化器如何更好地发挥效能，为企业创新创业发展提供支撑，成为当前一个重要课题，需要政协委员及党派专家深入调查、认真研究，提出切实可行的意见建议。孵化器作为企业的同时兼有政府职能，科学有效地运用好政府投入的财政资金，需要建立合理的孵化企业退出机制，增强孵化器内企业的流动性，提高孵化器内企业的毕业率，保持孵化器的源头活力。在人才吸引方面，要着眼长远，注重发现人才，通过培育企业文化、宣传创业典型，倡导树立以开创事业为奋斗目标的价值观，实现人才与企业共同成长。

普天德胜科技孵化器有限公司：信息技术领域的专业孵化器

2013年10月9日，调研组到普天德胜科技孵化器有限公司调研。听取北京普天德胜科技孵化器有限公司、北京中关村软件园发展有限责任公司、天使汇3家企业负责人关于孵化器建设发展情况的介绍,就相关问题进行座谈交流,并考察了北京正安融翰技术有限公司、北京乐生科技股份有限公司和普天德胜早期项目孵化中心。

据介绍,北京普天德胜科技孵化器有限公司(以下简称普天德胜)成立于2002年11月,是定位于信息通信技术领域的科技企业孵化器,先后被认定为国家级科技企业孵化器、北京市战略性新兴产业孵育基地、北京市高新技术产业专业孵化基地、北京市西城区自主创新示范基地。作为央企集团背景下的科技企业孵化器,普天德胜兼具国有资产保值增值与区域科技、经济发展的协同理念,率先提出"双1+1+1"发展模式,即搭建孵化、加速、跨入资本市场的全过程平台,实现政府、科技企业、孵化器多赢共赢的发展。目前,普天德胜正加紧对早期项目、团队的服务支撑,打造有"创业苗圃"功能的早期项目孵化中心,结合新形势下各类金融机构业务的调整,完善种子期、创业期、成长期几个不同发展阶段的企业资本需求的对接能力,结合西城区金融优势资源探索设立中小企业投资引导基金,通过多层次资本市场的接力,加速企业成长,持续培育领军型企业和企业家,为自主创新事业的发展和科技北京的建设贡献力量。天使汇是创业者和天使投资人的快速对接平台,作为中关村互联网金融的代表性企业,天使汇自2011年正式上线运营以来,共促成科技型中小企业融资项目60多个,融资规模达2亿元,其中逾八成项目的融资额在100万~500万元,成为中国排名第一的中小企业投融资互联网平台。目前天使汇已经与全国50多家孵化器合作,由孵化器把其孵化的项目放在天使汇的网络平台上进行再融资;同时,天使汇平台上的一些项目也被推荐给孵化器,借以更快、更简单地获得在项目落地方面的支持和帮助。

调研组了解到,小微企业普遍存在人才、资金、市场等方面的问题,创业初期难以留住人才、再融资扩大生产困难、市场开拓能力不足。为此建议,政府应从引导角度,给予一定比例资金支持孵化器建设和运营"人才服务平台",以降低小微企业人才招聘和使用成本;不断优化行业竞争环境,鼓励大中型企业与小微企业组成联合体共同参与招投标、共同承担国家项目,为小微企业创造市场,充分保护和发挥小微企业发展的积极性和创造性;构建孵化器多元化发展格局,探索规范虚拟类孵化器的政策支持方式,开辟科技创新与资本市场对接的新渠道。

中关村各类专业孵化器：聚焦特定专业领域进行创业孵化

2013年10月10日，调研组到中关村软件园调研。参观中关村软件园沙盘并观看宣传片，听取中关村软件园孵化器、中关村生命科学园孵化器、中关村国际孵化器建设和运营情况的汇报，就相关问题进行座谈交流。

据介绍，中关村软件园孵化器成立于2001年11月，由北京中关村软件园发展有限公司、中关村高科技产业促进中心、北京市科技信息中心及北京赛西电子科技公司联合出资成立。拥有两栋孵化器大楼，建筑总面积2.3万平方米，其中研发用房1.95万平方米，并拥有1200平方米弹性物理空间作为创业苗圃。孵化器服务对象为软件和信息服务业中的中小微企业，以云计算、物联网、移动互联网和移动通信等为代表的战略性新兴产业群体。通过企业服务中心和软件人才服务平台、投融资服务平台、科技创新服务平台等七个平台，构建完善的服务体系，提供专业的孵化服务。累计吸引企业535家，累计毕业企业343家，目前在孵企业113家。

中关村生命科学园孵化器成立于2003年，是国资背景的生物医药专业孵化器，独立经营面积5000平方米，同时为创新大厦5万平方米入驻企业服务。服务对象全部为中小生物医药创业企业，服务内容包括物业出租、产业服务、投融资服务三大部分，其中产业服务包括技术平台建设与运营、生物医药产业联盟组织管理、产业资源整合、产学研联合等内容，基本涵盖了生物医药产业的方方面面。累计孵化企业超过100家，累计毕业企业超过30家，目前在孵企业78家。

中关村国际孵化器成立于2000年，现有建筑面积2.14万平方米，服务对象是海外归国人员创办的企业。通过组团赴海外宣讲中关村创业环境和扶持政策，吸引海外留学人员归国创业，并为其提供创业辅导、工商注册、法律咨询、信用评估等专业化服务。累计接纳了来自24个国家800多名留学人员创办的高技术企业近600家，累计毕业企业350家，目前在孵企业100家。

委员们对孵化器突出各自特色，促进科技企业创新发展给予肯定。同时建议，一是在发挥孵化器促进科技创新发展作用的同时，也要关注其在促进就业方面的重要作用，通过在孵企业发展壮大形成产业，带动大学生和劳动力就业。二是国有资产投入类的孵化器要进一步明确发展定位，不应以资产增值、房租收入等指标为考核重点，应该加大对孵化器资金扶持力度，进而促进孵化器支持在孵企业。三是要创新运行机制，关注企业长远发展和远期回报，鼓励孵化器加大对企业风险投资力度，允许一定的投资失误并核销投资损失。

委员们指出，科技委关于科技企业孵化器调研的选题很好，调研企业为委员们提供了很好的情况介绍。调研中，要从全市乃至更大范围对孵化器发展进行研究探讨，深入研究科技企业孵化器过去状况、现存问题和未来发展，提出下一步发展的建议，供市委市政府决策参考。同时，要结合落实习近平总书记在中央政治局到中关村集体学习考察时的讲话精神，更加关注科技北京发展。本届科技委要抓住重点问题，坚持几年持续关注，力争抓出成果，形成影响，为首都发展做出更大贡献。

在转变经济发展方式主要依靠科技进步新的形势下，科技企业孵化器的内涵和外延、内容和模式都要有所创新。对于调研中孵化器企业提出的相关问题，要做深入思考和探讨。如关于人才不足的问题，要认识到目前高校毕业生过剩不是负担而是资源，要善于利用好；关于资金不足问题，要通过充分利用场外交易市场、鼓励有条件的企业到国外上市等方式寻求解决途径；关于小微企业产品市场问题，要促进小微企业与大企业对接融合，同时通过新产品交易市场等帮助企业展示产品，促进成果产业化。

集中研讨会：建议突出重点，注重实施举措

2013年10月23日，调研组召开集中研讨会。听取调研报告起草组《关于加快我市科技企业孵化器创新发展的调研报告（讨论稿）》撰写情况的介绍，并针对报告内容提出修改意见。

与会委员及专家对调研报告（讨论稿）的内容给予肯定，认为报告结构

完整、内容丰富、资料翔实，较全面地梳理了调研的基本情况，肯定了北京市科技企业孵化器的成绩、现状，指出了存在的问题，并提出了切实可行的建议，为成稿奠定了很好的基础。针对报告，大家提出了一些修改意见。一是报告要贯穿习近平总书记在中关村学习调研讲话的精神，突出创新驱动发展。二是对目前北京市孵化器发展中的问题进行梳理，突出重点。三是建议部分要聚焦，而不是面面俱到，要增加实操性。四是增加一部分对孵化器在创新中的作用的描述。

委员们指出，本次调研选题准确，委员重视，各党派积极性高，参加人员多，调研成果显著。科技企业孵化器是创新的有效载体，在实施创新驱动发展战略，推动科技与社会经济结合中起着重要作用。我们要谨记"科技与人才越用越多，资源越用越少"的道理，要认清孵化器在北京市经济社会发展中所处的位置，要厘清这次调研掌握的各种情况，找准问题，突出重点，提出更新、更实、具有持久性的建议，从而做到以科技创新为驱动，抓住机遇，用好机遇。

科技企业孵化器调研契合当前我国最关键的发展方向问题，非常及时也非常必要。科技创新驱动是金字塔结构，塔尖是极少数行业产业龙头企业，但塔基是大量的依靠技术创新为生存方式的小微企业，正是无数小微企业源源不断的技术创新为塔尖供给养分，美国等发达国家才能出现像微软、苹果等顶级企业。我们要借鉴发达国家的经验，学习外省市好的做法，调研报告要以习近平总书记在中央政治局第九次集体学习上的讲话精神为指导，以创新驱动发展为主线，突出重点，文字精练，建议切实可行。

第八章 加大中关村示范区先行先试力度，推进北京全国科技创新中心建设研究[①]

为深入贯彻中共十八届三中全会全面深化改革精神，建立健全鼓励原始创新、集成创新、引进消化吸收再创新的体制机制，健全技术创新市场导向机制，进一步发挥先行先试政策优势，加快推进中关村创新发展。市政协科技委员会与部分民主党派市委、市工商联及市科研机构联合成立调研组，围绕"加大中关村示范区先行先试力度问题"开展调研。2014年3~6月，调研组听取了科技部、财政部、国家税务总局以及市科委、中关村管委会、中关村发展集团、市财政局、税务局等部门的情况通报；深入企业、高校、科研机构及中关村创新平台工作组等30余个单位了解情况；召开了多次专题座谈研讨会。在几易其稿、反复修改的基础上形成了《加大中关村示范区先行先试力度，推进北京科技创新中心建设》的调研报告。将调研情况及建议报告如下：

一、中关村示范区先行先试情况

2009年，中关村成为第一个国家自主创新示范区。2010年底，国务院同意支持中关村实施"1+6"先行先试政策，三年来，"1+6"先行先试政策

[①] 本研究于2014年由北京市政协科技委员会联合民革北京市委员会、民盟北京市委员会、民建北京市委员会、致公党北京市委员会、九三学社北京市委员会、北京市工商联合会及北京市科学技术研究院共同完成。

的实施,为加快中关村创新发展,建设国家自主创新中心,打造全球化科技创新中心,注入了新活力和动力。

(一) 先行先试,不断增强科技创新活力

先行先试政策,增强了企业创新主体作用和创新活力。据统计,截至2014年5月底,全市专利申请4.9万件,发明专利申请量同比增长19.6%;技术交易合同成交额超过千亿;全市新认定高新技术企业9317家,占全国的1/4;新认定市级重点实验室、工程技术中心108家。中关村示范区规模以上高新技术企业实现总收入11072.1亿元,其中技术收入1355.6亿元,增长19,7%。截至2013年底,中关村企业累计创制标准4882项,其中国际标准23项,国家标准97项,行业标准80项,地方标准21项。在战略新兴产业领域涌现出了一批新型摩擦电纳米发电机、浪潮天梭K1系统应用主机、京东方110英寸超高清液晶显示屏、乐视TV超级电视等一批前沿重大技术创新成果。

(二) 先行先试,逐步完善创新生态环境

三年来,"1+6"先行先试政策已显成效。9个创新平台工作组的工作顺利展开,初步建立了跨层级、跨部门的集中统筹工作机制和协同创新组织模式。6条试点政策,使一批高新技术企业、科研院所、市属高校得到实惠。据统计,截至2013年底,示范区共有89家单位股权激励试点方案获得批复;2012年累计享受研发费用加计扣除政策的企业超过1300余家;2013年"1+6"政策持续深化,成果处置权及收益权政策又有新的完善,扶持文化创意产业的"新4条"政策出台;北京市也出台了一些如"京校10条"等创新政策。这些政策,极大地激发了科技人员创新动力,提升了企业自主创新能力,加速了创新成果的产业化和商品化。

(三) 先行先试，积极发挥辐射引领作用

三年来，中关村"1+6"先行先试政策实施，为国内一些省市相继出台一系列的相关政策，发挥了积极的示范效应和引领作用。如武汉的"黄金10条"、南京的"新9条"政策、深圳的"股权激励"政策、山东的"济南11条"、重庆的"股权和分红激励规定"等，都是在中关村"1+6"政策先行先试的基础上跟进与突破。2013年中关村累计与天津、河北等50个地区建立战略合作关系，应用推广新技术新产品1086项。北京市及中关村的技术交易额占全国的38.2%，近80%辐射到了京外地区。

二、存在问题

目前，北京面临着建设国家科技创新中心和京津冀一体化发展的新形势，作为创新引领者的中关村示范区虽然已取得一定成效，但仍存在一些不足。

(一) 对国家科技创新中心建设的顶层设计关注不够

在国家科技创新中心建设和京津冀发展的新形势面前，创新驱动发展的大手笔、高起点的顶层设计尤为重要。目前，北京正面临着疏解首都非核心功能的重要任务，还未能将重心转移到科技创新中心的建设上来，科技创新的核心功能对其他将要疏解的功能的替代与新导向作用研究还远远不够。从中关村发展看，虽然中关村创新资源丰富，但配置还不够合理，近年来创新投入一直在增长，但是创新产出还有待优化。2012年，中关村研发经费支出381.3亿元，较上年增长21.7%，研发经费内部支出占增加值的10.5%，高于同期北京市创新投入强度4.7个百分点，但创新产出还有待提高，2012年中关村人均发明专利授权量不足硅谷的1/3，重大科技成果还不多，尤其在汇集国际创新要素和创新资源方面的能力还亟待提升，这些都对未来北京和

中关村创新发展的战略导向和定位提出了高要求，非常有必要加强科技创新中心的顶层设计。

（二）先行先试政策没有用透用足，政策效能没有充分发挥

尽管先行先试政策取得了一定成效，但仍没有发挥出最大效能。一是激励科技人才的政策没有发挥出最大效能。例如，科技管理人才不能持股，股权激励对于科技管理人才的作用无法发挥。科研人员对于科研经费的自主权使用权限很小，人才激励力度甚微。二是促进成果转化的政策未发挥最大效能。目前，虽然已批复了百余家机构股权激励方案，但股权激励后成立的企业运营良好的不多。科研成果800万元以上的处置权仍没有下放。三是激励企业研发的政策没有发挥应由效能。据不完全统计，2012年共有831家企业享受研发加计扣除政策，享受所得税优惠共计1.46亿元，总额对比上海、广东等地相差较大。

究其原因：一是政策制定初衷很好，但主要事权在国家层面，地方政府在推动先行先试政策落地中的话语权不足影响了政策潜力的挖掘，无实质性话语权。二是部分政策尚没有操作细则，如"新4条"政策的后3条、"京校10条"、"京科9条"以及"1+6"政策中的项目经费管理的政策等。三是有些政策虽有细则，但具体执行时，政府各委办局之间权责有交叉，协调不顺畅。四是享受政策前的各种认定、评审和评估的门槛过高。

（三）体制机制方面，先行先试政策尚不能满足创新发展的要求

科技体制改革中部门单兵突进或分散推进导致的碎片化的现象十分突出，不仅影响了改革的整体成效，也不符合全面深化改革要强化系统性、整体性和协同性的导向要求。由于各部门主导的改革缺乏系统统筹和部门联动，科技体制改革推动创新驱动发展的老路已经越走越窄，科技政策与产业、市场、财税、金融、人才、国有资产管理、土地管理等政策的衔接配套亟须进一步加强。与上海张江、武汉东湖、深圳等国内其他国家自主创新示范区以及合芜蚌自主创新综合试验区相比，中关村在财政、税收、环保测评、工商管理、

土地开发等方面均缺乏足够的自主权。

三、相关建议

针对上述存在的问题，调研组认为，北京要深入贯彻落实习近平总书记对北京工作的重要指示精神，以中关村创新发展为引擎，用好用足先行先试政策，加快推进北京科技创新中心建设。为此，提出以下建议。

（一）进一步加强国家科技创新中心的顶层设计

北京市要明确国家科技创新中心既是科学技术中心，也是创新中心，不以传统经济发展为核心，但要大力发展创新型经济和高端服务业，支持和扶持高精尖科技成果转化、产业化和商品化。政府主管部门应尽快研究并提出有关国家科技创新中心的范围、条件、作用、空间、改革路径、布局、政策和技术路线等整体规划和实施方案。明年将启动"十三五"规划编制工作，应将国家科技创新中心建设与"十三五"发展思路厘清，做好顶层设计，谋划国家科技创新中心建设与发展。

（二）进一步转变科技创新发展的理念

北京及中关村要在新一轮改革创新上取得新的更大突破，必须加快实现六个转变，从更深层次和更宽视野谋划科技创新综合改革。一是从关注中关村科技园区发展向关注全市创新驱动发展转变。二是由科技体制改革向综合配套改革转变，避免科技体制改革单兵突进和陷入改革部门化的泥潭。三是由科研管理向创新服务转变，加快培育企业技术创新主体，突出产业和企业需求，弥补产业链和价值链缺失，加快构建创新服务体系。四是由单纯的政策优惠和政策突破逐步向法规、条例等法制观念转变。五是从现有发展模式向品牌、标准等高端化发展路径转变。六是从关注体制内要素集聚向关注体制外各种创新要素集聚转变。

（三）先行先试政策应扩大到全市范围

北京要建设国家科技创新中心，中关村要成为世界创新中心，如何保持科技中心地位，使其充分发挥出创新能量，成为名副其实的科技创新中心，是北京下一步发展的核心任务。中关村国家自主创新示范区在北京科技创新中心建设中应充分发挥示范引领和辐射带动作用，引导企业注重标准、专利、品牌等发展战略，占据产业链发展前端，以信息化带动传统产业升级，从而以点带面推动北京整体发展，将中关村示范区先行先试政策进一步扩大到全市层面，最大限度地释放改革红利。

（四）加强政策集成，形成在京创新创业指南

一是加强政策的集成使用和集成管理，给现有政策做减法。把中央给的政策、地方出台的政策和借鉴津、冀两地的政策做出集中解释和便于各创新要素理解的处理，形成在京创新创业指南，然后与政策涉及的各部门协调好政策落实的措施，便于各单位高效便捷地享用创新创业政策。二是进一步改革科研经费使用管理办法。要按照科学研究的发展需要和客观规律进行科研经费管理，市级财政部门应积极落实项目在研期间，年度剩余资金可以结转下一年度继续使用的新规定；加大间接费中用于人员激励费的比例；"1+6"政策中的经费管理改革，进一步出台实施细则等。

（五）加大对各类创新人才的政策支持力度

一是健全技术转移行业从业人员的考核和职称评定标准，增加技术转移类人员的中高级职称评定。促进科技服务业人才队伍建设，探索设置科技经纪人、文化创意师等新的职称专业，促进科技服务业人才队伍建设。二是多元化解决科技型管理人才不能持股的突出问题，既可以采取财政奖励的方式给予支持，也可以从市级层面给予创新突破。三是梳理针对海外人才"知、寻、引、用"政策，汇总针对海外人才归国创新创业的指南，使其应用更便

捷化，促使海外高层次回国人员更快适应国内发展环境。

（六）加大先行先试力度，打造"中关村科技创新特区"

进一步打破影响北京科技创新的制度及机制障碍，加大先行先试力度，打造中关村科技创新特区。一是在中关村或中关村核心区小范围内，参照上海自贸区的经验和做法，促进技术转移和技术扩散顺畅。力争试行负面清单制度，规定哪些事企业不能做，其他的都可以做，并进一步释放科技创新创业活力。二是力争国家科技创新综合配套改革在中关村试点。建议中关村积极探索并推动在科技、经济、社会等多领域的协同改革创新，改革创新内容涉及外汇管理、海关监管、产品环评、建筑容积率核定、人才引进制度以及税务、财政、政府采购等多方面，努力实现园区事项园区办。三是支持企业与高校科研机构进行委托开发、合作开发。支持高校科研机构向企业的技术转让，支持技术进出口，经过认定全额减免增值税和所得税，先行由市财政补贴。

（七）建立京津冀协同发展的利益共享新机制

在首都新一轮的建设发展中，发挥首都内在优势和潜力，进一步发挥科技创新功能。要站在战略的高度和京津冀一体化发展的角度思考问题和考虑新的战略布局，用科技创新功能填补疏解的功能。大幅提升科技产业在新兴产业业态中的占有份额。以中关村国家自主创新示范区为龙头，破除体制障碍，全面转向创新驱动发展。建立面向京津冀的协同发展和协同创新格局，积极探索市场化的区域合作、利益共享新模式，推动建立有利于京津冀协同创新发展的财税体制。

（八）加快建设知识产权法院，创新商业模式

一是呼吁成立国家知识产权法院以及北京市知识产权法院。从法律层面保护国家自主创新知识产权，维护知识产权创造者的利益，促进自主创新。

二是充分运用互联网技术，健全建立第三方支付平台，完善现有技术交易中心，打造全国技术交易中心的地位和形象。三是引导和支持企业走标准、品牌、专利的高端发展道路，并不断创新商业模式，发挥市场在研发方向、路线选择、人才通道、要素价格等方面的配置作用，提升企业主体地位。

（九）完善国有资产对外投资机制

进一步研究国有资产使用的管理办法。深入探索事业单位国有资产对外投资、出租、担保等问题，放宽事业单位利用国有资产支持股权激励企业发展的限制，进一步完善现有相关管理办法。探索事业单位国有资产收益权改革（目前实行"收支两条线"管理），允许将一定比例的收益留归单位，纳入部门预算统筹用于科研及相关技术转移工作。适当放宽财政事业预算单位资产处置权，允许一级预算事业单位（主管部门）建立国有资产监管机构，统一经营管理本系统内的国有资产。

【外省市调研启示】

赴上海及安徽围绕示范区创新发展的调研分析

2014年5月12~14日,"发挥中关村创新政策潜力"课题组一行9人赴合肥、芜湖和蚌埠对合芜蚌试验区的发展现状、较有成效的政策举措及下一步改革思路等进行了实地调研,并参观了蚌埠市的星宇文化创业产业园、国际浮法玻璃新技术重点实验室,芜湖市的奇瑞汽车公司、三安光电等企业。5月15~16日赴上海自贸区和上海张江国家自主创新示范区,针对其发展现状、机制创新以及落实效果好的政策举措等进行了实地调研,并参观了中国(上海)自贸区、张江示范区的展讯科技馆、张江核心园展厅。调研座谈过程中课题组就相关问题与上海及安徽合芜蚌试验区的各级领导进行了沟通和交流,初步形成了如下调研报告。

一、基本情况

(一)安徽合芜蚌试验区的基本情况

安徽省委、省政府于2008年10月启动建设合芜蚌自主创新综合试验区,2009年,国家批准将安徽省级合芜蚌自主创新综合配套改革试验区升格为国家级的自主创新试验区。2011年,国务院授权财政部、科技部批准同意试验区参照中关村开展企业股权和分红激励重大政策试点。国家"十二五"科技发展规划将试验区与国家示范区一起列为自主创新示范试验重点区域,标志着试验区建设进入创新型国家建设战略布局。2013年试验区高新技术产业实现产值6945.9亿元,占全省的59.3%,同比增长16.4%,实现增加值达1779.3亿元,占全省59.1%。占规上工业增加值比重达到34.8%,高新技术产品出口额同比增长22.3%,成为引领结构转型升级的风向标。2013年试验区新增高新技术企业228家,总数达到1108家,占全省55%,以企业为主导,相继开发出一批重大创新产品,提升了试验区核心竞争力。2013年,试验区授权发明专利 2708 件，占全省的 63.9%，同比增长 22.7%。万人发明专利拥有量为 5.57 件，高出全省 3.64 件。

（二）中国（上海）自贸区的基本情况

2013 年 8 月 22 日，国务院正式批准设立中国（上海）自由贸易试验区。范围涵盖上海市外高桥保税区等 4 个海关特殊监管区域，总面积为 28.78 平方公里。外高桥保税区，是 1990 年 6 月经国务院批准设立的全国规模最大、启动最早的保税区，规划面积 10 平方公里。外高桥保税物流园区，是 2003 年设立的中国内地第一个保税物流园区，规划面积 1.03 平方公里。洋山保税港区，是 2005 年设立的中国内地第一个保税港区，规划面积 14.16 平方公里。浦东机场综合保税区，设立于 2009 年，规划面积 3.59 平方公里。

（三）上海张江国家自主创新示范区发展基本情况

自 2011 年国务院批复依托上海张江高新技术产业开发区建设张江国家自主创新示范区以来，上海张江用了 3 年时间，让高新区管理范围从"1 区 6 园"的 42 平方公里扩增到"1 区 18 园"的 470.5 平方公里，2014 年 5 月 15 日又扩增到"1 区 22 园"的 500 多平方公里，企业总数从 1.1 万家增加到近 5 万家，技工贸总收入从 6800 亿元增加到 2.7 万亿元，税收从 441 亿元增加到 1986 亿元。到 2013 年底，张江高新区汇聚了科技型企业 3 万余家，研发机构 1030 家，区内企业授权发明专利数达到 2.4 万件，有效发明专利占上海的 2/3 以上。

二、上海及安徽合芜蚌试验区发展对北京发展的启示

（一）各级领导高度重视

领导重视是发展成功的前提。以安徽为例，全省把合芜蚌试验区建设当成重要任务来抓。合芜蚌试验区被赋予了一系列重大政策试点，在全省范围内建立了党政一把手负责的组织领导体制，省领导小组由省委书记、省长共同担任组长，定期召开联席会议，研究重大问题。部门联手推进综合配套改革机制，省市联动实施重大创新项目机制，科技、产业、人才、改革四大成果统计评价机制。同时省政府把各部门和三市推进自主创新工作列入目标任务考核，并把省创新办设在省科技厅，初步形成省领导小组牵头协调，省直

部门分工协作,三市主体推进,省创新办督促检查的组织领导和工作推进机制,构建了全社会联动、广泛参与、合力推进创新发展的大格局。

(二)创新发展不限定在某个园区,而是在全市开展,并且条块结合,以块为主

以安徽为例,合芜蚌批复之初,就被赋予了在合肥、芜湖、蚌埠三个城市进行综合试验。另外,园区的发展在全市科技主管部门的统领之中,园区发展的总结要报给科技主管部门,避免了委办局之间管理机构的信息不对称,总体发展是以行政区县为主。

(三)政策注重实效,并强调落实到位

各省市出台的创新政策都不少,最重要的是政策要能发挥最大效能,上海在这方面做得比较到位。以股权激励政策为例,张江注重股权激励政策的政策效能,在股权激励二次创新后形成了技术入股,股权奖励和代持股权的全程激励机制,特别是"代持股专项资金"和突出以人为核心的"个税缓交"政策,有效解决了被激励对象"接不住"股权的问题,对企业股权激励对象而言,他们也不必担心"我给你股权,但你没有钱"的状况出现,因为他们已经拿到了总额达5亿元"代持股专项资金"中拨出的款项,2014年张江"代持股专项资金"政策将进一步扩大企业适用范围,从原有的国有及国有控股企业扩大到国有参股企业,并聚焦高等院校和科研院所。

(四)大力加强平台建设

上海和安徽都非常注重平台建设,通过多种形式的平台建设来促进产业发展。比如,上海张江管委会已经建设了230多个平台,主要是以项目支持的方式鼓励各分园区和企业建设平台,实现资源的共建共享。其中80%由"张江专项资金"资助建设,该资金目前35亿元。安徽主要通过加强产业技术研究院建设(全省有十大产业技术研究院,还推进了中国科技大学先进技术研究院建设,实行省与中科院合作、合肥市与中科大学共建等形式);加强创新载体建设,进一步建设科技园区,使其升格为国家级科技园区;加快创新平台建设等方式,着力推进集研发、交易、转化、服务为一体的试验区科技创新公共服务中心和科研集群、孵化、产业基地的建设。

(五)行政权下放释放了企业活力

简政放权是十八大三中全会之后政府管理改革的大势所趋,只有这样才能真正释放企业创新创业活力。比如，2013 年上海市开展的行政审批权下放工作就已取得了较好成效，目前首批 13 类 20 项市级行政审批权已下放园区试点，调研中了解到，已有 9 类 13 项行政审批权下放，其余还在考核和运作中。下放的行政审批权中有 2 项是企业最需要的，一是企业的土地建设容积率，之前容积率是由建委审批确定，目前已经下放到园区，由园区管委会来确定；二是环保局的环保测评权，目前已经由环保局下放到园区，今后将由园区管委会来测评企业的产品环保指标。

（六）以企业发展需求为导向，关注补充产业链和价值链的缺失，国际化程度高

强化企业创新主体地位，首先要满足企业需求。张江各类企业近 5 万家，80% 左右是中小型科技型企业，张江管委会始终坚持"政府不该管的坚决不管，企业和市场需求的一定不能缺位"，积极为企业发展做好服务，重点侧重在补充产业链和价值链的缺失。比如，张江在国内率先试点集成电路产业链全程保税监管模式、生物医药企业便捷通关新模式，扩大入境特殊生物材料检验检疫改革试点，不让企业的创新活动受到阻碍；设立"海关·张江贸易便利化互动平台"带动国际高端创新要素涌入；带领企业参加美国消费电子展、把国际集成电路展搬入中国等，让张江具有自主创新的国际前沿技术企业快速对接世界。

（七）科技金融发展较快，银行授信额度高

企业创新的一个很大问题就是融资难，上海张江管委会在科技金融方面开展了相关工作，一是促进科技金融结合新模式。目前已形成综合授信平台，多种金融产品、多条融资渠道相结合的格局。2011 年，张江与国家开发银行等 8 家银行合作，搭建了 1900 亿元授信额度的科技型中小企业综合融资平台。国家开发银行为张江高新区及各园区企业提供了 150 亿元的融资贷款。至 2013 年底，已授信 191 家企业，批复授信融资总量超 20 亿元。二是创新金融服务产品，拓宽融资渠道。在张江高新区各分园，共拥有银行类机构 400 余家，创投机构 300 多家，园区采取各种措施加强政策性融资平台建设，加强投贷联动、投贷保联动、保贷联动、科技保险等，核心区开发了启明星、科灵通、投贷宝等创新产品。

（八）上海自贸区的政策及机制创新启示

一是自贸区企业注册的相关变化。需花钱购买注册地址（虚拟），目前价格在1.6万元/年左右；注册资本实行认缴，无须验资实到；注册发证时间短，递交完资料4个工作日即可领取工商营业执照、税务登记证、组织机构代码证；对于相关许可证则在经营过程中根据实际需要办理；经营范围不作明确限定，按"非禁即入"、"负面清单"管理办法；外资项目拟采取备案制而不是审批制；税收政策（财政补贴政策）细则未出之前，按原保税区政策执行；金融业门槛大大降低。二是拟开放人民币资本项目。上海自由贸易试验区正在申请试点人民币资本项目下开放，而且这一改革方向不会因为短期的流动性变化、热钱流向的变化而变化。三是可能推15%企业所得税优惠。调研中了解到，为鼓励企业发展，上海拟在税收方面采取低税率，其中将包括对自由贸易区内符合条件的企业减按15%的税率征收企业所得税。四是贸易领域监管模式创新。上海自由贸易试验区将实施"一线逐步彻底放开、二线安全高效管住、区内货物自由流动"的创新监管服务新模式，这是与上海综合保税区的主要区别。五是推动外贸物流创新发展。整合了外高桥保税区、外高桥保税物流园区、浦东机场综合保税区等四大保税区后的上海自贸区利好外贸物流。

（九）有较明确的改革思路，强化顶层设计

中共十八届三中全会后，科技体制综合改革势在必行，没有明确的改革思路，没有明确的顶层设计，很难做好改革工作。安徽在下一步改革中大胆创新，强调七个突出。一是突出改革精神，着力强化市场在配置创新资源中的决定性作用和政府在推进创新中的引导作用，变传统科技评审立项支持为后补助和奖励支持，变科技专项经费切块支持为按市场机制竞争择优支持，变政府组织专家评价为市场化、社会化第三方评价，变科技资源分散分割为共建共享、协同创新。二是突出问题导向，针对科技创新中存在的问题，提出切实可行解决办法。三是突出产业和企业，科技创新的定位在重点支撑实体经济发展。四是突出创新活力，把支持科技人员创新创业、公开引进高层次人才和技术创新能力建设作为重要举措。五是突出推进机制，建立"企业愿意干、政府再支持"、"市里愿意干、省里再支持"的工作机制。六是突出资金保障，整合原合芜蚌试验区等专项资金7亿元，再增加3亿元，设立总

额 10 亿元的创新型省份建设专项资金，支撑政策及实施细则的落实。七是突出落实六条细则，六条实施细则包括创新能力建设细则、重点新产品研发后补助细则、鼓励科技人员创新创业细则、扶持高层次科技人才团队细则、大型仪器设备资源共享共用补助细则、市县创新能力评价细则等内容。

【北京调研案例分析】

2014年4~5月期间，调研组先后赴中关村创新平台工作组、中关村园区分管委会、政府部门、园区内部分企业、高校、科研院所等多家单位实地调研座谈，本部分旨在针对每个调研案例和座谈情况围绕本调研主题进行分析，同时整理了调研和座谈过程中市政协科技委委员以及民主党派的党员们针对中关村先行先试政策的落实情况这个主题给出的建议。

中关村管委会：创新平台的9个工作组运行机制有一定创新

2014年3月25日，调研组到中关村管委会调研。中关村创新平台的政策先行先试、科技金融、重大科技成果产业化项目审批、现代服务业4个工作组分别介绍了中关村示范区先行先试政策的总体情况、相关工作组的组织架构、运行机制和工作成效，并就完善市场化统筹项目工作机制、深化科技金融创新试点、推进现代服务业平台和枢纽建设等相关问题进行了座谈交流。2014年3月27日，调研组再次来到中关村创新平台调研。中关村创新平台规划建设工作组、人才工作组、中关村科学城、军民融合创新工作组和新技术新产品政府采购工作组分别介绍了中关村示范区先行先试政策的总体情况、相关工作组的组织架构、运行机制和工作成效，并就相关问题进行了座谈交流。

中关村创新平台自2010年底成立以来，整合了19个国家部委和北京市相关部门、区县搭建工作平台，初步形成了跨层级、跨部门的集中统筹工作机制和协同创新组织模式。建立了部室会商机制、重大项目"直通车"推荐机制、开展了现代服务业试点，推进推动军地、央企、高校、企业协同发展，军地技术对接融合创新；建立资金统筹机制、探索股权投资、知识产权共享等投资方式；在科技成果收益权、股权激励、税收政策、科研经费管理等方面推进政策试点。

科技金融工作组积极探索公共政策和金融创新对接机制，以首次融资为突破口,实施"展翼计划"、为小微企业提供金融担保;深化科技信贷创新,实施"瞪羚计划"切实缓解企业融资难;支持成立了全国首家互联网金融行业协会,启动中关村互联网金融信用信息平台建设,培育中关村数据交易市场;完善科技金融服务业体系,推动中小企业股份转让,支持企业国际化发展。目前中关村上市公司达229家。

现代服务业工作组围绕信息服务、科技服务、电商和物流节能环保几个重点领域,以财政资金作为引导,设立中关村现代服务创投引导基金和中小微债权基金,支持了180多个项目,2013年服务业收入超过2万亿元。

规划建设工作组采取调研走访机制、信息报送机制和专题会商机制,在完成示范区空间规模和布局调整;统筹一区多园协同发展;协调服务重大项目落地;推进生态园区建设;推进人才公租房建设;特色产业基地建设和政策研究上都做出了极大的工作成效。

人才工作组积极落实3月中组部等15部委与北京市联合印发的《关于中关村国家自主创新示范区建设人才特区的若干意见》,围绕人才特区建设目标,自2011年成立以来,狠抓住特殊政策落实,为创新创业提供保障;以政策创新带动体制机制改革,激发各类主体的内在动力,推动创新创业活动自发组织、自主运行;依靠体制机制优势聚集特需人才,不断完善人才引进与培养机制,增强企业发展后劲;打造事业平台用足用好人才,围绕人才特区建设的总体目标,立足更好地支持人才创新创业,取得了扎实的工作成效。

中关村科学城于2010年9月启动建设,截至2014年3月,已分5批通过签约授牌形式把53家高校院所、中央企业和市属企业纳入科学城建设工作体系,共建设50个特色产业园项目和3家共建技术转移中心。几年来,科学城建设初见成效,战略型新兴产业高端要素集聚效应日益增强;存量空间资源盘活释放效应日益显现;优势创新资源开放力度日益增大;策源辐射带动作用日益显现;科技成果落地转化效率日益提升。

军民融合创新工作组成立于2013年5月20日,主要职责是推动落实中关村军民融合科技创新任务,统筹研究中关村军民融合科技创新政策,组织制定并实施中关村军民融合科技创新规划,建立健全军地和部市会商机制,协调解决工作中遇到的重大问题。通过会议制度、军地会商制度和分工协作机制加强统筹规划,做好军地对接,搭建军民融合科技创新环境。目前,已与驻京部队各总部、兵种单位签订了各种合作协议，开展了一系列军民融合工作。

新技术新产品政府采购和应用推广工作组成立以来，共推动1500多个项目应用中关村新技术新产品，采购金额达246亿元，已完成市政府"十二五"期间推广中关村新技术新产品300亿元规划目标的82%。几年来，工作组已经在政府采购推动核心技术突破、重大项目示范应用和推动京津冀区域协同发展等方面取得了一定进展和成绩。

中关村创新平台建立了重大科技成果产业项目审批联席会制度，由主管市领导作为召集人，统筹协调和总体指导全市重大科技成果转化和产业项目发展，审议统筹项目和资金安排。截至2013年底，统筹资金250亿元，支持项目800个。引进和转化一批具有国际领先水平和规模前景的成果，并成功实现首批3个重大项目统筹资金退出，实现了政府财政资金循环使用和股权激励。

委员们认为，中关村创新平台为推动中关村创新发展、促进高校院所和企业科技成果转化和产业化、激发科技人员创新积极性发挥了重要作用，取得了新进展，实现了新突破，各项政策效果显著。座谈交流中，委员们就北京"四个中心"战略定位、京津冀协同发展的大背景下，中关村创新平台工作组未来发展和功能定位提出了建议。委员提出，政府股权激励政府所持股份要加强监管，控制额度，要有具体运行的制度保障；要做好知识产权风险防范，在股权投入前要有知识产权培训；积极筹建知识产权法庭，高效解决知识产权纠纷；要建立与天津、河北的沟通互联机制，充分发挥中关村在京津冀协同发展的引领示范作用；股权激励落实到具体单位时要保障科技人员享受到政策的实惠；做好科技金融的创新和改革，成立中关村银行，尽快建立信用信息共享机制。

委员们充分肯定了中关村创新工作组的工作及取得的成效，建议：一是各工作组应遵循市场规律配置资源，找准协调创新的关键点，加强平台建设，加强协同性、统一性及权威性，减少行政色彩。二是强化中关村园区规划的严肃性和权威性，生态涵养区不能引进生产型企业，要大力发展生态休闲旅游业。各园区规划应有所差别，要根据地域特点规划产业。三是中关村要广泛汇集科技创新人才，特别是中央在京科研院所人才济济，可以加大引进人才的力度。重视人才项目落地,重视引进一批科技咨询、技术转移等创新型服务人才。四是加强军民融合,搭建好信息互通平台,发挥首都军工企业优势和作用,通过配套联合逐步推进军民融合。

市政协领导指出,北京市政协科技委自2008年成立以来,一直关注中关村示范区建设发展,每年从不同角度开展调研,2月下旬,习近平总书记在北京考察时,进一步明确了北京的5大功能定位,北京要成为科技创新中心的定位更加凸显中关村在创新方面的重要作用。中关村要抓住这个历史机遇,一是要对20年来的发展历程进行回顾和总结,要有所为有所不为,有取有舍。二是要创造环境,搭建平台,让创新成果不断涌现,创新人才不断涌现,最大限度发挥人的潜力。三是要打破惯性思维模式,减少行政化,尊重市场规律和企业的发展要求,真正发挥市场主导作用,加快中关村的发展建设,发挥好引领、示范、辐射作用。

市财政局、市国资委、市地税局座谈

2014年4月1日,科技委"中关村政策潜力"第一调研组与市财政局、市国资委、市地税局座谈。市财政局、市国资委、市地税局分别介绍了中关村示范区"1+6"和"新四条"政策落实情况,就政策执行中存在的问题及进一步完善建议等与委员们进行了座谈交流。

据介绍,近年来,市财政局、市地税局积极推进中关村示范区创新发展,深入企业开展相关政策的研究和申请,主动与财政部对接、沟通和汇报,积极助推"1+6"政策落地。为打破科研事业单位和科研人员的束缚,制定了北京市属事业单位科技成果处置权和收益权改革试点政策和工作程序。2011年,北京市属单位61项,收入1.4亿元。技术合同成交额1890亿元,同比增加了20%。2010~2012年,中关村研发费用加计扣除试点政策惠及企业766户次,减免企业所得税税额约1.67亿元;职工教育经费税前扣除试点政策惠及企业145户次,减免企业所得税税额约309万元;企业年度技术研发费投入政策实施后的当年增长了70%。2013年11月,市财政局牵头出台了"新四条"执行细则,开展文化科技融合企业认定工作试点、有限合伙人投资创业所得税优惠政策试点、5年以上非独占许可使用权转让纳入技术转让所得税优惠政策试点、中小高新技术转让企业向股东转增股本的个人所得税可最长不超过5年分期缴纳试点。结合北京功能定位，大力扶持文化科技创新企业，中关村率先研究制定"文化产业支撑技术等领域"的具体范围，符合相关条件高新技术企业，享受15%的优惠税率。

市国资委将"自主创新"作为推动市属国有经济发展的四个路径之一，加快推进国有经济进入高端引领、创新驱动、绿色发展的轨道，明确企业加大研发投入的重要性，要求至"十二五"末市属国有重点企业研发投入占销售收入的比重要达到3%以上，部分高科技企业要达到10%以上。发挥资金导向作用，通过国有资本经营预算等形式集中重点资金支持市属企业科技创新。发挥考核导向作用，将科技创新能力指标纳入企业考核范围，不断完善科技创新评估考核体系。要求重点、骨干科技企业"科技支出占主营业务收入比重"指标必须达到3%，部分高新技术企业争取达到10%。三年来，联手市科委、经信委共同组织专家对33家企业申报的90个科技创新项目进行分类评审，根据项目审核、专家评审意见，对28个科技创新产业化项目进行了支持。

委员们认为，在贯彻落实中关村示范区"1+6"政策先行先试中，市财政局、市国资委、市地税局为我市提高自主创新能力，推动实现科技文化"双轮驱动"的战略目标开展了扎实有效的工作，取得了积极的成效。

委员们针对税收试点政策存在惠及面窄、优惠力度有限、配套政策不完善等问题提出了建议。一是对比研究国外发达国家税收政策，学习和借鉴先进经验，防止区域性优惠政策造成企业的不公平竞争，破坏健康有序的竞争环境，应多侧重行业税优惠政策的研究；二是延长优惠政策执行期限，增加流转税优惠政策，保障初创科技企业在起步和爬坡的关键阶段能享受到扶持政策；三是财税部门应鼓励更多科技创新型企业投入社会慈善和教育事业，制定更加科学合理的减免政策；四是开展政策实施效果评估工作，引导企业用准用足用好试点政策，深入挖掘中关村"1+6"政策执行潜力，加快"新四条"政策落地实施，最大限度发挥政策效应；五是建立更加科学的财税体系，精简税种，减轻税负，为企业松绑，创造健康公平的营商环境。

6家科技型企业座谈：政策虽好但执行中存在障碍

2014年4月3日，"中关村政策潜力"调研组与科技型企业座谈。

用友软件股份有限公司、北京北大先锋科技有限公司、北京京港恒星科技发展有限公司、北京市劳动保护科学研究所、北京大北农科技集团股份有限公司、北京佳讯飞鸿电气股份有限公司代表分别介绍了中关村"1+6"政策及"新四条"在企业中的落实情况，以及过程中存在的问题和完善政策的意见建议，并就相关问题与委员进行了座谈交流。

6家公司介绍时指出，中关村"1+6"政策在企业中落地有不少障碍。一是股权激励政策对于调动科研人员积极性有很大作用，但在纳税时仍会遇到基层税务部门对五年内缓缴的税法理解掌握不同的问题；二是中关村虽然网聚了大量尖端人才，但大部分都供职于高等院校和科研院所，目前还没有非常好、可落地的政策将这些人才吸引到企业；三是用于产业升级的产业化加工设备进口受困于高额关税所得税及繁复的审批流程。

委员们提出建议：一是中关村先行先试相关政策需要更细化和出台相关配套措施，才能顺利落地，使更多企业受益；二是中关村应进一步为企业吸收高端人才，为人才在企业和科研院所之间自由流动搭建平台；三是借鉴进口研发用设备经验，完善进口高端设备的相关政策法规及简化审批程序；四是加强军地合作，为民企在高端产品服务军方提供信息平台，促进军地融合发展。

部分园区管委会：建议从更深层次更宽视野来谋划科技创新综合改革

2014年4月8日，"中关村政策潜力"调研组到中关村分园区朝阳园、海淀园、丰台园、顺义园座谈。朝阳园、海淀园、丰台园、顺义园分别介绍了中关村示范区"1+6"政策和"新四条"政策实施效果，就政策执行中存在的问题和建议等与委员们进行了座谈交流。

朝阳园占地 26.1 平方公里，包括电子城东区、西区、健翔园、电子城北区、望京地区和垡头中心区，重点发展新移动、新能源和新医药产业。"1+6"政策实施以来，加快政策与资金技术、人才等自主创新要素对接，修订专项资金管理办法，重点支持园区重大科技研发和成果转化项目，加大对信息服务业的支持力度，2012 年产业发展资金增至 6000 万元，2014 年增加对"新三板"上市企业的资助。编制园区生态园规划、景观规划和道路规划；配合中关村管委会做好电子城 2.05 亿元老工业基地改造资金管理使用工作，组织申报年度专利及标准资助资金；实施人才特区建设，启动博士后创新实践基地。中居首，达到 230 万元/人，拉动研发中心和区域总部加速聚集。

海淀园是中关村国家自主创新示范区的核心区。经历次规划调整，海淀园目前占地面积 174.06 平方公里。2013 年，海淀区发布了战略性新兴产业技术路线图及三年行动计划，明确了导航与位置服务、移动互联网与下一代互联网、云计算、集成电路设计、生物医药，发展态势强劲的新能源、新材料与节能环保产业，以及具有基础优势的文化与科技融合产业，作为地区重点培育的"1+6"战略性新兴产业，并提出了七大产业的近中期发展目标。海淀区贴近企业需求，集成支持政策，聚焦支持资金，出台加快核心区自主创新和产业发展"1+10"政策体系。2013 年，海淀区对"1+10"政策体系配套专项资金 20 亿元，重点支持了 1416 个自主创新和产业发展项目，七成以上资金投向了"1+6"重点产业。

丰台园总体规划面积为 17.63 平方公里，已入驻企业 4000 余家，上市公司 38 家。园区主动调控产业结构，不断提升经济运行质量，着重发展轨道交通、军民融合、应急救援、节能环保四大特色产业。园区依托于中关村创新服务平台，已形成了较完整的创新服务平台，在高新认定、项目申报、融资服务等方面形成了较为完整的服务体系。为更好落实"1+6"政策，园区还制定了扶持企业加速增长的"企业倍增计划"，区内开通绿色通道。

顺义园总规划面积 12.08 平方公里，初步形成特色鲜明、产业集聚、效益显著的航空航天、高端制造、电子信息、生物医药、文化创意和新能源新材料六大产业集群板块。举办"1+6"先行先试政策宣讲活动，制定规划建设实施方案，完成《中关村科技园区顺义园未来三年建设发展的实施计划

（暂行）》、《中关村顺义园新占用土地项目准入标准和审核办法（暂行）》、《中关村顺义园优惠政策摘要》的初稿工作组织新三板上市的政策宣讲和辅导顺义园开展了国高新和村高新的认定工作，共对80余家企业进行了认定。

4家园区充分肯定先行先试政策取得一定成效，为部分企业减轻了一些资金压力，对企业创新发展起到了促进作用。但政策落地中存在诸多障碍，政策开口过窄，缺乏配套政策和实施细则，地方话语权有限等问题影响了政策落地的整体成效。委员们认为，这些问题的解决需要从更深层次更宽视野来谋划科技创新综合改革。委员们呼吁，中关村要破除制约核心区科技创新的体制机制束缚，扫除科技创新的体制机制障碍，开展全方位、宽领域、深层次的"一揽子"综合改革试点，为实施国家创新驱动发展战略，发挥引领示范、辐射带动作用。

委员们提出以下建议：一是应明确中关村发展定位。北京市要深入研究城市发展战略定位，核心区也要加紧谋划、充分发挥科技创新优势，走在新一轮科技创新驱动发展的前列。二是政府职能由科研管理向创新服务转变。加快培育企业技术创新主体，由单纯的政策优惠和政策突破逐步向制度创新转变，加快构建创新服务体系。三是加快金融创新步伐，要进一步发挥金融创新对科技创新的引领和撬动作用，适度放宽对互联网金融的监管，率先形成社会资本通过网络众筹投向科技型、创新型、创业型企业的资本筹集机制，加快推进科技型企业上市步伐，尝试开展银行类专营机构业务创新试点。四是进一步拓宽融资渠道。突破企业境外融资、跨境并购面临的资本自由进出的政策瓶颈，逐步构建资本双向自由进出的良好政策环境。

部分园区管委会座谈

2014年4月10日，"中关村政策潜力"调研组与园区管委会座谈。

石景山园区、昌平园区、亦庄园区、怀柔园区管委会代表分别介绍了园区发展情况、工作机制和先行先试政策的执行情况，以及过程中反映出的问题和完善政策的意见建议，并就相关问题与委员进行了座谈交流。

据介绍，自2013年中关村示范区扩大为一区16园之后，各分园区发展迅猛，产业特色鲜明，开发建设稳步推进，纷纷在优化空间布局，加强功能区建设，完善创新驱动环境，聚集创新要素等方面做出大量工作。几家分园区也表示，在发展中遇到了一些问题，一是在落实政策方面认为产业用地出让模式需要改变，部分企业将产业用地擅自转让的问题必须得到控制。二是税收转移问题亟待解决。

委员们建议，一是政府应转变观念，在政策扶持要明确定位，过去实行"浇苗"政策要转变为"浇地"政策，即变扶植某个企业或项目转变为培育创新氛围，鼓励发展品牌战略。二是政府要积极引导、鼓励创新型企业重视知识产权税，依靠专利、品牌盈利，使创新真正成为企业生存壮大的盈利点。三是调整免税模式。一些科技型企业在前期研发时并不赚钱，政府给予的免税政策形同虚设，而后期企业运营顺利开始盈利时免税期又过时了。现行科技创新型企业的免税政策应作适当调整，使企业真正得到实惠。四是在园区产业用地不能转让的情况下，租用期限设定应适度缩短，便于园区对企业的监督。

科研院所座谈：股权激励政策仍需深化操作流程

2014年4月15日，调研组赴中国科学院、中国医学科学院等机构调研。中国科学院技术转移中心、中国医学科学院药物研究所、中国电力科学院科技部、北京市农林科学院、北京市环境保护科学研究院分别介绍了各自研发模式、经费使用、人才激励、协同创新机制、科研成果转移和评估体系等情况，就落实"1+6"政策以及存在的一些问题与委员们进行了座谈交流。

5家院所普遍认为中关村示范区"1+6"政策在激发科技人员创新热情，促进自主创新工作开展，加速科技成果向现实生产力转化等方面产生了积极影响和推动作用，但在科技成果研发和转化中依然存在一些困难和瓶颈。主要有以下几个方面：一是由于政策的局限性，仍有不少科技人员没能享受股权激励政策。科研院所用无形资产出资成立企业时，需要缴纳企业所得税，对研究所构成较大压力。二是科技成果收益政策设计不科学。2011年，财政部对中央级事业单位科技成果处置权和收益权管理进行改革，简化800万元以下科技成果处置流程，成果处置收益调整为分段按比例留归单位。但目前5000万元以上部分全部上缴财政部，限制了事业单位运营其参股企业收益的积极性。三是现行机制体制限制了科研人员的有效流动，科研人员难以随成果进入企业，并根据企业的发展不断改进技术提供技术服务，制约了科技成果的顺利转化。四是中试资金断层问题突出。目前，我国研究开发、中试、成果商品化三者资金投入比例仅为1∶1∶10，由于经费投入比例不协调，大部分科技成果大多数缺乏中试环节，造成科技成果的技术风险加大，产业化的不确定因素增多。五是技术成果使用权评估缺少法律保护。技术转让包括转让所有权和转让使用权，对于专利实施许可、技术秘密使用许可等转让使用权的情形，尤其是普通许可的资产评估，法律法规并无明确规定。如果进行资产评估，将严重影响技术转让的效率，支付不菲的评估费用。六是技术市场认定周期过长与国税机关免税手续办理时点之间的矛盾给科研院所的正常运转带来了较大影响，加重科研院所的纳税成本。七是研究机构的领导很多是研究领域科技骨干甚至为学科带头人，但目前对他们按照党政机关处级领导干部管理，限制在其研究领域与成果转化相关科技企业出资（持股）以及担任企业董事、监事等职务，不利于相关科技成果转化。

委员建议，一是进一步放宽事业单位成果处置权和收益权政策，加大股权激励力度，合理设计税收减免政策，最大限度释放科研活力，进一步放宽5000万元以上部分科技成果政策，提高事业单位留成比例，提高其对科技成果转化的积极性。二是建立有效的科研人员流动机制和评估奖励机制，鼓励研究所的博士到企业挂职锻炼，健全技术转移行业从业人员的考核和职称评定标准，增加技术转移中高级职称评定。三是加大对科技成果转化中试包括专利转化的政策支持力度。四是加大对企业开展基础性研究的投入和政策支持，多为企业提供参与国家基础性、前瞻性、战略性研究的机会，创造宽松的环境和基础条件，充分发挥企业熟悉市场、兼具产研双重功能的优势，提升我国自主创新能力。

委员们建议，政府部门和全社会积极营造鼓励创新、允许等待、宽容失败的科研环境，倡导敢于质疑、敢于争鸣、敢于辩论的研讨风气，确保科研人员在干净、宽松的科研环境下拥有更多的有效创新时间，真正投身到科技创新工作中。

高等院校座谈：需进一步健全市场法规和市场运作机制

2014年4月17日，调研组与高等院校座谈。北京工业大学、首都医科大学、清华大学、华北电力大学、北京科技大学、北京航空航天大学代表分别介绍了中关村"1+6"政策、"新四条"系列先行先试政策在高等院校的执行情况、存在的问题和完善政策的相关建议，并就相关问题与委员进行了座谈交流。

据介绍，北京工业大学目前共有29家科技企业，其中11家全资企业，3家控股企业，15家参股企业。目前这29家企业享受的中关村优惠政策比较少。老师的科研成果并没有以股权的方式进入企业，大多数专利是以一次买断的方式实现的。学校目前正在进行高新技术企业认定和管理改革工作，包括如何更好地利用中关村的"1+6"政策等。

清华大学有3家上市企业，13家参股企业，企业一年的产值总和能达到400亿元左右。中关村的各项政策在清华大学落实得比较好，主要的障碍集中在国有资产所有权方面。存在的问题一是虽然每年的初创企业比较多，但是企业成长之后往往只是将研发中心设置在北京，生产部分会外迁，对北京来说真正有产值的效益都流失了；二是市场在促进科技成果转化中的作用还没有完全发挥出来；三是科技成果转化之后，并没有立即变成价值，实际是企业的一种成本而非收益。

首都医科大学从2012年起成为中关村股权激励试点单位，但是目前股权激励政策还没有利用起来。主要原因是股权激励政策奖励额度较低，很难调动老师的积极性。学校科技成果转化中面临的问题一是很多激励措施临床享受不到，医院的科技成果转化困难；二是知识产权保护工作中专利维护费用支出逐渐增多。生物医药是首都医科大学的重点学科领域，学校希望通过开放生物医药创新平台，规范操作流程，为北京医药企业提供技术平台。

华北电力大学作为一家部属高校，科技成果转化工作只是参照中关村"1+6"政策和"新四条"政策，主要是按照财政部的相关政策实行。学校实施技术转移的主要方向是发明专利和实用新型。科技成果转化的基本原则：一是单向转让费用不得低于5万元，二是后期维护费用实行一事一议。工作中存在的问题：一是高校的科技成果处置权和收益权比较少，二是科技成果入股的股权比例比较低，三是科技成果处置不规范。

北京科技大学认为，科技成果转化过程中，股权比例不是解决老师积极性的根本问题，与企业的合作能否真正成功以及合作过程中学校和老师的收益如何保障是很重要的两个问题。可以通过给予老师股权和现金补贴，配套成立研究开发中心或者实验室的途径，充分调动技术持有人的积极性。此外，科技成果转化中，存在科学技术人员身份待遇尴尬、政策缺少实施细则、缺乏国家层面的国有资产处置法规、缺少高水平科研成果转换人员等问题。

北京航空航天大学根据中关村相关政策，运用了科技成果转让、许可和对外投资三种技术转让形态成功地进行了科技成果转化。指出股权激励政策中，学校除了现金、分红、期权、股权以外，还可以通过存量科技成果以高校名义入股的方式获得股权激励。

北京市技术市场协会研究认为，高校科研成果转化存在"1+6"政策作用没有达到预期、鼓励科研人员创新创业的激励机制和高校科技成果评价机制不健全、高校与企业技术对接效果不佳、高校科技成果转化和转移的组织机构不明确、技术合同认证等级制度还需要进一步完善等问题。认为政府要有通盘考虑，政策应上升到国务院层面，各部委紧密配合保证政策落地。要营造科技政策发展环境，建立北京地区的科技创新政策体系和服务体系。

委员们建议：一是健全市场法规和市场运作机制，处理好科技市场发育的问题，强调通过市场手段促进科技成果转化，解决资源配置中缺位的问题。二是制定一些普惠性政策，解决市属高校和市属企业在科技成果转化中存在的困难，体现出政府对高校企业的投资和支持。三是产业创新需要政策各个链条之间的协同创新，做好统筹协调，实现全链条、全方位、全要素的成果转化。四是产业结构调整中，支持高校和企业的联合，提高科技中介组织的地位，通过政策法规明确技术中介人员的身份和地位，在大学设置科技成果转化工作，促进科技中介的发展。五是促进科技成果转化中处置权、收益权、分配权和所有权统一问题，建立各方公认的知识产权评估评价体系。

北京经济技术开发区 5 家企业座谈：
政策需进一步细化

2014 年 4 月 23 日，调研组与北京经济技术开发区 5 家企业座谈。龙创信恒（北京）科技有限公司、达涅利冶金设备（北京）有限公司、蓝星（北京）化工机械有限公司、北京云电英纳超导电缆有限公司、中金数据系统有限公司分别介绍了各公司基本情况、项目研发、成果推广以及创新中遇到的困难和思考与委员们进行了座谈交流。

座谈中，5 家企业对中关村"1+6"政策实施给予肯定，认为这些政策为企业创新给予了支持，也不同程度享受到了政策优惠。企业也认为政策落地中存在以下问题：一是研发投入扩大，企业负担增加。市场千变万化，项目研发及成果转化成功与否存在很多不确定因素，企业要承担很大的市场风险。二是对创新成果的保护不够。企业经常遇到各种各样的知识产权侵权案件，遭受巨大的经济损失。但靠企业的力量很难维护自身的合法权益。三是政府为企业提供市场信息和动向分析不够。一些主导行业出现一窝蜂地投入，易导致一个朝阳产业迅速陷入恶性竞争。四是政策的出台缺乏企业论证环节，决策过程不够透明。五是股权激励在国有控股企业的执行受限于某些国企政策，无法操作。

委员们建议，一是面对企业性质和类型的不同，股权激励试点政策要更细化，科技政策的规划制定应更长远，机制更灵活。目前的五年规划期限较短，容易使科技研发项目陷入短视的境地。二是在中关村创新驱动发展、北京"四个中心"战略定位以及京津冀协同发展的大背景下，应尽快出台三地协同的具体实施细则，如合作项目的免税、金融和财政支持等，方便企业制定自己的发展规划。三是为实验室前沿技术开展市场测试评估。高校科研人员的研发成果需要市场检验，要研究高效科研与市场对接的机制建设。四是政府在知识产权的保护上要加大力度。五是建议政府部门要简政放权，发挥政策引导和信息支持的作用，充分尊重和运用市场的规律，顺应市场在资源配置中发挥决定性作用。

中关村科技型企业座谈

2014年4月24日,调研组与中关村科技型企业座谈。北京信威通信技术股份有限公司、北京诺思兰德医药科技有限公司、钱袋网(北京)信息技术有限公司和中关村科技租赁有限公司的负责同志分别介绍了企业发展的基本情况、发展中面临的主要问题和中关村先行先试政策在企业中的执行情况,并就相关问题与委员进行了座谈交流。

据介绍,北京信威通信技术股份有限公司成立于1995年,致力于我国自主知识产权的无线通信技术的研发和产业化,创立了多项国家和国际通信标准。北京信威曾荣获国家科技进步一等奖、中国专利金奖、信息产业重大技术发明奖等多项殊荣。目前,与清华大学合作开展小卫星研发,项目得到中关村发展集团支持。

北京诺思兰德医药科技有限公司成立于2010年,建有融合蛋白、基因载体和生物大分子纯化三大核心技术平台,正在开发5个具有自主知识产权的生物技术新药,已申请近20项专利,获得11件发明专利授权,其中2个新药分别处于Ⅲ期与Ⅱ期临床研究阶段,有3个新药项目处于新药临床试验申请待批阶段。2009年通过新三板上市,企业解决融资增资难题。企业在产业化中也得到中发展集团的资金扶持。

钱袋网(北京)信息技术有限公司专业从事移动支付产品研发、业务运营等第三方支付服务。企业针对电子银行有一整套成熟的安全解决方案及产品体系,同时还为银行提供手机STK银行和WAP银行业务,是国内金融业专家级的产品和服务供应商。其产品面对中小微商户,2013年得到中关村发展集团资金支持。

中关村科技租赁有限公司作为中关村发展集团下属子公司,是国内首家科技租赁公司(以下简称中关村租赁)。公司具有租赁销售、租赁融资、设备出租、租赁中介四大业务模式,提供集群租赁、厂商租赁、风险租赁、新设备及厂房直接租赁、售后回租、经营租赁、创投租赁七大业务产品,开展"银租通"、"投租通"、"保租通"三项增值服务。成立一年多来,为中小科技企业解决融资、运营中的困难,负责为企业提供咨询服务。但在发展中企业也遇到了一些困难,因为没有被认证为金融机构,中关村租赁享受不到金融机构的扶持政策,所得税也被定额为25%,而其扶持的95%以上的企业都是缴纳15%所得税额度的企业,中关村租赁希望能够参考享受金融机构的待遇,以期可以更加有效地发挥放大政府资金、扶持科技型中小企业的作用。

委员们建议,一是政策制定时应充分考虑到其相关联性、匹配性和协调性,现行政策应根据社会环境的变化做出与时俱进的调整。例如应制定更加灵活的、适应当下形势的户口指标政策,给企业留出对应届毕业生观察考核的评估期,以便于企业留住真正优秀的人才。二是中关村先行先试政策使企业得到很多实惠,但在落地时仍需制定更加符合政策导向的细则引导。三是政府应通过顶层设计,用减免税的方式鼓励企业以天使投资的形式支持科技创新型小微企业,从而达到鼓励创新创业,建设良好的创新生态环境。

产业篇

第九章 应对国际金融危机 促进北京高新技术产业发展调研[①]

按照市政协关于开展"扩内需、保增长,促进首都经济平稳较快发展"调研的总体要求,科技委员会于2009年2~3月,与民革、民盟、九三学社北京市委组成联合调研组,深入高新技术企业进行调查研究。调研组实地视察了联想、同方威视、中芯国际、京东方科技、神雾热能等高新技术企业,分别召开了碧水源、绿创、九强、突破电器等中小科技型企业代表,市科委、中关村管委会等政府相关部门座谈会,并特别邀请了有关经济和财税方面的专家。此次调研活动共组织8次,参加委员达163人次。现将有关情况报告如下。

一、国际金融危机对北京市高新技术产业的影响

受国际金融危机影响,2008年第四季度中关村高新技术产业增速明显放缓,由1~8月同比增速的23.5%,降为11月份的18.2%,全年同比增速仅为12.4%,是历史最低水平。2009年高新技术产业增速继续回落,1~2月中关村科技园区工业总产值399.3亿元,同比增长为-27.1%;总收入为1082.7亿元,同比增长-8.8%;出口总额25.7亿元,同比增长为-21.9%;产品销售收入603.8亿元,同比增长为-27.0%;利润总额为39.5亿元,同比增长为-48.7%。

据调查了解,金融危机对北京市高新技术企业的冲击普遍存在,受影响

---

① 本研究于2009年由市政协科技委员会联合调研组完成。

较大的是出口制造型企业，京东方科技集团2008年全年销售收入同比下降31%，中芯国际集团70%产能放空，联想、同方威视海外业务大幅下滑，出现亏损局面。中关村亦庄园以外向加工业为主，2008年增速为-6.8%，2009年1~2月增速为-35.4%。受影响相对较小的是服务研发型企业，2008年中关村海淀园的服务研发型高新技术产业增速达20.2%，2009年1~2月也出现了负增长。调查中发现，拥有自主知识产权的节能环保型企业，在危机背景下逆势上扬。如神雾热能是一家民营企业，以煤炭、石油、天然气等化石能源的高效燃烧与高效深加工为主营业务，他们生产的蓄热式冷凝锅炉等几项具有国际领先技术产品，2008年全年销售收入同比增长了75%，2009年1~2月已签订各类订单1亿元，预计全年可实现50亿元的订单收入。

二、当前高新技术产业面临的突出困难

据调查了解，当前高新技术产业发展面临着一些突出困难：一是政策优势趋于弱化。实施企业新税法后，中关村高新技术企业不再享有"三免三减半"的优惠政策，也未能享受"五加一"地区"二免三减半"的政策，中关村原有政策优势不复存在，对聚集创新资源和吸引创新人才形成了不利影响。二是创新环境优势减弱。北京市高新技术企业发展环境与外省市相比有一定差距。调查中多数企业反映，北京审批项目成本高、速度慢，同样一座研发大楼，在湖北省园区内仅用28天，而北京却要用280天甚至更长的时间。南京市给高新技术企业的土地价格十分优惠，吸引北京高新技术企业"孔雀东南飞"。随着近几年中关村土地价格、人力资源成本持续上升，园区政策优势不断减弱，企业外迁现象明显增多，影响了高新技术产业发展总量和增速。三是高新技术企业重新认定使企业总量大幅减少，全市高新技术企业由20524家锐减为11612家，其中重新通过认定的2634家，仍在有效期内的8978家。高新技术企业总量的减少影响了中关村经济总量和增长速度，特别是严重影响了新创办企业积极性和创业投资者的信心。四是中小型科技企业融资难度加大。为规避风险，银行多青睐大企业、大项目，对中小企业设置门槛较高。据统计，2008年总收入在千万元以内的科技型中小企业，获银行

流动资金贷款不足总数的2%。财政拉动内需资金多倾向于国营大企业，中小企业基本不沾边，大企业拖欠中小企业账款现象也较为严重。证券市场基本停发新股，2007年中关村在境内外上市企业有20家，2008年仅有6家。融资渠道受限使中小型科技企业难渡寒冬，创新资本不足，从深层制约着企业创新活力。

三、应对危机促进高新技术产业快速增长的建议

调研组认为，大力推进科技创新，确保首都高新技术企业较快增长是应对危机的有效措施。保企业，就是保增长、保就业，要时不我待，行动快、力度大、作风实。为此提出以下建议：

（一）加快高新技术企业认定

一是完善高新技术企业认定工作机制，积极创造条件，帮助基本符合条件企业尽快达标，通过认定。二是对认定过程中的企业实行"先免后征"的办法，以减轻企业负担。三是对有创新活力和市场前景，暂不符合认定条件的企业，政府要拿出资金给予贴息贷款、人才退税、项目补贴等方面的支持。四是恢复对企业新技术、新产品认定给予3年免税的政策。五是鼓励符合条件的技术转移服务类企业参与认定享受所得税优惠政策。六是对于不能认定的初创科技型企业，给予高科技企业孵化器3年的支持力度，帮助它们快速成长。

（二）切实落实对高新技术企业帮扶解困措施

一是对有战略发展前景的企业，如京东方、中芯国际等，政府要给予补充资本金和政府贴息等优惠政策支持。二是建立科技企业解困基金，重点对中小型科技企业给予经营运行、开拓市场、保障就业、融资渠道等方面的支持。三是加强对全市重点高新技术企业运行监测，建立帮扶机制和绿色通道，及时解决土地、资金、项目等方面的困难。四是从政府拉动内需资金中拨专

项,对于利用技术创新寻求高端转型的企业给予大力支持,提高企业的技术开发和工程化集成能力,促进企业产业升级和结构调整。五是对技术创新产业化获得经济效益企业给予一定的奖励。

(三) 全力引进国家重大科技专项落户北京

一是建立由主管市长牵头,市科委、经信委、财政局等部门组成的重大专项工作机构,加强重大专项的组织实施、协调管理、资金跟进和监督保障工作。二是加强与中央企业、军工企业高层的沟通与合作,集中优选和承接一批重大科技创新和科研设施项目,加大政策支持力度。三是切实支持民营科技型企业直接参与和承担国家重大科技专项、科技基础设施以及有关科技计划项目。

(四) 大力推进首都信息化产业发展

一是促进电子政务、电子商务、企业信息化建设,以带动信息制造业及物流、金融、现代信息技术等服务业发展。二是政府要设立软件产业发展专项基金,制定 5 年不低于 10 亿元的扶持软件产业发展规划,以此带动企业、社会对软件产业的投入。三是明确软件企业认定视同于高新技术企业认定,并享受减免 10% 企业所得税的优惠政策。

(五) 争取国家层面的支持,实施结构性减税政策,为产品更新换代、产业结构升级、发展方式转变注入体制机制活力

一是将增值税转型扩大到物流、金融等现代服务业范畴。二是对享受进口设备免税政策的企业(如中芯集团),取消增值税的"先征后抵",以减轻企业运转成本。三是将企业技术改造、研发费用的自有资金纳入所得税抵扣范畴,加计抵扣企业无形资产,免征、减征企业技术转让所得,政府投入要免征企业所得税。

（六）加大政府采购和财政补贴力度

一是扩大自主创新产品纳入北京市行业标准和政府采购目录，特别是在新型能源、电子信息、生物医药、节能减排、环境保护等领域通过政府首购、订购、首台套等政策，促进科技成果在京转化。二是"家电下乡"财政补贴力度可由13%提高到15%，并做好配套服务，方便农民购买。三是在北京市农村开展"信息化三下乡"工作，加大农村地区信息网络基础设施建设，市区两级财政拿出专项资金补贴农民上网资费，并做好技术培训工作，快速提升农民电脑和信息化技术普及率。

（七）尽快建立高新技术产业投融资服务平台，加大融资担保资金规模，以带动银行向中小型科技企业的贷款放量

完善企业担保信用体系建设，放宽中小企业贷款条件，以应收账款、知识产权等流动、无形资产作为质押担保。推进创建股权转让和债权融资平台，尽快启动创业板，使具有创新能力的优质中小企业与资本市场直接对接，切实解决中小企业融资难的问题。

（八）为高新技术产业发展提供更优质的环境和服务

一是改革政府各类审批制度，减少程序、提高效率。在危机背景下，要打破常规，在土地、资金、项目上快审、快批、快办，开辟更多的绿色通道。二是要抓住国务院批复中关村为国家自主创新示范区的契机，迅速在金融、股权、科研、国家重大专项、成果转化等方面启动新一轮的改革。三是研究建立对示范区内的高新技术企业给予免征、减征税收优惠政策，以营造有利创新的"小气候"环境，吸引聚集各类创新要素，提高企业竞争力，形成特色鲜明的高新技术产业集群区。

（九）支持高新技术企业吸纳海内外优秀人才

一是对引进国际高端人才的企业给予贴息贷款、个人所得税抵扣、国民待遇、出入境绿色通道等优惠政策。二是对吸纳大学生就业的中小型科技企业给予补贴政策。三是对企业高端人才在住房、户口、子女入学等多方面给予优惠政策。

【北京调研案例分析】

联想集团和同方威视技术股份有限公司

2009年2月18日,科技委员会"扩内需、保增长,促进首都经济平稳较快发展"调研小组深入联想集团和同方威视技术股份有限公司调研。委员们考察了公司品牌体验中心等处,并分别与两个企业的负责人就当前金融危机影响下,高新技术企业面临的困难、采取的对策以及希望政府给予的支持等问题进行座谈交流。

据介绍,作为国际化现代高科技企业,联想集团和同方威视进入21世纪以来,营业规模始终保持着较高的增长势头,在国际市场也取得了骄人的业绩,海外市场份额的占有率逐年提高。但随着金融危机的进一步蔓延,在全球经济动荡的形势下,企业的销售额下降趋势明显,两家企业综合营业利润的下降幅度均达到20%以上。金融危机给企业带来的影响主要表现在:一是各国采购预算锐减,购买力整体下降,致使海外销售受到严重影响;二是欧美价格战升级,增加企业的经营成本;三是贸易保护主义回潮,许多国家,采取反倾销、反补贴以限制进口;四是国际贸易的标准化对资质和质量有了更加严格的要求,市场准入的技术壁垒明显增多。2009年,金融危机给企业带来的影响将进一步扩大,企业也在积极采取措施应对危机:一是加强海外深度开发与规划,巩固已有市场,实现再次销售;二是调整国内市场开发部署,发掘重点市场的增长机会,获取市场增量;三是加快产品研发和产业升级,增强企业的科技竞争力,开拓新兴市场。

两家企业认为,危机给企业经营带来前所未有的困难,但也孕育着新的机遇,要积极采取措施,加大研发,储备人才,为抓住下一轮经济增长机遇奠定基础。为此,希望政府能够出台吸引全球高素质人才的政策,如借鉴香港地区和新加坡的相关政策,缓解我国较高个人所得税给引进高端人才带来的障碍。同时,对有潜力的项目、企业升级改造及研发基础建设,给予一定的政策和资金支持。

在座谈中,委员们就企业如何扩大国内市场、争取更多政府采购项目、进一步探索企业与科研院所的产学研合作等交换了意见。

市政协有关领导提出，16个国家重大科技专项的启动，为企业摆脱困境，创造新的经济增长点带来机遇，希望企业能抓住机会，主动出击。两家企业提出的困难比较客观、制定的对策也比较周密。对于出台政策鼓励企业引进高端人才的建议，市政协会进一步了解这方面的情况，向政府提出有利于人才引进的可行性建议。同时，希望企业能将经营中遇到的困难与我们做进一步沟通，市政协愿意在这个特殊时期，为企业渡难关提出更多的建议。

京东方科技集团和中芯国际集成电路制造（北京）公司

2009年2月20日上午，科技委员会"扩内需、保增长，促进首都经济平稳较快发展"调研组到京东方科技集团股份有限公司和中芯国际集成电路制造（北京）有限公司调研。听取了两家公司负责人关于公司基本情况的介绍，参观了京东方展示中心和中芯国际生产线，并就金融危机对企业的影响等问题进行了座谈交流。

据介绍，京东方科技集团创立于1993年4月，是国内唯一拥有完全自主知识产权的生产薄膜晶体管液晶显示器件的企业。据介绍，2008年，公司销售收入同比下降了31.1%，净利润同比下降了176%，出口额同比减少了31%。2009年，京东方将实施生产线技术改造加快产品结构调整，并通过提升技术和管理水平，降低经营成本，以渡过"危机"。目前，各面板厂和整机厂库存正待消耗，预计随着面板行业传统旺季的到来，2009年下半年会有较好的市场预期。公司当前面临的困难主要是现金流短缺，希望政府在企业融资、税收优惠、研发投入等方面给予更多的政策和资金支持。

中芯国际集成电路制造（北京）有限公司生产的集成电路是信息产业和高新技术的核心，是推动国民经济和社会信息化的关键技术。2008年下半年，受国际金融危机影响，公司全年销售收入同比下降了13%。公司面临的主要困难：一是国际市场低迷，订单严重不足，70%产能放空；二是2009年要偿还银行2.2亿美元贷款，资金压力增大；三是增值税转型增加了企业的经营成本，公司之前进口设备享受免税的优惠，现在需上缴增值税后再返还，由于设备价格昂贵，导致在押资金将以亿元计算，无形中增加了企业的现金流压力。为应对金融危机，企业采取了积极的措施：一是增加用于高等级产品产业化的资本支出，加快技术提升步伐，增加产品的附加值；二是加大市场开发力度，在寻取国外订单的同时，千方百计开拓国内市场；三是承接国家重大专项65纳米和32纳米全套工艺的攻关任务，组建北京集成电路联合实验室，为北京的设备材料行业提供工艺验证与考核平台。

委员们认为，液晶显示器和集成电路是国家重点支持发展的战略性产业，虽然在金融危机影响下，面临外需萎缩、出口下降等困难，但国家的经济刺激计划给企业带来了希望，要坚定信心，放眼长远，加大科技研发和技术创新，努力提升企业的市场竞争力。委员们建议：一是加大政府的采购力度，帮助企业开拓国内市场；二是协调解决企业融资问题，并全力支持第8代薄膜晶体管液晶显示器件生产线项目资金方案；三是建议设立国家产业基金，将平板显示列入国家重大专项，对本土核心 TFT – LCD 企业给予资本金支持；四是对企业增资扩产项目给予贷款全贴息政策；五是减免征收进口设备材料检验检疫费；六是加大"双高"人员个人所得税返还奖励力度。

市政协有关领导指出，科技委在组织调研过程中选择的企业具有很好的代表性，让我们真切了解到我国高新技术企业的发展现状和存在的实际问题。当前，企业面临的经济形势是复杂而严峻的，但危机中也存在着机遇，要抓住这个机会，完善自主创新体系建设，加快技术创新步伐，在高端科技领域积极赶超世界先进水平。

北京神雾热能技术有限公司

2009年2月24日上午，科技委员会"扩内需、保增长、促进首都经济平稳较快发展"调研小组到北京神雾热能技术有限公司调研。观看了公司技术产品的展示，听取了公司关于企业应对金融危机的情况汇报，并进行了座谈。

据介绍，北京神雾热能技术有限公司属民营高新技术企业，以煤炭、石油、天然气等化石能源的高效燃烧与高效深加工为主营业务。10多年来，以其独有的蓄热式高温空气燃烧技术改造国内的加热炉和热处理炉，每年为国家节约燃料700万吨标煤，减少二氧化碳排放1700万吨。2008年，通过产品研发，掌握了生产蓄热式玻璃窑、蓄热式冷凝锅炉（拥有专利）、蓄热式直接还原转底炉等产品的领先技术，并进入产业化阶段。该产品已销至印度尼西亚、瑞典、印度、中东等国家和地区。正是对市场的准确预判和大力研发新产品，使该企业在金融危机深度影响实体经济的情况下，销售收入与2007年同比增加了75%，随着经济刺激措施的陆续出台，2009年的经营业绩继续稳步增长。但由于上下游公司出现资金紧张的情况，拖欠应付账款和资金不足成为困扰企业发展的主要问题。另外，神雾公司实验室项目的审批程序运行较慢，迟滞了企业的发展。

委员们认为，政府应大力支持在节能减排领域做出贡献的企业。北京有6000多台采暖锅炉的使用量，若采用新型高效燃烧锅炉不仅可以降低使用成本，还能进一步减少大气污染。政府有关部门应加快神雾实验室项目的审批，促使环保型项目真正落地北京，为企业解决实实在在的问题。同时要与企业共同制定产品国家级标准。政府拿出一部分资金实行首购和认购，促进高新技术的推广和应用。

市政协有关领导指出，为贯彻落实市委全会精神和市政协常委会工作要点的要求，市政协组织"扩内需、保增长，促进首都经济平稳较快发展"调研组到企业了解情况，听取意见，通过调研和座谈很受启发，神雾公司在经济不景气的形势下，依然能够保持较好的发展势头，令人鼓舞。神雾公司的经营宗旨与北京节能环保的发展理念相吻合，具有很好的推广意义，可以通过政府采购的途径推动产品的应用，对公司实验室项目落地的问题也要加快解决。他强调，下一步要对企业反映的问题加以归纳、分析，在3月下旬提出具体建议，为政府决策提供依据。在此期间，希望委员们认真思考，不仅是为了解决现实危机的影响问题，也为了我国经济社会的长远发展建言献策。

"扩内需 保增长"调研组第一次座谈会

2009年2月26日上午,"扩内需、保增长,促进首都经济平稳较快发展"高新技术产业调研组召开第一次座谈会。碧水源科技股份有限公司、九强生物技术有限公司、突破电气有限公司和北京绿创环保集团等企业负责人就当前企业遇到的困难、应对危机的措施等问题作了情况介绍,并与委员们进行了座谈。

企业负责人认为,世界金融危机已对实体经济,特别是处于快速发展阶段的中小企业造成较大影响。具体表现为:一是因市场萎缩及成本升高,企业增长速度明显放缓;二是企业融资仍是一个突出的问题,关键是大量的应收账款收不上来特别是大企业拖欠中小企业的应收款,给中小企业带来巨大的资金压力。

企业家们认为,金融危机在对企业发展造成不利影响的同时,也为企业产品升级、调整结构、做大做强提供了机遇。为应对金融危机,确保稳定增长,各企业已采取了多项措施:一是深化自主创新,努力提高企业产品竞争力;二是加大吸引国际高端人才的力度,扩大产学研合作,为企业发展奠定更好的基础;三是积极开拓国内市场,拓展新的发展空间;四是充分利用扩内需的机会,大力宣传自己的品牌,提高知名度。

与会委员认为,历次经济危机证明,摆脱困境,催生新的社会需求,根本出路是科技创新。为应对危机,美国已确定了将新能源作为重点支持和发展的产业,通过产业创新推动经济发展。市委市政府应大力推进科技创新,加大科技投入,对重点行业、重点企业及高新技术企业予以重点支持,特别是要振兴具有革命性的产业,如新能源、新技术材料等,政府投资不能"撒胡椒面",更不能成为"解困扶贫"的慈善资金。

委员们建议:一是进一步推进以市场化为取向的改革。结合政府机构改革,逐步减少行政权力对微观经济活动的干预,深化经济体制改革,政府不仅要为拉动内需投入巨额资金,更应该为企业提供更好的服务,如加快审批项目,提高行政效率,为企业引进人才、拓展市场提供支持等。二是抓住机遇，推动以企业为主体，以市场为导向，产学研相结合的创新体系的建设，下大力气改变科技与经济相脱离的现象，科研投入要向企业倾斜，鼓励企业加大研发力度。三是要切实为企业减负。政府应尽快出台有关减少企业税收负担和给予税收优惠政策的方案，特别是中关村企业应继续享受已有的优惠政策，并根据新的情况制定新的优惠政策。要切实制定针对人才、财税金融、政府采购，以及知识产权激励和保护等政策，让企业见成效、得实惠。四是尽快启动创业板，解决中小企业融资难问题。五是政府应大力支持企业品牌建设，特别是产业设计标准应纳入到创新品牌建设之中，要给优质企业创新产品设计权，要为企业进入设计研发高端创造条件。

"扩内需 保增长"调研组第二次座谈会

2009年3月3日上午，科技委"扩内需、保增长，促进首都经济平稳较快发展"调研组召开第二次座谈会。邀请市发改委、市科委、市工促局、中关村管委会相关部门负责同志向委员们介绍了政府部门应对金融危机采取的措施等情况。

市发改委介绍了2009年全市高新技术产业"扩内需、保增长、促发展"的主要措施。一是协调推动触控手机模板等重点项目加快实施；二是推进电动环卫车等中关村自主创新项目进入政府采购；三是申请高新技术项目争取国家政策和资金支持；四是促进科技和资本对接；五是研究建设"科技北京"行动计划等促进产业发展的政策措施。

市科委认为，应对危机必须依靠科技创新增强自主创新能力，实现扩内需、调结构、保增长的目标。2009年全市科技工作的重点：一是大力促进首都研发与技术转移服务业发展，力争2009年北京技术市场达到30%以上的增速，使技术合同成交额实现逆势增长力争突破1300亿元；二是大力促进科技成果在京转化，力争实现吸引新增产业投资意向100亿元以上；三是实现首都科技创业服务工程，推动以创业促就业，2009年完成包括大学毕业生在内的创业培训人数达到30万人次以上。

市工促局认为，2008年，受国际金融危机的影响，全市工业经济运行呈现出先高后低的走势，下半年工业生产增速持续回落、出口增速持续下降、实现利润增速急剧下滑、工业投资大幅下降、高端产业拉动减弱。面对2009年严峻形势，工业系统必须积极应对挑战，确保全市工业生产正常运行。一是在明确分工与责任的基础上，从抓紧当前具体工作和着眼长远构建体制机制两个方面努力实现全市工业更好更快发展，监测重点大企业和百户中小企业运行情况，加强有针对性的协调服务；二是全力抓好重大项目引进和建设；三是扩大内需，加强工业产品市场开拓；四是建立健全投融资平台，为企业提供金融支持。

中关村科技园区管委会认为，2008年中关村科技园区受国际金融危机的影响，2008年第四季度以来增速明显放缓，全年12%左右的增速为历史最低。针对这一情况，按照市委市政府的要求，中关村2009年以"建设国家自主创新示范区、保增长、促发展"为工作主题，持续改善创新创业环境、完善体制机制、聚集高素质人才、加强政府引导和服务，强化中关村以自主创新为核心的发展模式，大力扶持重点高新技术企业成长。

委员们对市发改委、中关村管委会、工业促进局、市科委在应对金融危机中所做的工作表示肯定，同时建议：一是科技资金的投入要向企业倾斜；二是政府有关部门要和企业形成合力，争取更多的中央项目和资金落户北京；三是大力扶持本市中小企业，采取放水养鱼的方针，为这些企业营造规范、诚信、公平的发展环境，要修改政府采购项目设计标准，使新技术产品能够进入招投标序列；四是政府出台各项政策，要注重实际效果，为企业健康发展创造条件。

"扩内需 保增长"调研组第一次研讨会

2009年3月5日上午，科技委"扩内需、保增长，促进首都经济平稳较快发展"高新技术产业调研组召开第一次研讨会。委员们就金融危机对北京市高新技术企业的影响和促进首都经济平稳较快发展等问题进行了座谈。

与会委员认为，世界金融危机对北京市实体经济的冲击，已开始显现，并有进一步扩大的趋势，受影响较大的是外向型制造业企业如京东方、中芯国际等，外需不足，产能下降，出现了较大亏损。一些具有自主知识产权、产品以国内市场为主的企业虽然保持一定增长，但新接订单减少，企业利润和增长速度与往年相比也有较大幅度的下降。由于金融危机引发的融资难，加剧了企业资金链的紧张状况，增加了企业运营和发展的难度。

委员们指出，出现上述情况，一方面是国际金融危机引发外部需求减弱，出口减少，这是直接的原因；另一方面，近年北京市现代制造业固定资产投资偏低，缺少重大项目的拉动，工业增长发展后劲不足和创新能力降低。使危机下问题凸显，困难加剧，这是自身的原因。再加之《高新技术企业认定管理办法》加重了企业负担，企业面临前所未有的困难。

委员们认为，保企业，就是保增长，保增长就是保民生。在当前经济困难的形势下，政府必须要快出手一系列政策，大力扶持企业发展，既要有当前摆脱困境的应急措施，又要有长远的发展规划。为此建议：一是保障市场。要积极扩大国内市场需求，政府应积极引导企业参与到全国及首都的扩内需建设之中。同时加大政府采购力度，要建立政府采购目录标准体系，要将新能源、环保等高新技术产品列入标准体系。二是切实解决企业融资困难的问题。应加大企业出口退税力度，加快高新技术企业认定进度，大项目投资要尽快落地，如京东方8代线，要快立项、快审批，政府资金要及时跟进。对企业流动性资金可给予政府贴息贷款，配合创业板的启动，做好相关企业上市准备，尽快建立科技银行等。三是调整扩内需的资金投入结构，加大对现代制造业的投入，积极引进和支持重大项目落户北京，通过大项目的引入，带动上下游中小企业的发展。应抓住央企资源整合的机遇，加强市政府与中央大企业的沟通，吸引央企在京建立产业基地，尽快做好配套资金安排。

委员们同时指出，在金融危机中，也有一些具有核心自主知识产权、与民生密切相关的企业逆市而上，取得了很好的效益。从历史看，科技创新是克服经济危机的主要手段，市政府也应抓住机遇，积极推动科技创新的体制改革，推动产学研结合，引导和推进中小企业通过技术革新和改造，提升自身竞争力，推动产业结构调整，转变经济增长方式。

"扩内需 保增长"调研组第二次研讨会

2009年3月17日,科技委"扩内需、保增长,促进首都经济平稳较快发展"高新技术产业调研组召开第二次研讨会。讨论《"扩内需、保增长,促进首都经济平稳较快发展"有关高新技术企业情况的调研报告(讨论稿)》。

与会委员认为,报告总体框架较好,高新技术产业现状和存在的困难表述准确,反映了调研的实际情况,问题分析比较到位,应对危机的建议体现了委员研讨的成果,是一份水平较高的调研报告。

委员们也指出,报告还要进行修改,现状和问题部分可以进一步精简,主要反映北京高新技术产业发展中带有倾向性的问题,建议部分应进一步整合,建议要具体可行。

"扩内需 保增长"调研组第三次研讨会

2009年3月19日,科技委"扩内需、保增长,促进首都经济平稳较快发展"高新技术产业调研组召开第三次研讨会。讨论《"扩内需、保增长,促进首都经济平稳较快发展"有关高新技术企业的调研报告(修改稿)》。

与会委员认为,报告第二稿有了很好的改进,对金融危机给本市高新技术产业带来的影响和企业面临的突出困难表述准确,应对危机促进高新技术产业快速增长的建议更加符合实际,具有可操作性。

委员们建议,要抓住近日国务院批复中关村为国家自主创新示范区的契机,迅速在金融、科研、国家重大专项、技术转移等方面启动新一轮的改革,促进北京高新技术产业快速发展。委员们对报告的建议部分还提出了具体的修改意见。

第十章 促进北京市新能源产业发展的研究[①]

新能源产业是衡量一个国家和地区高新技术发展水平的重要依据，是新一轮国际竞争的战略制高点。"十一五"期间，北京市把开发利用新能源作为实现"三个北京"战略目标、促进经济社会可持续发展的战略举措，新能源产业有了长足的发展。

为进一步促进北京市新能源产业发展，2010年3~9月，市政协科技委员会联合民革北京市委、农工党北京市委、九三学社北京市委成立专题调研组，围绕促进北京市新能源产业发展问题进行了深入调研。调研组先后听取了市发展改革委、市科委、市经济信息化委、市财政局、市规划委、市住房城乡建设委等部门的情况通报，与政府有关部门进行了2次专题座谈，实地考察了14个从事新能源产品研发、生产、应用的企业及新能源产业基地，考察了福建、安徽两省新能源产业发展情况。在调查研究基础上，召开了4次研讨会。通过调查研讨，了解了北京市新能源产业发展取得的初步成效，摸清了新能源产业发展中存在的主要问题，并有针对性地提出了进一步促进北京市新能源产业发展的建议。

一、北京市新能源产业发展取得初步成效

近年来，北京新能源产业发展迅速，"十一五"期间年增长率超过30%。

[①] 本研究于2010年由北京市政协科技委员会、民革北京市委员会、农工党北京市委员会、九三学社北京市委员会联合完成。

截至2009年底,北京市新能源企业超过400家,行业年销售产值达300多亿元,涉及太阳能、风能、生物质能、浅层地能、核能等多个领域,初步形成了"一个核心区、两个产业带、七个产业基地、若干示范区"的产业空间布局。一些领域基本形成了涵盖研发、生产、服务、应用的产业链,初步形成了产业规模。

(一) 部分新能源产业具备国内领先优势

北京的风能产业处于国内领先地位,在风电整机设计和组装、关键零部件配套方面具备较强的研发能力;风电设备制造和零部件产业处于行业领先。太阳能产业持续发展,其中太阳能热利用技术已非常成熟,占据了全国光热产业的技术高端;光伏产业在技术研发、工艺设计上具有国内领先优势。北京在新能源汽车领域走在全国前列,初步形成了新能源汽车的产业集聚,取得了新能源整车和关键零部件的重大突破,拥有新能源客车的设计和制造能力,形成了以纯电动车为主、兼顾混合动力及其他车型的产品布局。此外,生物质能、地热能和核能等新能源产业也在快速发展,并形成一定规模。

(二) 初步形成促进新能源产业发展的政策环境

近年来,北京市在新能源各相关领域的扶持和优惠政策陆续出台,先后制定了《绿色北京行动计划(2009~2012)》、《北京市振兴新能源产业实施方案(2010~2012)》、《北京市加快太阳能开发利用促进产业发展指导意见》等扶持新能源产业的政策。同时,积极探索配套鼓励政策和标准,发布了《北京市太阳能光伏屋顶发电项目补助资金使用管理办法》、《太阳能热水系统补助资金管理办法》、《民用建筑太阳能热水系统应用技术规程》、《村镇住宅太阳能采暖应用技术规程》等一些政策配套措施,有效促进了新能源产业的发展。市财政局正在研究制定《北京市公共交通行业新能源汽车财政补贴办法》。

(三) 拥有较为丰富的新能源领域科技资源

在新能源领域，北京市拥有一批国家级、市级及企业研发中心，承担了多项国家重大科技攻关项目，研发实力较强。拥有4个国家重点实验室、3个国家工程研究中心、5个国家企业技术中心和3个国家工程技术研究中心，具有一批在新能源领域取得重大科技成果的年轻科技人才，已形成了企业、研发机构、产业联盟相互促进的创新格局。拥有一批研发能力强、具有高端制造能力的新能源企业，技术水平居国内同行业前列。

(四) 建设了一批应用示范工程

新能源示范应用取得较大进展。累计民用建筑使用太阳能采暖达到30万平方米，使用太阳能热水达到556万平方米；太阳能光伏并网发电项目20项，总装机容量达到2200千瓦；建设一批热泵规模化高端示范项目，供暖面积超过1500万平方米；已有1000辆新能源公交车、环卫车示范运营；实施了"阳光双百"及"绿色燃气"工程；远郊区县建设农村太阳能集中浴室230余座，使京郊农民享受到了新能源带来的绿色和便捷。

二、北京市新能源产业发展中存在的主要问题

"十一五"期间，北京市新能源产业发展虽然取得了较大成效，但从总体看还处于培育发展阶段，存在产业规模小、系统集成能力不强、推广应用范围小等制约产业发展的问题。

(一) 新能源产业发展战略重点不够清晰

新能源产业对促进北京产业技术升级、调整能源结构、保障能源供给、发展循环经济具有重要战略意义。但从总体看，北京市新能源产业在经济社

会发展全局中的战略位置不够突出；产业规划和政策指导不够明晰，实现发展的目标和路径不够明确；对新能源利用与开发的区位优势、资源要素优势缺乏系统评估；管理和服务分散，缺乏对新能源产业发展中各方面问题统筹解决的领导机制。

（二）对新能源产业发展的扶持力度不够

新能源与传统能源相比，存在成本高、风险大、周期长等特点，发展新能源产业需要政府在资金和政策上的大力支持。目前，一些发达国家纷纷制定加快新能源产业发展的优惠税收政策，投资上千亿美元用于研发和技术推广。国内一些省市区也进一步加大对新能源产业发展的资金投入和补贴力度。相比之下，北京市的各项财税、融资优惠政策力度相对较小，产业政策引导相对滞后；市场准入、定价机制、财税补贴等相关政策措施不衔接；存在资金分散、缺乏统筹管理，补贴不到位，政策落实效果不佳等问题。政府尚未形成对整个新能源产业的有效支持。

（三）新能源领域创新优势未充分发挥

新能源产业以高新技术为基础，技术创新在新能源产业发展中至为重要。北京市新能源企业数量众多但规模普遍偏小，研发能力较弱；企业掌握核心技术较少，一些自主研发的核心技术尚不成熟；科研机构的研发与产业脱节，科技成果产业化程度较低，产品市场竞争乏力；大部分新能源企业缺乏创新型人才和高科技人才。由于企业自主创新能力不足，北京市在新能源产业的全国领先优势近年来明显弱化。

（四）新能源产业管理服务体系仍需进一步完善

北京市新能源产业管理服务机构较分散，政府4个委办都设有新能源产业的管理部门，但全市没有一个统筹的责任单位，对新能源产业发展的诸多问题缺乏统一管理和统筹研究。建立了6个新能源产业技术联盟，但联盟内部和各联盟之间缺少有效沟通渠道，缺乏科技资源的共享与合作，产业技术联盟作用没有激活和发挥；挂牌成立7个新能源产业基地，但建设速度较慢、相关服务设施配套尚未形成链条；新能源产业缺乏行业标准，缺乏服务企业的公共技术平台，产业创新体系建设仍存在很多薄弱环节。

（五）新能源技术推广应用存在困难和障碍

北京市在新能源技术推广应用方面与其他地区相比还存在较大差距，存在体制障碍、政策集成度不够、设施建设不配套等突出问题。如北京市太阳能热利用技术已经很成熟，产品性能完善，但应用远低于国内平均水平。究其原因，主要受到城市规划、设计、建筑、管理等方面的制约，推广使用太阳能产品的力度不大。再如京郊农村建成的200多个规模化沼气示范工程，由于缺乏运行费用的支持，使这个颇受农民欢迎的新能源项目很多处于运行窘境之中，有的甚至处于瘫痪状态。

三、关于进一步促进北京市新能源产业发展的建议

当前，发展新能源产业已成为一场全球性的革命。北京市应充分利用自身得天独厚的区位优势、科技优势、人才优势，以科技创新为动力，以企业为主体，以市场为导向，以科研机构、高等院校为技术依托平台，形成具有行业辐射力的龙头企业和具有市场竞争力的中小企业协同发展的产业格局，推进新能源示范工程建设，使新能源产业成为北京战略性新兴产业的重要支撑。

（一）进一步明晰新能源产业发展的战略地位和战略重点

一是明确新能源产业在首都经济发展中的重要战略地位。"十二五"期间，北京能源匮乏的局面不会改变，科技竞争日益激烈，调整经济结构任务

繁重，城市管理、环境保护、改善民生面临诸多难题。因此，市委市政府应进一步明确新能源产业在首都经济发展中的重要战略地位，把发展新能源产业作为转变经济发展方式，推动首都经济社会科学发展的重要动力和途径。二是立足北京在新能源技术研发和高端装备制造的领先优势，合理定位新能源产业结构和布局，在《北京振兴发展新能源产业实施方案》基础上，研究制定北京市新能源产业发展"十二五"专项规划。三是为解决新能源产业发展缺乏统筹协调等问题，建议整合各部门新能源工作机构，建立健全由市政府主管领导牵头的北京新能源产业发展领导机制。四是明确北京新能源产业发展的战略重点。通过调研我们认为，北京新能源产业发展的战略重点应是：积极发展新能源汽车产业；加快风能、太阳能高端技术研发和关键设备制造；全力推进太阳能光热利用的普及；大力发展农村规模化沼气利用；扶植生物质能及浅层地能的应用推广。

（二）积极发展新能源汽车产业

北京具备新能源汽车发展的产业基础、技术实力和创新能力。作为汽车生产和消费的城市，北京应把新能源汽车放在首都经济的重要位置，加快发展新能源汽车产业。一是建立新能源汽车研发服务中心，加强中央在北京和市属科研机构、大学、国家实验室、企业技术中心等产学研合作，加快新能源汽车的动力研发，尽快实现关键技术突破。二是进一步推进公共交通和环卫领域新能源汽车的应用，提高应用比例。三是尽快着手规划建设新能源汽车配套服务设施，在全市统筹安排、整体布局。制定鼓励电力等相关企业参与建设的优惠政策。四是尽快出台北京家庭购买新能源汽车的补贴政策，积极引导私人购买使用新能源汽车。

（三）加快风能和太阳能高端技术研发和关键设备制造

一是深化在北京科研单位与生产企业的合作，开展成套设备工艺技术、成套高端核心装备联合攻关，促进太阳能关键生产设备国产化，保持北京市在光伏发电、风电整机等高端技术研发的领先优势。二是解决风电、光电的并网发电问题，对企业自主技术创新给予政策和资金上的重点扶持，扩大示范项目的效果。三是支持首都新能源产业技术联盟开展产业发展战略研究和前瞻技术研发，突破产业发展的核心技术，形成产业技术标准，提升产业自主创新能力，把北京建设成新能源研发中心、检测测试中心、高端制造中心、自主产品应用推广中心。

（四）全力推动太阳能热水系统的应用推广

北京市具备发展太阳能光热产业的技术优势和资源条件，但太阳能光热技术的应用程度却低于其他省市。建议在《北京市加快太阳能开发利用促进产业发展指导意见》的基础上制定《实施细则》，将技术产品成熟、市场需求迫切、节能效果明显的光热技术在全社会大力推广应用。一是大力推广与建筑结合的太阳能热利用产品，明确在城市、城镇住宅小区和新农村建设中规模推广利用太阳能热水系统；鼓励既有建筑进行太阳能热水系统改造。二是规划建设部门将太阳能热水系统纳入建筑规划设计标准中，实行太阳能热水系统与建筑物同步设计、投资、施工和验收，同步纳入物业管理。三是将太阳能热利用产品纳入到"家电下乡"工程，对促进太阳能热利用技术推广的项目、企业和群体给予补贴。

（五）大力发展农村规模化沼气工程建设

沼气是安全、绿色能源，且应用技术成熟。沼气利用的规模化发展，可以减轻北京节能减排压力，有利于治理农村养殖业污染、水资源面源污染，改善城乡环境，提高农民生活质量。沼气利用深受京郊广大农民欢迎，应进一步扩大规模化利用。一是扩大农村规模化沼气工程建设，政府继续扶持并加大资金投入，积极鼓励与养殖业结合，建设农村规模化沼气利用工程。二是建立农村规模化沼气利用工程运营费用补贴机制，确保建成的沼气利用工程正常运营，以造福郊区农民。三是有关部门开展沼液、沼渣综合利用研究，发展生态农业，带动无公害农产品生产，实现资源利用和环境治理的双赢目标。四是积极扶植生物质能和浅层地能技术的应用推广。

（六）建设促进新能源产业发展的良好环境

一是加快新能源产业基地建设，完善产业基地配套设施，积极引进一批重大项目入驻，在项目规划、用地、建设等方面给予支持。二是统筹政府资金，加大新能源产业发展支持力度，设立北京新能源领域重大科技专项，从现有的专项资金中安排出一定比例投到新能源产业上；制定市场需求激励政策，从需求引导、市场培育入手推进新能源技术的推广应用。三是根据发展需要，完善新能源企业税收和融资优惠政策，鼓励金融机构加大对新能源企业的信贷支持和金融服务力度，吸引民间资本参与新能源项目。四是建立符合首都特点的新能源产业行业标准，加快建立市场准入制度，严格企业准入资质，强化对新能源市场的监督和监管。五是加强新能源领域技术人才和管理人才的引进，把新能源产业高端人才列入北京市重点领域人才目录，享受有关人才开发政策和服务。

【外省市调研启示】

赴福建、安徽两省考察新能源产业发展的调研报告

为促进北京新能源产业发展，市政协科技委员会于 2010 年 4 月，调研组成员赴福建、安徽两省学习考察新能源产业发展情况，先后与两省政协及发改委、科技厅、经信委等政府部门相关负责人，就促进新能源产业发展问题进行座谈交流，并参观了安徽芜湖奇瑞汽车制造厂等新能源企业。现将考察的有关情况报告如下。

一、两省新能源产业发展现状及规划目标

（一）清洁能源成为福建经济发展"绿色发动机"

据了解，截至 2009 年底，福建省水电装机规模达 1098 万千瓦，平均年上网电量约 330 亿千瓦时；新能源项目装机规模达 54.3 万千瓦，上网电量 8.77 亿千瓦时；农林生物质能发电项目 2.4 万千瓦，其他可再生能源（含垃圾焚烧）发电项目 6.2 万千瓦。根据《福建省新能源产业振兴实施方案》的部署，将太阳能光伏、动力电源与新型电池、风力发电、生物燃料、核能等新能源产业作为重点发展方向，提出了重点支持发展低成本太阳能级硅材料提纯工艺技术及其关键设备、在城市和重点县（区）建设垃圾焚烧发电厂、以风电场规模化建设带动风电配套装备及关键零部件产业发展、研发 2.5 兆瓦以上风机和海上风电机组、大容量储能电池、动力聚合物锂离子电池及超级电容器的开发、支持具备条件企业转型进入核电配套产业等促进各领域产业发展的具体行动计划。目前，一批投资规模较大、对产业提升和经济发展有明显带动作用的产业化项目已经投产，全省已在泉州、厦门、福州等地建成 12 个光伏产业工业园区，在东山、平潭、漳浦、莆田等沿海地区建成大型风电场，利用聚合物锂离子电池与超级电容器装配的电动车已投入运行，规模达万吨以上的生物柴油生产企业达 6 家，同时一批重大科技开发项目正在

按计划建设实施。规划至2015年，福建省将实现风力发电装机200万千瓦，光伏发电装机5万千瓦，垃圾电厂装机38万千瓦，实现新能源及可再生能源占一次能源消费比重达到20%。

（二）安徽省新能源产业发展取得突破性进展

2009年，安徽省水电装机容量为166.6万千瓦，发电量25亿千瓦时；生物质电厂（含秸秆电厂、垃圾填埋气电厂和沼气发电厂）装机14.4万千瓦；光伏电站装机0.27万千瓦；全年新能源和可再生能源利用量占能源消费总量的2%。结合实施金太阳示范工程项目，安徽省在合肥、芜湖、蚌埠、池州等地规划建设光伏产业基地，已建成500千瓦太阳能光伏示范电站并开始并网发电，合肥阳光电源生产的逆变器已占据国内市场的60%；在具备风力资源优势的来安、天长、望江、宿松、寿县等地开工建设首批风力发电机组；依托奇瑞公司的国家节能环保汽车工程技术研究中心，联合国内外相关高校、科研院所共同攻关，开展新能源汽车整车、关键零部件和实验验证等方面的研发，同时建设国家（芜湖）汽车零部件产品质量检验中心、新能源汽车试点运行数据中心，为新能源汽车整车及零部件产业技术进步和区域科技创新提供支撑；芜湖、池州核电项目公司已注册成立，核电前期工作取得明显进展，芜湖核电项目一期工程已列入国家核电"十二五"发展规划；在太阳能光伏和生物质能领域掌握了一批拥有自主知识产权、领先世界水平的装备制造工艺和技术。

安徽省制定的《关于加快新能源和节能环保产业发展的意见》中提出，到2015年，新能源产业及节能环保产业均实现主营业务收入突破千亿元；新能源和可再生能源利用量达到全省能源消费总量的6%以上；培育一批大企业集团，建设6个省级新能源特色产业基地。

二、两省为促进新能源产业发展采取的政策措施及亟待解决的共性问题

（一）针对本省能源分布现状，科学制定新能源产业的发展规划

安徽省在充分发挥传统能源使用效率的基础上，提出将太阳能、生物质能、核能和风能、节能和新能源汽车产业、生态环保和污染治理等11大新兴

产业作为重点扶持领域,并通过大力发展太阳能、生物质能等清洁能源,全面推动农村用能方式变革和农村能源结构调整。福建省先后制定出台了陆上风电场建设规划、沼气发电建设规划、生物质能发展规划等指导性文件,在制定太阳能光伏产业发展规划前,还委托国外专业机构完成了《福建省太阳能资源评估报告》,对福建省太阳能资源进行了全面的分析和评估,初步估算出全省太阳能资源总储量,摸清了全省太阳能多时空尺度分布状况,确定了发展太阳能光伏产业的重点区域和建设用户侧发电项目的重点方向。

(二) 大力支持新能源领域实验室和平台建设

大力支持国家级和省级重点实验室、企业技术中心和工程技术研究中心及关键技术研发平台建设,组织产学研力量对重大技术课题进行联合攻关,促进新能源关键技术成果的转化和产业化发展。福建省依托厦门大学能源研究院组建海西工业技术研究院核能工程技术研究中心,实行"政府扶持、产业导向、自主创新、开放运行、科学评价、效益优先"的运行机制,开展核电数字化仪控技术研发平台的建设,为核电业主、企业厂商等提供服务与技术支持。

(三) 着力营造人尽其才的发展环境,积极引进海内外人才

通过构建人才智力引进与项目对接平台,用项目引人才、课题引人才、产业引人才,促进人才与项目对接、与产业互动。福建省充分利用项目成果交易会等平台,促成了11个新能源领域的国(境)外专家对接项目成果在福建省落地转化,取得了很好的效果。同时,还将通过实施"三个一百"政策(即给予每位引进人才100万元补助、5年内免费提供不少于100平方米的工作场所和120平方米的住房或相应租房补贴)、建立新能源产业企业博士后科研流动站等措施,在5~10年间引进300名左右掌握核心关键技术的高层次创业创新人才和团队。

(四) 利用建设"金太阳工程"、"十城万盏"、"十城千辆"等新能源示范工程,加大政府对新能源自主创新产品采购和财税减免力度

福建省将太阳能热水器列入"家电下乡"计划,通过政策引导,推动新能源技术和产品的广泛应用,同时,利用台湾新能源汽车研发机构和电机、电控、锂电池生产企业的优势,加快纯电动环卫专用车等新能源汽车及其关键零部件的研发和产业化建设。据介绍,福建省101个新能源产业重点项目

中，有 15 个项目（主要为风电场建设）已经实现投产，累计投资达 199991 万元，另有总投资为 1329167 万元的 33 个项目正在建设中。安徽省通过推进金太阳示范工程建设，以新能源示范电站为载体，着力打造从研发、制造到应用示范的完整光伏产业链，通过建设光伏产业基地，实现产业聚集的目的，以全面提升产业竞争力。

考察中了解到，目前两省新能源产业发展总体上还处于起步阶段，产业规模小、产业基础薄弱、产业链条尚未形成。一是缺乏前期规划指导，政策支持力度不够，市场需求对新能源产业发展的拉动作用不明显；二是新能源企业的自主创新能力不强，相关科研及检测设施短缺，制约了产业发展和技术水平提升；三是新能源产业风险大、融资难，投入机制还未形成，企业投入科研经费有限，导致生产成本偏高，缺乏与传统能源产品的竞争能力；四是相关专业领域的技术人才，尤其是领军人才匮乏；五是新能源装备及配套产业发展滞后，上下游产业链不完善，难以形成规模效益。

三、促进北京新能源产业发展的建议

福建、安徽两省虽然在新能源产业发展方面起步较晚，但两省高度重视新能源产业发展和市场培育，在产业聚集、人才吸引、科研投入等方面采取的优惠政策和措施为北京市新能源产业发展规划提供了可借鉴的经验，建议如下：一是综合分析评估北京新能源的分布状况和资源总量，确定新能源产业的重点发展领域、发展方向和发展目标，并写入"十二五"规划中，在发展高端、高效、高辐射新能源产业的同时，通过示范工程和财政补贴的形式，积极培育太阳能热利用、新能源汽车、用户侧光伏发电等节能减排技术产品的应用市场。二是将新能源与节能减排关键技术列入重大战略科技项目加以研究，力争尽早实现自主知识产权，快速抢占制高点，掌握发展的主动权，支持产业联盟、技术联盟、标准联盟等创新要素积极承担国家重大专项，参与国家重大工程建设，开展标准创制，搭建关键领域的共性技术平台。三是落实人才引进政策，建立和完善人才激励机制，重点吸引一批新能源产业急需的具有国际先进水平的战略科学家、科技领军人才和科技企业家，建立多层次的人才培养体系，聚集和培育一批由高端领军型创新创业人才领衔的高科技创业团队。四是建立新能源产业发展基金,引导风险投资和民营资本进入新能源产业,加大金融机构对新能源科技产业化项目、科技成果转化项目的信贷支持,搞好统分结合,对形成不了大项目的科技成果给予必要的支持,加大在本市重大建设项目、示范工程中自主创新新能源产品的政府采购力度。

【北京调研案例分析】

2010年3~5月,课题组围绕北京新能源产业发展开展了专题调研,主要针对产业基地、能源企业、开发区等单位开展深入调研和座谈,本部分主要针对调研对象进行了分析,同时整理了委员们针对调研中反映的问题给予的相关建议。

平谷区马坊工业园绿能产业基地

2010年3月30日,新能源调研组视察平谷区马坊工业园绿能产业基地,视察了北京清大天达光电科技有限公司和北京中锦阳电子科技有限公司,参观了中锦阳330千瓦屋顶光伏并网电站和非晶硅薄膜太阳能电池生产车间,并就北京太阳能光伏产业发展现状等问题进行了座谈。

据介绍,北京绿能产业基地是平谷区"十一五"期间的重点推进项目,主要以薄膜太阳能电池技术及装备研发、制造为核心,发展高新技术产业和生态环保产业,目前已引进中锦阳非晶硅薄膜太阳能电池项目、七星华创半导体产业园项目、清大天达 TFT – LCD、太阳能装备项目等绿色环保企业近10家,投资额超过20亿元。其中,基地与福建钧石能源公司合作的北京中锦阳电子科技有限公司150兆瓦非晶硅薄膜太阳电池生产基地项目,总投资9.5亿元人民币,规划占地200亩,2010年全部建成达产后可实现年销售收入10亿元,并将带动设备加工、材料供应等上下游产业链的发展,以及物流、包装、金融等服务业的发展。该项目已经完成投产产能75兆瓦,形成北京市规模最大的太阳能电池生产能力,生产的非晶硅薄膜太阳能电池转化效率达到7%(稳定值,并将于年中升级到8%),达到业界领先水平。在中锦阳项目厂房顶上建设的0.33兆瓦的薄膜电池太阳能发电站是目前北京市最大的光伏发电站,也是目前国内最大的薄膜太阳能发电站。该电站预计年发电量将达43万千瓦时,每年减少二氧化碳排放量338吨,为北京市的节能减排做出贡献,并具有良好的应用示范意义。

据介绍,由于污染和能耗等因素的影响,在京硅料、硅片和电池片的生产企业很少，北京光伏产业的发展主要集中在电池组件生产和系统应用环节，虽然形成了一批具有国内领先的科研成果和生产制造企业，但总体看，北京光伏产业发展较慢、产业基础相对薄弱，存在产业链上游小下游大，互补性不足，核心竞争优势不明显；品牌集中度不够，缺乏真正有核心竞争力、品牌影响力的龙头企业；科技资源丰富，但成果转化不足，没有形成市场优势，研发与产业脱节等问题。尤其是，包括高品质原材料生产技术、薄膜太阳能电池产业化技术、太阳能电池生产高端设备国产化技术、太阳能并网技术、太阳能光伏现场检测技术等一批关键技术尚未突破，成为太阳能光伏产业发展的瓶颈问题。为此，市科委将加快推进太阳能光伏高端产品和工艺设备产业化、国产化进程，联合优势单位研发具有自主知识产权的核心技术和高端产品，延长光伏产业链、制定相关标准、抢占未来太阳能光伏产业的高利润端，整体推进北京光伏产业发展。

委员们建议，平谷区建设绿能产业基地很有远见，非晶硅薄膜太阳能电池作为新能源产业的重要领域，符合首都产业发展方向。市科委以企业作为研发主体，以项目带动研发，有利于企业自主创新能力的提高。现在太阳能技术发展非常快，特别是在全世界都把新能源作为今后产业发展制高点的时候，企业要更加重视技术创新和产品升级换代，否则就会落后，被市场所淘汰。同时，政府要鼓励引导企业以市场培育技术，通过政府采购等措施增加市场需求、形成产业规模，建议在首都城市建设规划中，将太阳能光伏产品作为建筑材料纳入建筑设计标准。

亦庄经济技术开发区和大兴区采育经济开发区

2010年5月11日，"促进北京新能源产业发展调研组"视察亦庄经济技术开发区和大兴区采育经济开发区。委员们考察了北京金风科创风电设备有限公司和北京新能源汽车科技产业园，参观了大型风力发电机组生产车间和新能源汽车核心技术生产线，并就支持新能源技术研发、掌握关键零部件核心技术及产品市场化应用等问题与园区和企业领导进行座谈交流。

据介绍，北京金风科创风电设备有限公司成立于2006年，作为金风科技集团的全资子公司，依托风电设备研发与制造的核心技术，通过促进技术与管理创新，积极在风电产业链培育新的价值点，先后完成了官厅风电场、渤海海上风电场、美国明尼苏达 UILK 风电场等项目的并网发电工程，累计销售风机近 1000 台，2009 年实现销售收入达 54 亿元。金风科创公司坚持以技术创新促进产品升级、抢占市场，累计投入研发资金近亿元，构建科学完整的研发体系，建设具有国际水平的设计平台和拥有国内领先检测设备的检测中心，自主开发了直驱、永磁、全功率变流三大技术集成的风电机组技术，为企业可持续发展奠定了基础。目前，金风科创掌握了 1.5 兆瓦和 2.5 兆瓦直驱永磁发电机组的世界领先技术，公司自主研发的 3 兆瓦混合传动永磁风电机组已进入试运行阶段，正在积极筹建智能电网试验平台的二期扩建项目。

北京汽车新能源汽车有限公司（以下简称新能源汽车公司）成立于 2009 年，是北京汽车工业控股有限责任公司出资组建的全资子公司。作为北汽集团新能源汽车技术研发、资源集约、产业整合的项目管理平台，新能源汽车公司构建了整车系统继承与匹配、整车控制系统、电驱动系统三大主干业务，开发出了纯电动整车、混合动力汽车以及关键零部件动力传动装置、动力电池、电机等产品，其中基于自主研发的 C71EV 系列纯电动汽车在 2010 年的北京车展推出，计划 2011 年完成 2500 辆的批量生产。新能源汽车公司将以三大核心业务为基础，积极引进电机、电池和电动辅助系统等优质资源，投资 17 亿元全力打造完整的新能源汽车产业链，力争 2015 年营业收入达到 237 亿元，实现利润 6 亿元，销售收入占北汽集团总销售收入的 5% 以上。

座谈中委员们了解到，采育开发区高度重视风电、光伏、环保设备及新能源汽车等新能源产业的发展，积极规划扩展产业用地，制定出台了鼓励企业入驻、科技创新专项资金支持、海外高层次人才引进等优惠扶持政策。但企业发展仍面临一些特殊困难，为此委员们建议：一是"十二五"期间要加大对新能源产业的投入，采取拨付资金、财政补贴、贴息或无息贷款等形式，对企业产品研发、产能建设、市场运营等方面给予资金支持；二是支持企业人才引进，采取企业共建、联建等方式解决高端人才的住房问题，同时针对科技型企业对往届毕业生使用需求，放宽户口指标限额；三是尽快制定新能源汽车发展规划及标准，新能源汽车产业化要与充换电基础设施建设同时进行，纯电动汽车是战略发展方向，要加大财政补贴力度，鼓励个人消费，加快市场化运行。

  委员们指出，新能源产业发展关键是加强基础性研究和技术研发，当前全世界都在进行赛跑，只有掌握了关键核心技术，才能成为新一轮科技和经济竞争的领跑者。美国、欧盟等各国政府都在加大投入和支持力度，我们要有紧迫感，要树立市场培育技术的理念，过去我们是靠市场换技术，结果只能跟在别人的后面，如今大家都处在同一起跑线上，谁率先走向市场，谁就能准确掌握市场需求，促进技术不断创新。今天考察了两家新能源企业，对北京市新能源产业发展很有信心，但产业发展仅限于示范是不够的，比如新能源汽车，可以通过财政补贴让产品真正进入市场。新能源汽车的价格差，政府要给予足额补贴，才能真正调动起老百姓的购买欲望，消费者买账才能有市场，有了市场，才能推进技术进一步完善。对于涉及国家层面的问题，可以通过党派中央向上反映，希望各位委员和党派成员更多关注新能源产业的发展，为北京市能源结构调整献计出力。

中信国安盟固利公司

  2010年5月13日，调研组视察中信国安盟固利公司，听取了公司在锂离子动力电池和储能电池领域进行核心技术研发、产品体系建设和市场应用开发等情况的介绍，并就新能源汽车行业发展的相关问题与企业座谈交流，委员们还参观了动力电池实验室和检测中心，试乘试驾了电动汽车样车。

  据介绍，中信国安盟固利公司始建于2000年4月，主要从事锂离子二次电池关键材料和高能量密度动力锂离子二次电池的研发、生产与销售。经过10年的努力，公司已经发展成为业务涉及技术开发、产品生产和销售以及投资等方面的综合性大型高新技术企业，获得数十项国内和国际专利授权，形成了从锂电池材料、锂电池到电动汽车研发与生产的完整产业链，完成了"钴酸锂"国家标准和"锰酸锂"行业标准的制定任务，并被批准为国家博士后科研工作站、北京市企业技术中心。公司的主要产品为车用动力电池和储能电池，其中拥有自主知识产权的锰酸锂动力电池能源系统被北京奥组委确定为2008年北京奥运纯电动公交车的独家供应产品，沿用至今已累计安全运行近 400 万公里。2010 年公司分别与上海世博会纯电动公交项目、广州亚运会混合动力公交项目签订了提供动力电池系统的协议，截至目前，盟固利公司已累计配装纯电动汽车近 200 辆，并将产品推广到德国、加拿大等海外市场。

调研中，委员们非常关注锂电池在新能源汽车行业的应用情况，就电池的体积、重量、充放电时间、温度范围、使用寿命、温升控制等细节问题与企业进行了深入交流。委员们认为，电动汽车作为实现交通能源转型的根本途径，已成为世界主要国家和汽车制造商的共同选择，全球电动汽车已进入市场和产业化竞争阶段，中国新能源汽车企业要积极抢占国内市场，就必须掌握关键零部件生产的核心技术，不断提升材料加工和制造工艺，打造具有自主知识产权的完整产业链，为此建议：一是加大政府支持力度，制定《北京市新能源汽车产业发展规划》，设立专项基金，补贴新能源汽车产业各个关键环节，降低成本，发展自主品牌，支持核心技术研发及产业化；二是加快充电站等基础设施建设及新能源汽车推广应用步伐；三是制定新能源汽车动力电池的行业和国家标准；四是出台政策鼓励动力电池企业注重产品技术创新和安全运行；五是关注储能电池的二次污染问题，制定规划，做好回收处理工作。

北京京仪集团有限责任公司

2010 年 5 月 18 日，"促进北京新能源产业发展"调研组视察北京京仪集团有限责任公司，先后到集团下属的北仪创新真空技术有限责任公司（以下简称北仪创新）和京仪世纪电子股份有限公司（以下简称京仪世纪）视察了薄膜太阳能电池实验中心和硅单晶炉、多晶铸锭炉等晶体加工设备生产车间，参观了薄膜太阳能电池产品展示，并与京仪集团负责人等进行座谈。

据介绍，北京京仪集团有限责任公司是集科研、设计、生产制造、销售服务、工程设计和系统工程成套为一体的集团公司，重点发展自动化系统及仪表、科学仪器、电力电子和新能源三大产业板块，拥有控股子公司 18 家，科研院所 4 家。京仪集团自 2000 年开始，规划发展太阳能光伏产业，探索研发了具有完整知识产权的大功率光伏逆变器，建设了非晶硅薄膜太阳能电池生产线和薄膜太阳能电池实验室，掌握了晶硅生长加工设备等核心技术和装备制造能力，形成了以京仪世纪和北仪创新为主体的光伏装备制造基地。其中，京仪世纪成立于2009年，前身是1956年成立的北京仪表机床厂。90年代末公司进行产品结构调整，积极进行核心技术研发和产品升级换代，成为国内技术研发能力、生产和出口量最大的硅晶体生长设备、提纯设备以及晶体加工设备制造商与整体解决方案的提供商，2009年，公司销售收入突破3亿元。北仪创新前身为1954年成立的北京仪器厂，2006年，北仪创新利用在真空镀膜设备研发和制造过程中掌握的在高真空环境下进行大面积磁控溅射和等离子体增强化学气相沉积等关键技术，成功研制了中国首条自行设计且所有整机设备国产化的非晶硅薄膜太阳能电池生产线设备。目前，公司已具备年产80兆瓦非晶硅薄膜太阳能电池生产线设备的能力，拥有30多个系列160多个产品。

委员们认为，中国光伏产业起步较晚但发展迅速，光伏电池产量2008年已达到2000兆瓦，连续两年市场份额占据世界第一。但北京地区光伏产业发展存在产业链上游小下游大、企业缺少核心竞争力、研发与产业脱节等问题，政府应抓住产业结构调整和企业提高自主创新能力两个关键问题，加大政策扶持力度，形成光伏产业整体技术优势和产业优势，全面提升行业核心竞争力。

为此建议：一是明确将首都光伏发展提升到经济增长方式转变和低碳城市建设的战略高度，制定光伏发电明确的目标和中长期规划，并列入北京市"十二五"规划中；二是整体推动北京金色阳光工程和北京光伏产业联盟全面对接，系统布局北京市金色阳光工程，使金色阳光工程能够成为推动北京市光伏企业快速发展的催化剂，建成北京光伏系统应用的典范；三是设立光伏产业发展基金，以信息化带动光伏装备制造高端化发展；四是开通光伏产业化项目绿色审批通道，对符合北京市产业定位的项目，给予土地、融资、技术研发和实验室建设等方面的优惠政策支持；五是大力扶持光伏骨干龙头企业，对自主研发的光伏设备和产品实行政府采购首台（套）政策，并真正"落地"，支持自主研发产品的市场推广应用；六是加大光伏人才的引进力度，对高端人才政府要在保障性住房和个人所得税返还等方面给予优惠政策；

七是大力发展光伏电站，政府要加大补贴力度，实行并网发电，同时大力推动市场应用，制定标准，把光伏技术与建筑很好地结合起来，在农村广泛使用太阳能，使其真正"亮"起来，在城市建设中大力推行光伏建筑一体化的商务和民用建筑。

北京恒有源科技发展股份有限公司

2010年5月25日，调研组视察北京恒有源科技发展股份有限公司，视察了恒有源科技发展有限公司浅层地能项目，听取了企业关于开发浅层地能作为建筑物供暖（冷）替代能源的情况的介绍，并就利用浅层地能作为可再生能源相关问题与企业座谈交流。

据介绍，恒有源科技发展有限公司始建于2002年12月，主要从事浅层地能的开发与利用。经过多年的努力，公司凭借HYY地能热泵系统，利用浅层地能采集技术、提升技术和先进的优化系统集成技术，实现各种类型建筑物冬季供暖、夏季制冷、日常提供生活热水。现已获得国家重点新产品、国家重点技术创新项目、国家高新技术产业化推进项目、国家科技成果重点推广计划项目等多项国家级认证，其自主知识产权的单井抽灌技术居世界领先地位。成功完成了国家大剧院、奥运村国家体育馆、国家游泳中心（水立方）及最高人民检察院办公楼等60余座建筑的中央液态冷热源环境系统。更将浅层地能利用于西藏部队营房和内、外蒙古等高寒地区。

委员们认为，浅层地能作为清洁能源，具有蕴量丰富、无污染可再生、采集方便、投资小等特点，非常适合作为建筑物供暖能源，政府应加大政策支持力度，广泛推广应用。建议：一是要将浅层地能等新能源使用纳入城市建设规划设计规范。在城市规划设计中就注入节能理念，每一栋楼宇设计之初就规范采用新能源技术。二是加大宣传力度使低碳生活深入人心。三是新能源的推广应用不能停留在项目示范上，要加强政策配套支持和政策的连续性。通过财政补贴、税收返还等方式，降低新能源开发利用成本，促进市场的规模化和产业化。

委员们指出，浅层地能技术无论从环境、资源还是从长远的经济成本上讲都是非常有价值的，新能源技术的推广应用关键在于要将其纳入规划设计，这一点非常重要，政府要加大宣传力度和政策支持。

三一电气有限责任公司

2010年5月28日，调研组视察三一电气有限责任公司，听取了企业风力发电发展情况介绍，并就风力发电等新能源的发展前景及存在的问题与企业座谈交流。

据介绍，三一电气是三一集团的全资子公司，是民营科技企业，主要从事风力发电技术研究和成套设备制造。该企业于2009年由上海迁至北京，在风力发电整机、叶片、发电机等产业链上拥有自主研发的核心技术，其中中速双馈发电机型为全球首创，并形成批量制造能力。目前企业取得了12项技术专利，预计到2012年，三一电气的风电相关产品销售将突破200亿元，利润超40亿元，国内市场占有率超30%，全球市场占有率超10%，努力打造中国风电第一品牌，进入世界一线品牌行列。

委员们就企业在技术和宏观层面的竞争力问题、北京在发展风电产业方面所具有的优势和不足，以及政府应给予的支持政策等问题，与企业进行交流。委员们认为，当前发展风电存在的几个问题：一是风电的反调节特性和有效预测困难，对电力调峰提出了巨大的挑战。二是风电并网产生的电压波动，闪变等电能质量问题难以满足用户需求。三是风电发展存在着缺乏统一规划和技术标准，以及相关配套政策不完善等问题。

委员们建议：一是突破风电开发运行、大容量储能等核心技术，建设风电功率预测系统和风电场监控系统，突破电网消纳大规模风电能力的瓶颈。二是加强风电开发统一规划和管理，建立风电发展技术标准体系，完善风电发展政策，保证电力系统发展风电获得必要的财政和税收补贴。三是加强电网调峰能力建设，建立有效的网场协调机制和并网管理制度。四是当前上网电价过低是影响企业发展的主要问题，政府应给予政策支持。

北京太阳宫燃气热电有限公司

2010年6月1日，调研组视察北京太阳宫燃气热电有限公司，视察了北京太阳宫燃气热电有限公司的"花园式工厂"，听取了企业关于燃气蒸汽联合循环热电冷三联供工程的情况介绍，并就使用清洁能源、节能减排及提高能源利用率等相关问题与企业座谈交流。

据介绍，北京太阳宫燃气热电有限公司于2008年7月正式竣工投产，拥有780兆瓦级燃气蒸汽联合循环发电供热机组，年计划发电量35亿千瓦时，供热面积1000万平方米。公司建成后承担了为奥运场馆及其周边地区供热的任务，同时为首都电网提供重要的电源支撑。企业采用燃气—蒸汽联合循环抽气供热的运行方式，利用燃气轮机或燃气内燃机燃烧天然气发电，把发电机余热回收，利用余热的不同温度进行梯次利用，用于制冷、供暖和生活用水。此种技术最大限度地实现了能源高效梯级利用，提高了能源的利用效率，该公司机组纯凝发电效率为58%，超过目前国际上最先进的超临界燃煤机组45%的发电效率，冬季供热时的热效率可达79%以上。企业采用的天然气发电供热和低氮燃烧技术，是国内第一家使用余热锅炉脱氮技术的燃机电厂，无烟尘排放、无灰渣产生，仅排放少量的氮氧化物，很容易被周围植被所吸收，有效地保护了大气环境。使用的生产用水全部采用城市中水，用水量仅为同等容量燃煤电厂的1/3，且生产中产生的废水全部处理后再次回收利用。为消除噪声污染，全厂进行了噪声优化控制，经过各种隔、吸声处理，厂界噪声达到白天55分贝，夜晚45分贝的一类标准，此项举措在国内实属首例，为国际领先水平，该企业也因此被评为"国家重点环境保护实用技术示范工程"。

委员们肯定了燃气蒸汽联合循环三联供技术提高能源利用效率和节能减排的举措，但对此项设备的核心技术依赖进口表示担忧。建议：一是"用市场换技术"的发展方式难以可持续发展，核心技术是换不来的，必须自主研发。二是需要综合考虑战略安全和经济发展的关系，关系到国家战略安全领域的项目不能完全依赖进口，一定要加强替代进口的自主创新，对关键技术、关键零部件的研制要有战略规划。三是用清洁能源发电代价是大的，干净的电造价是高的。太阳宫生产 1 度电的成本高出现有的电价，现阶段依靠财政补贴过日子，企业发展面临着极大的挑战。一方面政府要继续给予财政支持，大力发展清洁能源；另一方面企业要通过管理创新，提高效率，降低成本。

北京节能环保中心

2010 年 6 月 18 日，调研组视察北京节能环保中心，听取了北京节能环保中心就太阳能光伏建筑一体化项目发展情况介绍，并就促进太阳能光伏产业发展问题与英利能源（北京）有限公司、北京日佳电源有限公司等 12 家企业座谈交流。

据介绍，太阳能光伏建筑一体化是将太阳能发电池板安装在建筑屋顶或围墙外表来提供电力。北京节能环保中心是由中国政府、法国政府和联合国开发计划署为促进地区能源节约和环境保护，于 1982 年在北京设立的，是从事节能环保综合性工作和承担政府委托职能的专业机构。本着节能环保的原则理念，在设计改造时该中心就采用了多晶硅太阳能光伏组件，建造了并网自立应急型太阳能光伏发电系统。这一套系统自 2008 年 7 月份投入运行以来，共发电 4.38 万度，相当于 6500 个家庭一年的用电量。可减少二氧化碳排放量约 36 吨、二氧化硫排放量约 400 公斤、氮氧化物排放量约 200 公斤。减排的这些气体相当于 74 公顷面积的森林一年的吸纳量。

英利能源（北京）有限公司、北京日佳电源有限公司等 12 家企业就太阳能光伏建筑一体化产业发展前景和所面临的困难等问题与委员进行了交流和座谈，委员们认为，太阳能光伏建筑一体化是充分利用太阳能最好的形式，"向屋顶要能源，从建筑省能耗"势在必行。委员们建议：一是政府应加大政策扶持和资金补贴力度。当前光伏产业成本较高是影响产业发展的主要瓶颈，政府要加大资金支持，促进市场应用规模化。企业反映金太阳工程补贴资金不足，企业很难赚到钱，目前光伏产业"两头在外"的现象很明显，核心技术和原料进口，99% 产品出口。我们把高污染、高耗能的制造阶段留在国内，把绿色能源的使用送给了国外。政府必须要加大研发投入，大规模推广市场化应用，扭转"两头在外"的局面。二是尽早制定标准，针对关键技术部署研发力量，对重大技术突破抢先注册专利，及早制定行业或国家标准、抢占国际标准，争取更多话语权。三是尽快出台并网电价补贴政策。学习国外经验，不仅要补贴用户端，还要补贴发电端，这样会给企业更充分的信心。同时会更好解决并网逆流问题。

委员认为北京在建筑节能方面做了大量的工作，虽然目前还存在技术、资金以及观念上的一些问题，但此项产业才刚刚起步，前景远大。

太阳能光热建筑一体化：推广应用情况

2010年6月24日，调研组视察太阳能光热建筑一体化在新农村推广应用情况，参观了平谷区大华山镇挂甲峪村新民居示范工程，并与平谷区住建委、发改委、科委等部门领导进行座谈。

据了解，挂甲峪村于2004年开始作为北京市新农村建设首批13个试点村之一，推广建设太阳能光热建筑一体化的新民居。新民居通过屋顶设置平板型太阳能集热器、屋内地面铺设地板辐射采暖盘管的方式，利用太阳能技术采暖和供应生活热水，并通过分水器控制循环系统走向，有效控制供暖面积，提高热量的利用率，实现了房屋本身65%以上的节能效果。据统计，按照新民居居住面积150平方米核算，在达到相同供暖质量的前提下，采用太阳能采暖、热水系统，每个采暖季每户将节约耗煤6.2吨。

截至目前，平谷区新农村新民居建设已累计开竣工1505户，开工面积20.8万平方米，其中竣工新民居1023户，竣工建筑面积月20.8万平方米。2010年计划新开工600户，约7万平方米。

据介绍，太阳能光热建筑一体化技术在新农村新民居建设中的推广应用，不仅提升了农民的生活品质、改变了农民的生活方式、开拓了农民的就业途径（如民俗旅游），而且提高了能源的利用效率、减少了温室气体排放，改善了浅层山区的生态环境，在保证经济收益的同时，带来了明显的社会效益。根据北京市的统一安排，2010年市住建委将在农村新建太阳能光热一体化民居4000户、改造民居2万户，年底实现全市5万户新民居的改造目标，并计划从明年开始启动企事业单位及部队用房的节能抗震改造工作。

委员们认为,太阳能光热建筑一体化工程的实施,极大提升了京郊农民的生活质量,也是节能减排有效途径,是新农村建设的一项重要内容。但目前的新民居建设仍处于示范阶段,太阳能建筑主要集中在平谷和门头沟地区,太阳能采暖技术的稳定性和可靠性还有待提高,前期投资大、成本回收期长等因素限制了农民改建的积极性。为此建议,一是努力提高太阳能采暖技术水平。目前集热器的集热效率较低,采暖季仅为30%左右,不能提供采暖所需的全部热量,只能依赖其他热源,提高了使用成本。二是加强技术创新,不断缩短太阳能采暖系统投资回收期。应大力研发太阳能制冷技术和跨季蓄热技术,强调太阳能全年的综合利用。三是加大太阳能应用优惠政策的力度。现阶段太阳能光热的应用需要政府加大补贴力度,应尽快总结太阳能光热利用的示范经验,并尽快出台推广太阳能光热利用的地方性政策法规,不仅在农村推广示范,更要在城镇、社区推广应用。

太阳能光伏发电站

2010年7月6日,调研组视察太阳能光伏发电站,视察了北京京东方能源科技有限公司的太阳能屋顶并网电站项目,听取了北京京东方能源科技有限公司、北京科诺伟业科技有限公司、北京中联阳光科技有限公司、北京京仪绿能电力系统工程有限公司关于太阳能光伏产业的情况介绍,并就太阳能光伏产业现状、前景和面临的困难等相关问题与企业座谈交流。

据介绍,近年来太阳能光伏产业发展迅速,在煤炭、石油等化石燃料、能源的大量消耗导致环境问题日益严峻的今天,太阳能作为取之不尽用之不竭、廉价、无污染的可再生能源,其资源之丰富、市场前景之广泛,将使太阳能光伏产业成为国家未来战略性产业。我国光伏发电产业目前已进入快速发展阶段,光伏电池生产量居世界第一,占世界总生产量的1/4。当前存在的主要问题是太阳能的应用远低于欧美等发达国家。光伏发电要形成规模产业,还存在成本高、并网难等诸多问题,需要加大资金投入及政策的支持。

为此委员们建议:一是落实市政府已公布的光伏产业促进措施,加大电价补贴力度，缩短企业收回成本周期。二是由政府出面协调电力等相关部门，制定统一的光伏电站"并网许可"审批办法，帮助企业尽快取得并网许可。三是提高政府办事效率，在电站项目的环评、能评、规划许可证及招投标等过程中，简化手续，缩短时限。四是设立"可再生能源"专项基金，支持太阳能的研发和产业化以及市场的推广应用。

大兴区留民营村沼气七村联供工程

2010年8月19日，调研组视察大兴区留民营村沼气七村联供工程，听取了留民营村村干部、市农委等政府部门介绍留民营村沼气七村联供工程经验及全市沼气综合利用情况，并就沼气应用这项新能源的发展前景及存在的问题进行座谈交流。

据介绍，留民营村发展以沼气利用为核心的可再生能源利用事业已经有将近30年历史了，1992年建成的两座大中型高、中温厌氧反应器，可对全村200多户居民进行管道供气，是我国第一批投入运行的大中型沼气工程之一。进入21世纪以来，随着生活水平的提高，原有的沼气站规模已经不能满足留民营生态农业养殖业发展的需要，2009年3月，沼气站七村联供工程正式开工，同年10月开始分村分片对留民营村等七个村1695家农户供应高效、节能、环保的管道清洁燃气，惠及6000余人。目前，该沼气站是北京最大的农村沼气集中供气工程，日产沼气2500立方米，年产沼气91万立方米，实现二氧化碳减排量约9000吨（折算为二氧化碳）。包括二期工程，项目总占地9020平方米，每年可产生固态有机肥料2135吨、沼液3.2万吨，在高效利用燃气基础上，有机肥料可用于生态农场蔬菜、果树等，还可作为牲畜饲料添加剂，并防治农作物病虫害。

一村沼气，七村共享。七村联供模式，不仅节约了占地、降低了投资费用，还因其便于集中管理维护，实现集约化生产经营、利于安全管理和更有效地保证生产原材料的供应等优势，开创了一种全新的农村沼气应用模式，推动了农村应用沼气工程规范化、标准化和规模化。

委员们认为，留民营村等七村沼气联供，对北京新农村建设和新能源开发利用起到了很好的示范和推动作用，但同时委员们提出以下建议。一是政府对农村使用沼气补贴应与城市居民供暖补贴相近，通过加大对农民生活用能的补贴，缩小城乡差距，改善农民生活。二是沼气是具有一定危险性的气体，有关部门应尽快制订统一、标准的沼气站点，确保百姓安全放心地使用这种清洁燃料。三是进一步对留民营村沼气联供工程运转所需成本、收益、亏损情况进行深入调研，尽快使北京沼气利用由示范工程推广为农村大规模的应用。

德青源生态园

2010年8月24日，调研组视察德青源生态园，听取了企业关于沼气并网发电发展情况介绍，并就沼气利用及发电等有关问题与企业座谈交流。

据介绍，德青源生态园每年饲养蛋鸡约300万只，产出鸡粪7.7万吨。为实现生态循环经济模式，德青源采用先进的生物发酵及燃气发电技术，将鸡粪和污水收集起来，生产沼气用于发电，每年生产700万立方米沼气并向电网提供1400万度的绿色电力。除此以外电厂还产生相当于4500吨标准煤的余热用于园区生活供电、供暖，同时还为当地农民提供优质有机肥16万吨。2009年4月，联合国将德青源沼气发电项目列为"全球大型沼气发电技术示范工程"。

但当前，以德青源为代表的新能源企业发展仍面临着几个问题：一是由于我国没有国际碳交易市场，在发展CDM（清洁发展机制）项目上缺少话语权，使得中国CDM项目审批屡屡受阻，CDM指标的定价权掌握在发达国家手中，我国销售减排指标的价格远低于其最终销售价格。在国际碳交易中，我国清能企业常受费用高、周期长、通过率低等问题的困扰。二是企业负担较重。目前沼气发电减免仅限于污水处理等项目，不利于促进大型沼气发电企业的发展。三是政府对一些特大型沼气工程项目，在科研、资金投入方面不够，这与丹麦、德国等国家相比，政府的支持力度明显不足。

委员建议：一是应尽快建立我国的碳交易市场，成立国内CDM买卖机制。组织国内认证机构积极参加联合国认证，取得第三方核验（DOE）资格。二是对所有使用农林牧渔和生产生活废弃物生产沼气发电明确减免增值税和所得税。三是加快建设大中型沼气示范项目，通过政府补贴方式建设示范体系，加快技术推广应用。

调研座谈会

2010年9月14日，"促进北京新能源产业发展"调研组召开调研座谈会。邀请市发展改革委、市科委和市经济信息化委相关负责同志到会，就促进北京市新能源产业发展的有关问题与委员座谈交流。

为落实北京市委市政府关于把北京建设成为新能源研发中心、示范中心、高端制造中心的战略部署，近年来北京市先后出台了促进新能源产业发展的相关政策和一系列配套措施，为促进新能源和可再生能源的开发利用提供了良好的政策环境和产业基础。2009年，成立了首都新能源产业技术联盟，以产业技术联盟为载体，推进新能源产业集群尽快形成，支持新能源产业快速发展。

目前，北京市新能源产业发展已初见成效，在光伏发电、装备制造、风电设备制造、新能源汽车等领域已具备一定的竞争力；太阳能生产设备已经具备整线交钥匙能力；平谷、延庆、昌平、亦庄建立了新能源产业基地；地热能、生物质能的诸多项目在示范和推广中。特别是2008年，以奥运绿色承诺为契机，实施了69项奥运场馆新能源利用项目，取得了积极的示范效应。

总体上看，北京市新能源和可再生能源产业发展取得了较好的成绩，但与首都经济社会发展的要求还有不相适应的地方，突出表现在：一是新能源利用总量占可利用总量的比例小，高端示范工程的辐射带动作用不强；二是产业发展速度较慢，产业发展规模较小；三是核心技术研发基础薄弱，高端研发发展缓慢；四是受应用成本、技术水平、经营模式的制约较为严重，规划建设运营的政策、标准规范有待进一步完善和提高。

委员们对北京市发展新能源采取的政策措施和取得的突出成绩给予充分肯定，认为新能源产业符合北京的发展方向，加快新能源产业发展，对于改善能源结构、保障能源安全、实现可持续发展、建设世界城市具有重要的战略意义。委员们建议：一是把抓好新能源的研发和推广应用与节能减排新成果相结合，避免在产品研发、生产和使用过程中对环境产生的二次污染；二是注重发挥新能源产业技术联盟的优势，整合产业资源、加强与国内外企业的合作，促进产品市场的多样化；三是在家电下乡、政府采购和经济适用房建设等项目中，大力推广技术成熟的太阳能光热利用和节能建筑材料等技术产品；四是以财政补贴的形式，扩大生物质能和地热能成熟产品的市场推广应用。

委员们指出，2010年科技委员会把新能源问题作为重点调研课题，紧紧围绕了北京市经济社会发展的中心工作。新能源产业作为中央确定重点发展的战略性新兴产业之一，对于转变经济发展方式、实现节能减排的目标具有重要意义。新能源产业是建设人文北京、科技北京、绿色北京的重要载体，也是首都科技发展的战略产业，北京应加快推进新能源产业发展，切实抓好相关工作。

第一，要提高认识。新能源产业的发展需要广阔的市场推广应用，这有待全体市民进一步提高对新能源重要性的认识。在保障能源问题上，北京市做了大量的工作，形成了一套完整的能源保障系统，如煤改气工程充分证明了政府的决心和魄力。但是开发利用新能源、实现节能减排的国家战略要落实到各省市包括北京，还需要相当长的过程，市委市政府要把新能源产业发展与三个北京建设结合起来，在国家制定的到2020年新能源和可再生能源占整体能源消费比重15%的目标基础上提出更高标准，体现出北京市发展新能源产业的优势和决心。

第二，要统一规划，统一领导。当前，政府部门中行政权力分割、资金使用分散的现象比较突出，阻碍了先进科技成果的转化和推广应用，要抓住"十二五"规划编制的时机，明确新能源产业发展的牵头部门，强化统筹协调机制。

第三，要加大政策优惠和财政补贴的扶持力度。北京市的财政实力雄厚，可以通过设立促进新能源产业发展财政专项基金，加大对新能源产业的投入力度，并通过税收优惠和财政返还等形式，采取市场基础性作用与政府引导推动相结合的方式，推动科技创新、开发利用与实现产业化发展相结合，实现新能源跨越式发展。

专题调研研讨会

2010年9月21日,"促进北京新能源产业发展"调研组召开第一次研讨会。委员们结合近几个月来对北京市风能、太阳能、生物质能、浅层地热能和新能源汽车等新能源领域开展调研的情况,分析了北京市新能源产业的发展现状、面临形势、区位优势和存在问题,并提出了明确战略发展定位、加强高端技术研发、整合产业优势资源、支持成熟技术产品市场推广等方面的意见建议。

委员们认为,北京新能源产业已经具备较好的发展基础,在技术研发、高端装备制造、技术服务等高附加值环节形成了比较强的竞争优势,风力发电设备制造和太阳能光伏产业居国内领先地位,新能源示范工程建设成效显著,太阳能光热、生物质能等一批新能源技术和产品在奥运工程和新农村建设中得到广泛应用。但调研中也发现了一些问题,如在发展新能源产业规划中,没有明确哪些产业更符合北京的资源和区位优势,而是各部门根据各自职能选择有实力的企业给予支持,形成政府围着企业转的现象;企业系统集成能力不强、核心技术尚不成熟,用于纯电动汽车的磷酸铁锂电池,在美国已经做到小块化,可以采取并联和串联的方式,具有充电时间短、成本价格低的优势,电池技术的滞后直接影响到纯电动汽车的市场推广;政府在支持产业发展过程中,资金使用分散、补贴力度小、重点不突出,对于农村沼气建设工程等项目的一次性投入难以满足可持续发展的要求。

委员们表示,北京应紧抓国家编制新能源产业振兴规划的机遇,深入研究北京市资源、要素优势和特点,合理定位北京市新能源产业和布局,着力发展新能源产业链高端环节,提升自主创新能力,以示范工程带动新技术新产品应用,全力推动产业快速发展。一要在"十二五"规划中明确产业发展方向,着力发展太阳能光伏发电、新能源汽车、低风速风电等关键领域的高端装备制造产业;二要建立综合性较强的能源管理机制,制定完善的资金支持、财政补贴政策措施;三要发挥首都新能源产业技术联盟的优势,联合开展技术攻关、解决产业化过程中的关键技术问题,构建拥有自主知识产权的技术支撑体系，增强行业整体竞争能力；四要重点推进太阳能光热技术产品的市场化，并与新型环保节能建材、光伏发电建筑一体化等技术结合，降低城市能耗，为绿色北京、低碳北京建设提供新能源支撑；五要加快推进新能源汽车产业发展，依托中央和北京市研发资源，搭建新能源汽车研发平台，推进整车控制系统、车载能源系统和驱动系统等三大关键系统研发，积极推动纯电动汽车和混合动力大客车研制及产业化，加快在公交、环卫等领域的示范应用；六要通过示范工程项目，加大对农村沼气使用、生物质能利用等项目的持续投入力度。

第十一章 加强新型农业科技服务体系建设研究[①]

构建城乡一体化发展新格局是北京市"十二五"时期的重要战略任务,"农业、农民、农村"问题是首都实现城乡一体化的关键。北京市委领导提出:首都的农村是拓宽战略发展的新空间、首都的农民是拥有集体资产的新市民、首都的农业是一二三产业相互融合的新农业。在推进城乡一体化发展的进程中,必须深刻认识科技进步在农业发展中的重要地位,加强农业科技服务体系建设,促进城乡资源互动,推动农业现代化、工业化与城镇化协调发展。

为进一步加快推进北京市农业科技创新与推广,发挥农业科技在首都城乡一体化过程中的引领和支撑作用,2012年3~5月,市政协科技委员会、市科协、市农林科学院联合就"加强农业科技服务体系建设,推进首都城乡一体化发展"开展了专题调研。先后听取了市农委、市科委、市农林科学院等单位情况通报,深入房山、通州、顺义、大兴、昌平、密云等区(县),走访了科技示范基地、农民专业合作组织、农业龙头企业等单位和专业技术服务人员了解实际需求,并与各区(县)农业科技主管部门、农民进行座谈。在此基础上形成了调研报告,供市委市政府决策参考。

---

① 本研究于2012年由北京市政协科技委、北京市科学技术协会、北京市农林科学院联合完成。

一、北京市农业科技服务体系建设现状

（一）坚持创新驱动，发挥科技高端引领作用

积极优化整合首都的科技、人才资源，搭建了以中央在京及市属农业科研院所（校）、国家工程技术研究中心、市级农业高新技术创新基地为基础的首都农业科技创新平台。强化农业基础性、前沿性科学研发，在农业生物技术、信息技术、新材料技术、物联网技术、精准农业技术等方面，抢占农业高技术领域制高点，打造全国科技创新源。以国家现代农业科技城建设为契机，积极推动科技创新成果服务于籽种产业、"菜篮子"工程、农产品物流、循环农业、农业农村信息化等都市型现代农业和改善民生，树立了首都科技高端引领形象，促进了农业科技与产业的进一步融合。

（二）坚持深化改革，不断完善农业技术推广体系

围绕"机构定性、职能定位；重心下移，完善机制；改革建设并重，公益经营剥离"三大重点，加快公益性农技推广体系改革。明确公益性推广机构承担八项公益性职能，健全和完善乡（镇）级综合性服务机构，落实农技推广、疫病防控、农产品质量安全监管"三位一体"职能，加大了财政对公益性服务的保障力度。在全国率先推动村级全科农技员队伍建设试点工作，据此强化乡镇农业服务中心、村级服务站点和专业技术服务队伍服务能力建设。实施了现代农业产业技术体系创新团队、国家基层农技推广体系改革示范县、院区（校）合作等服务项目，搭建现代农业技术成果应用和转化快速通道。

（三）坚持多策并举，充分调动社会化服务主体积极性

围绕都市型现代农业建设需求，充分调动农民专业合作组织、农民专业协会、龙头企业、高等院校、科研机构、农民经纪人、批发市场等社会化主体科技服务的积极性，拓宽服务领域、扩大组织规模、增强市场竞争力。启动了"科技套餐"工程，整合市科协所属45家涉农科技社团及相关农业科技组织的资源服务于首都现代农业建设。开展多种形式的农民教育培训和科普活动，培养造就有文化、懂技术、会经营的新型农民，将农村的人力资源向人力资本转化。

（四）坚持城乡资源互动，引导农业科技用于农村民生

首都农业科技服务体系不但推动了都市型现代农业建设，同时在新农村建设、生态环境保护等更广阔领域发挥重要作用。发挥服务体系桥梁纽带作用，将新能源、农村废弃物处理和资源化利用、农村信息化等关键技术应用到新农村建设当中，改善农村生产生活条件。实施了多项科技支撑农村生态环境建设的工程项目，加快推进循环农业、有机农业、绿化美化等技术转化和应用，打造生产清洁、消费友好、环境优美的村民宜居家园，促进"绿色北京"建设。

二、北京市农业科技服务体系建设存在的主要问题

（一）公益性农业科技服务体系尚不完善

1. 农技推广管理体制不顺

北京市农业科技推广体系中，市、区（县）级组织比较健全，各区

（县）都相继成立农业局，原有农业服务中心依然保留。但区（县）农业局与农业服务中心职能交叉，存在有权无责、有责无权问题；虽然各个乡镇政府都建立了农技推广服务机构，但存在多头领导、体制不顺、外聘人员混岗混编现象，基层农技推广服务有缺位，科技入户"最后一公里"问题还未能得到根本解决。

2. 专业人员服务能力不强

乡镇级服务机构存在编制—岗位—人员"脱臼"现象，人员流动性大，高素质专业人员缺乏。以动物防疫员为例，中专以上学历占14.9%，初中及以下学历占60.1%，92.7%的动物防疫员没有系统学习兽医专业知识或缺少兽医工作经验。技术服务方式单一、单调等，参与式、互动式、启发式推广方法还没有得到普及，信息技术等现代化服务工具利用率不高。服务领域比较窄，且重点放在产中环节，对于产前生产资料的采购和供应以及产后的农产品贮藏、保鲜、加工和销售等配套服务比较缺乏。

3. 经费尚未得到足额保障

部分区（县）和乡镇农技推广机构中，差额拨款或自收自支单位占比还比较大，公共服务经费没有得到充分保障，部分专业技术人员不得不把精力投入创收，影响了推广工作的开展。一些乡镇农技服务机构办公场所破旧，科技设施和仪器装备陈旧、老化，普遍没有相对固定的试验示范基地，不能完全达到新品种、新技术推广的要求。

（二）农业科技信息化、市场化服务能力不强

1. 信息化服务通道不畅

农业信息化是现代农业科技服务体系的强大支撑。尽管北京农业信息服务体系建设走在全国前列，但农业信息服务还存在着传输渠道不畅、信息资源利用率低等问题。农业信息采集的标准化、规范化程度不高，信息资源发布渠道缺乏整合和规范，信息的针对性、时效性、准确性难以保证。农村信息化基础设施薄弱，农民文化水平不高，农业生产组织化、规模化、标准化程度低，制约着农业科技信息发挥有效作用。

2. 社会化主体服务有待强化

京郊的农民合作组织、产业化龙头企业、科技示范园区等社会化服务组织建设存在"小而散"、筹资困难、新技术和新品种自主研发能力不足、市场竞争力弱等问题。多数组织以技术、信息等服务为主,产后服务少,跨区域、跨行业的大型、综合性服务组织少。支持"企业+协会+农户"生产组织模式的运行机制、政策措施、法律法规等方面还不健全。

3. 高素质实用人才缺乏

城乡差异的客观存在,使得青壮年劳动力大量外流,农村城镇化建设加快,使农业劳动力部分转移。目前,北京市农村人力资本存量少,劳动力结构失衡,对农业生产劳动投入不足。年轻科技人才和高层次专业人才缺乏,尤其是农村经济合作组织、龙头企业中缺乏带头人,现行的人才开发政策还不能全面实现广为吸引人才的目的。

(三)农业科研与生产脱节尚未完全解决

1. 农业科技管理体制不完善

现行科研管理体制下,科研院所和高等院校在农业技术推广中的地位和功能一直得不到明确。农业科研院所缺乏统一组织协调和有效合作,无法建立有效的大联合、大协作农业科技服务机制。不同领域农业科研各自为政,造成良种良法不配套、农机与农艺不协调。

2. 农业科研成果有效转化率低

对农业科研单位考核偏重学术价值而轻生产应用价值,科研项目选题偏行政指导而轻市场导向,使得科研成果与生产实际有脱节,尤其是北京都市型现代农业发展急需的籽种农业、设施农业、精品花卉、高档果蔬、农产品精深加工、农业旅游、景观设计等新兴产业技术需求还未完全得到满足。农业科研院校缺少相关的科技示范与推广专项经费,科技服务难"下沉"和维持长久。对科研人员绩效考核依然比较重视学历、论文和作者的排名,对基层人才实际贡献不够重视,农技推广人员获奖难、晋升难的问题依然存在。

三、推进北京市农业科技服务体系建设的几点建议

按照首都城乡一体化发展的基本要求,为进一步推动农业科技服务体系建设,加快农业科技成果转化和应用,促进都市型现代农业健康发展和农民持续增收,联合调研组提出如下建议。

(一)加强农业科技服务体系建设领导

农业科技服务体系改革和建设,是适应农业发展新形势和实现农业增长方式新转变的重大举措,涉及面广,政策性强,各级党委、政府必须切实加强领导,精心组织实施。有关部门要增强大局意识,相互配合,统筹协调,共同推进农业科技服务体系改革与建设工作。在贯彻落实2012年中共中央、国务院《关于加快推进农业科技创新 持续增强农产品供给保障能力的若干意见》、《北京市人民政府关于全面推进都市型现代农业服务体系建设的意见》(京政发〔2011〕8号)同时,制订《北京市科技服务体系建设规划》、《北京市信息服务体系建设规划》、《北京市国家现代科技城建设规划》等系列配套政策措施,加快推进北京都市型现代农业科技服务体系建设。

(二)健全公益性农业科技服务体系

1. 理顺管理体制

本着"权责一致、分工合理"原则,进一步明确理顺区(县)农委、农业局、农业服务中心的行政管理和技术服务职能。重点加强乡镇农业综合服务中心和村级技术服务岗位工作,做到专人专岗专用,使专业技术人员集中精力为"三农"服务。乡镇机构的人员、经费、资产等应由区(县)级农技推广机构统一管理,在人员调配、考评和晋升中,应充分听取乡镇政府的意见。乡镇政府要负责提供乡镇机构必要的工作和生活条件,并配合区(县)

级农业行政主管部门做好乡镇及村级农业技术推广人员的管理。坚持农业推广机构的公益性和主体地位，敦促落实基层农技推广机构纳入全额拨款事业单位相关政策。

2. 加强人才队伍建设

进一步强化公益性职能履行，科学核定公益性农业技术推广机构人员编制，保证专编专用，尽量防止在编不在岗和混岗混编现象。加快推进村级全科农技员工作，力争"十二五"末在10个远郊区（县）实现全覆盖。建立健全以农户覆盖率、解决问题有效率、农民满意率为主的动态考核评价机制。采取不定期的实用技能培训和中长期综合素质培训相结合的方式，不断提高农技人员专业技术水平、服务意识和责任意识。切实提高农技推广人员待遇水平，落实工作倾斜和绩效工资政策，提升推广人员工作积极性和主动性。

3. 增加推广经费投入

大幅度提高区（县）财政用于农业科技示范推广、基础设施建设的比例，改善基层推广机构业务用房、仪器装备、基地建设、配套交通工具等条件。选择一批重点乡镇或中心区域站，重点支持其设施设备、交通工具、现代化综合服务手段等改善。扶持一批示范展示效果好、运行管理模式新、产学研一体化、地点相对固定的农业新技术、新品种试验示范基地。继续推进农民田间学校、现代农业产业技术体系北京市创新团队、农业科技入户示范工程、现代农业示范园区、科技套餐工程等建设，并探索科技服务的新渠道和新模式。

（三）充分发挥社会化服务主体作用

1. 加快农民合作组织建设

一是完善农民专业合作组织。按照《中华人民共和国农民专业合作社法》等文件要求，完善农民合作组织章程和组织机构的建设，推动和扶持"五有"品牌农民专业合作组织发展。二是完善运行机制。以流通合作为主导，专业性和综合性多形式共同发展，满足农民在产前、产中、产后各环节中的技术、信息等服务需求。鼓励和支持农民专业合作组织进一步向企业化经营方向发展。三是围绕主导产业，鼓励和支持建立产业联合社。村、乡镇以专业合作组织为主，区（县）以专业合作组织联合社和行业协会为主，市里组建市级农民专业合作组织协会。四是发挥农业公益性服务机构的指导和引导作用。充分发挥农业专家指导组和辅导员队伍作用，加强对农民办社的指导、培训和服务。提高合作社管理人员素质，培养懂技术、会管理、善经营的复合型人才。

2. 加快农业科研体制改革

理顺农业科研、教学、推广和生产的关系，有效整合科技资源，建立大联合、大协作的机制。研究制订北京市院（校）区合作促进办法、农业科技成果转化促进办法，促进科研院校农业科技成果转化及其与郊区农业生产与经营等领域中合作工作的进一步开展。基于都市型现代农业发展需求，建立农村实用技术普及推广专项经费，完善科研与推广并重的绩效考核机制，根据科研和技术推广人员不同的研究领域、研究层次、研究项目确定评估维度。进一步扩大农业推广教授（研究员）制度实施范围，将职称评价指标的设置向一线人员倾斜，向创新人才倾斜，向农村实用人才倾斜。

3. 加大新型农民培养力度

充分利用农民田间学校、村级全科农技员培训、骨干农民培养等手段，开展多种形式的农民教育培训，扩大培训规模，创新培训模式，造就具有一定科技素质、职业技能和经营能力的新型农民。采取内引外联、产学联手共同开发方式，培育种养业能手、农机作业能手、科技带头人、农村经纪人和专业合作组织领办人等农村经济发展急需的人才。实施农村农业实用人才素质提升计划，对村级组织和农民专业合作组织负责人、大学生村官进行培训，提高其带领农民群众共同致富的能力和水平。引导和鼓励大专院校涉农专业大学毕业生到农村工作，落实相关配套政策。

（四）提高农业生产经营组织化程度

1. 搭建科技服务信息化平台

加快北京市的农业信息资源建设与整合，促进信息资源的互通、互联和共享。充分利用广播、电视、网络等现代传媒开展技术服务，发挥"12316"、手机短信、远程教育等现代化服务手段，着力提升信息的有效性、多样性、综合性服务水平。组建由合作组织、种养大户、运销大户为主体的信息员服务队伍，向农民及时传递各类信息。支持规模大、带动能力强的重点专业合作组织、龙头企业建设农产品市场信息系统。

2. 壮大农业生产经营组织实力

以区域特色产业或产品为基础，推动土地使用权向种植能手、农业企业集中，提升农业科技示范基地的专业化、集约化、规模化水平，落实相关政策，充分发挥农业科技示范基地的辐射带动作用。加大对精深加工、食品加工和外向型企业的扶持力度，提高科技创新和新产品开发能力，促进农产品加工企业从量的扩张向质的提高转变。由骨干企业牵头，建设内部分工协作、相互促进的行业协会，充分发挥行业协会的服务、自律、协调等职能，以整体优势，提高企业对农户的带动能力。

3. 推动农产品流通体系建设

重点培育一批具有较强市场经营能力的贸易流通型龙头企业、中介服务组织，推动城镇社区、批发市场、超市与郊区农产品标准化生产示范基地、农民专业合作组织的对接。加强市场的配套建设，完善仓储、保鲜、运输、检测、信息服务等功能，增强市场的聚集和辐射能力，畅通农民进市场的渠道。

（五）加快国家现代农业科技城建设

围绕现代农业和社会主义新农村建设重大战略需求，以农业科技高端研发和高端服务为核心，不断增强高端聚集、示范引领和辐射带动作用，加快推进国家现代农业科技城建设。集成并制订促进农业科技城发展的配套政策，推进相关政策在农业科技城先行先试，深化探索股权激励、科技金融、农产品期货交易、农业技术交易、产权交易、代办股份转让系统、企业上市等改革试点。强化国家现代农业科技城建设的科技投入，支持符合科技城建设方向的科技项目。

【北京调研案例分析】

2012年3~5月,课题组联合针对"加强农业科技服务体系建设,推进首都城乡一体化发展"开展了专题调研。先后听取了市农委、市科委、市农林科学院等单位情况通报,深入房山、通州、顺义、大兴、昌平、密云等区(县),走访了科技示范基地、农民专业合作组织、农业龙头企业等单位和专业技术服务人员了解实际需求,并与各区(县)农业科技主管部门、农民进行座谈,本部分还整理了委员们在调研中就反映的问题给出的相关建议。

市农林科学院部分专家研讨会

2012年3月16日,科技委"加强农业科技服务体系建设,推进首都城乡一体化发展"调研组与市农林科学院部分专家座谈。听取市农林科学院关于农业科技成果研发推广及产业化情况的介绍,并围绕科研经费持续稳定支持、技术推广乡镇村三级衔接等问题与部分农业经济专家座谈交流。

据介绍,北京市农林科学院(以下简称农科院)成立于1958年,主要承担农业应用基础、应用及开发性研究,农业高新技术研究,农业科技成果转化等任务,为北京农业发展提供了强有力科技支撑。多年来,秉持"创新与服务"的建院宗旨,以科技创新为出发点,以服务郊区为落脚点,逐步培育形成了包括动植物种质资源创新与新品种选育;农产品安全、高效生产;农业信息技术与智能装备研究与应用;农产品采后与深加工;循环农业、生态环境治理与修复等五大优势研究领域。围绕市民的"菜篮子"、"果盘子"和"米袋子",先后选育出蔬菜、果树、玉米、小麦、食用菌等新品种数百个,广泛应用于京郊种植养殖业。"十一五"以来,农科院在服务郊区的同时,通过建立示范基地、实施科技推广项目,将成熟的技术、先进的成果和适宜的品种向全国辐射,发挥了北京农业高端、高效和高辐射的作用。农科院试行了专业技术岗位聘任制(试点),按照项目带动、团队带动和国际合作交流带动,培养了一批科技人才,稳定了科研队伍。

与会人员认为,农业科技贯穿农业生产的全过程,在促进农业发展方式转变中发挥了重要作用，但目前农业科技服务体系中存在一些亟待解决的问题。一是缺乏长期稳定的科研经费支持。科研成果是厚积薄发的积累过程，科研成果的形成是科技服务的基础和主要内容，现行项目申请制度（1~3年申请一次）既不利于科研人员持续研发，又牵扯了科研人员的大量精力。二是科技成果的对接渠道不畅，存在科研机构、大学、中等教育机构等多部门直接到一线服务农户的现象，服务模式单一、服务内容重叠，缺少一个统筹机构解决"最后一公里"的问题。三是农技推广队伍难以满足农民的需求。基层农技人才断档、专业结构不合理，知识更新滞后及行政事务过多影响了技术服务工作。四是科技成果评价体系重创新轻应用，导致部分科研人员存在"重理论，轻应用；重立项，轻质量；重科研，轻转化；重成果，轻推广"的思想观念，不利于发挥科技对农业的支撑作用。

专家们建议：一是全面落实中央"1号"文件精神，充分考虑农业科研单位的公益性质，给予农业科研单位更多的自主权和发展空间，在成果评价、奖励机制方面实现政策上的突破。二是建立长期、持续的经费支持长效机制，减少专家申请项目的精力，加大自主品牌的示范推广力度。三是搭建科技服务平台，发挥农业科技示范基地和专业合作社的作用，解决实验、示范、推广脱节的现实问题。四是整合教育培训资源，切实做好乡镇基层农技推广人员的培训和知识更新，大力培养农业技术推广能手和乡土专家。

委员们指出，2012年市政协将围绕推进首都城乡一体化发展课题开展协商议政工作，在推进城乡一体化发展的大课题下如何发挥科技对农业的引领支撑作用，加强农业科技服务体系建设是重要的抓手。科技委将联合市科协、市农林科学院，围绕北京农业科技服务体系中的推广主体、推广项目、推广经费、推广机制和推广人员等问题开展调研，深入分析农业科技服务体系为都市型现代农业服务、为农民增收服务的有效途径，为进一步推进城乡一体化发展建言献计，为市委、市政府科学决策提供参考。

调研座谈会

2012年3月23日，科技委"加强农业科技服务体系建设，推进首都城乡一体化发展"调研组召开调研座谈会。市科委、市农业局有关领导分别介绍了北京国家现代农业科技城建设情况、北京市农业科技服务体系建设现状及政策措施，并就相关问题与委员座谈。

据介绍，2010年8月北京市与科技部、农业部共建北京国家现代农业科技城（以下简称农科城），重点开展良种创制与种业交易中心、农业科技创新产业促进中心、农业科技网络服务中心、农业科技金融服务中心、农业科技国际合作交流中心"五大中心"建设。农科城建设突破一般农业科技园区的技术示范、成果转化、生产加工功能，通过科技与服务相结合，从产业链创业的层面统筹"三农"发展，实现产业、村镇、区域整体功能的突破与升级；通过聚集资本、技术、信息等现代农业服务要素，形成"高端研发、品牌服务和营销管理在京，生产加工在外"的产业模式，促进一二三产融合，城乡经济社会一体化发展。一年来，北京市与科技部等中央部委协同工作，联合打造国家层面的支撑服务平台，连通共享了多个省区市的13个农产品行情数据库和14个农业科技成果发布源，整合了140个央地重点实验室（工程技术研究中心）、500台（套）价值超过1亿元的科研仪器设备。深化央地科研与产业对接机制，抓好一批具有现代农业高端形态的特色园区，促进产业化集群发展，与81个国家和地区、33个国际组织建立了合作关系，充分利用世界草莓大会、世界种业大会等农业国际会展活动，促进项目、成果落地北京。2011年本市农业科技进步贡献率达到69%，比全国高出16个百分点。

据介绍，北京市在发展都市型现代农业的实践中，着力加强农业科技服务体系建设，不断创新工作机制和方式方法，一定程度上解决了农业科技入户"最后一公里"的难题，满足了农业"产前、产中、产后"服务需求，促进一二三产融合发展，推进了首都新农村建设和城乡经济社会一体化发展。一是全科农技员试点工作取得阶段性成果。从2010年起，分3批在10个远郊区县39个乡镇1039个村，培育了1039名村级全科农技员常年进村入户服务，市财政每人每月补贴1500元。采取层层遴选、专业培训、签约上岗、四级考核以及完善退出机制的方式，有效提高了全科农技员的服务水平和服务的主动性、积极性。二是不断深化基层农技推广体系改革。围绕"机构定性、职能定位；重心下移，完善机制；改革建设并重，公益经营剥离"三大重点，共核定基层农技推广编制5576个，区县实聘人员5606人，基本理顺了北京市农技推广体系。三是不断创新农技推广的方式方法。形成了农民田间学校、骨干农民培养、农村实用人才、全科农技员等多个科技推广培训平台;已组建了果类蔬菜、生猪、观赏鱼、家禽和食用菌五大现代农业产业技术体系创新团队;创建了大兴、密云、房山、延庆4个"国家基层农技推广体系改革示范县";强化了院(校)、区(县)合作的长效机制。

委员们认为,近年农业科技服务体系的建设坚持与首都农业功能相协调、产业结构相匹配、体制机制相适应,不断探索强化科技支撑、优化资本流动、畅通信息服务的新模式、新方法,提高了现代农业科技社会化综合服务能力。但农业社会化服务体系中公益性服务的地位有待进一步明确和提升,调动社会力量参与农业社会化服务的优惠政策有待进一步明确,农业科研体制与农民服务需求的对接机制有待进一步理顺。

委员们建议:一是加大财政对农业科技补贴,进一步细化财政补贴标准,增加对交通费、误餐费、培训费等支出考核,出台鼓励性政策,支持科研人员到一线推广农业科技成果,支持退休人员加入到农技推广队伍。二是加强乡镇专业合作社建设,完善推广工作场所、设备和技术手段,在明确农技推广、动植物疫病防控、农产品质量安全监管"三位一体"公共服务职能基础上,增加后续的农产品加工、储藏、销售职能。三是针对设施农业、循环农业、会展农业等新兴产业特殊需求,扩大政府采购目录,通过首购、示范,推广具有自主知识产权的节能减排产品,引导其他行业产品进入农业生产领域。四是重视栽培技术推广。农业生产是全链条模式,育种要与栽培相结合,优良品种如果缺少栽培技术的配套,品种的高产优势就发挥不出来,直接影响生产水平。

房山区

2012年3月30日,科技委"加强农业科技服务体系建设,推进首都城乡一体化发展"调研组到房山区调研。听取房山区农业科技服务体系建设总体情况介绍,实地考察了良乡蟹味菇工厂化基地、乐义(北京)农业发展有限公司,并就当前农技服务建设问题与区农委、农业局及部分技术人员座谈。

据介绍，房山区现有农村人口35.7万人，占全区人口总量比重接近一半，占全市农业人口总量的1/6。全区农业企业总量为320家，带动劳动力就业1.3万人，农民专业合作社总量达到530家，入社成员1.1万户，带动2万多农户，初步形成了磨盘柿、食用菌、肉鸭、设施、豆类、民俗旅游等农业优势产业。目前，房山区的农业科技推广与服务主要以区级、乡镇级两级农技推广机构为主体，以村级全科农技员、村级防疫员等农业公益性岗位设置为有效补充，以实施全国农技推广体系改革示范县建设、田间学校及创新团队建设、村级全科农技员队伍试点建设等项目建设为抓手，以35名市区农业专家组成的"房山区农业技术服务团"为技术依托，不断创新服务模式，大力培养新型农民，逐步健全市、区、镇、村四级科技支撑与服务体系，在破解科技入户"最后一公里"难题上实现了质的突破。一是有序推进全区农技推广体系改革。通过产业首席专家指导，岗位指导员、科技示范户对接，加强技术培训等形式，稳步壮大主导产业和示范基地建设。二是全力建设田间学校和创新团队。近年，田间学校已发展到103所，学员达到6000余人，每年推广新品种新技术达百余项，每年帮助农民解决技术难题200多个。建立食用菌、禽蛋、生猪、观赏鱼、果菜类蔬菜、叶菜类蔬菜、冷水鱼等7个创新团队工作体系，田间工作站总数达到近40个。三是高效开展全科农技员试点建设。围绕种养主导产业发展和农民的技术需求，完成7个乡镇176名全科农技员的选聘，建立了农技员工作例会制度和绩效考核动态管理机制。

调研中，委员们对房山区重视农机推广体系建设与服务表示满意，特别是通过建设工厂化基地、"公司+农户"现代经营模式，带动和帮助农民致富的做法给予充分肯定。针对房山区农业科技服务体系建设中存在管理体制不顺、职能权责不清、编制经费不足等突出问题，委员们建议，一是在职能重新整合的基础上，取消差额拨款和自收自支，农业技术推广部门应实行全额拨款。二是应尽快解决目前农技推广体系人员严重不足的现状，适当增加区乡两级农业技术推广机构人员编制，不断完善管理体制，确保区乡两级农技推广人员专职化，保证其主要精力用于科技推广服务等公益性工作，避免出现"断层"。

密云县

2012年4月6日,科技委"加强农业科技服务体系建设,推进首都城乡一体化发展"调研组到密云县调研。听取密云县副县长关于密云县农业科技服务体系建设情况的介绍,围绕农民专业合作社服务中心建设、网络信息化与现代农业融合等问题与部分农技推广人员座谈,并实地考察了高岭镇爱农养殖基地。

据介绍,密云县总面积2229.45平方公里,在册耕地33.4万亩。共辖17个镇,330个农业村。全县户籍人口42.8万人,其中农业人口25.8万人,占全县人口的60.28%。农业主导产业为蔬菜、食用菌、水产养殖、畜牧养殖、以玉米为主的粮食作物、以花生为主的经济作物。近几年,密云县围绕有机农业、创意农业、会展农业、红酒产业、高端休闲旅游业等重点农业产业,充分发挥科技在强农惠农中的创新作用,初步建立起了"一二三四"模式的新型农村科技推广服务体系,即成立以县长为组长、主管县长任副组长及相关部门领导参加的农业科技推广领导小组;搭建新型农村综合科技服务平台和农民田间学校技术推广平台;启动"十百千"示范工程(即建立10个高产高效示范基地,建立100个主导产业示范村)、"双百一双向"远程视频系统惠农工程、有机果品科技示范工程;推行市、县、镇、村四级农技人员对接模式。2011年,密云县共投入农业科技服务体系建设资金2600万元,构筑了以农业、农机、水产、果树、畜牧5个县级技术推广站为核心,上联10余家市级科研院所,下通17个镇级农技服务站,辐射30个村级农业综合服务站的农技服务网络;组建了由市级专家及县、镇、村农技员组成的四级农技推广队伍700余人。通过多种形式开展农技推广服务活动610余次,培训农民12万人次,带动农户4万余户,实现增收2.9亿元。

委员们认为,密云县高度重视农业产业发展,特别是注重信息化基础设施建设,利用信息化技术服务农业,取得了很好的效果。加强农业科技服务体系建设,推动更多农业科技成果应用于农业,在提升生产力的同时,解放出大量劳动力投身于二产、三产,使农民就地城镇化,缩小了与城市的差距。

建议：一是建立部门联动机制，加强农村科技推广服务体系的管理体制建设，明确各部门的职责和任务。二是结合现代农业发展对科技的需求，整合人才、资金、技术、市场等资源，创新推广模式，改变自上而下、单向灌输的传统推广手段，逐步建立双向互动的现代服务模式，实现从单项技术服务向集成技术服务转变、从单个环节技术服务向全产业链技术服务转变。三是结合农技推广实际充实农技推广队伍，制定向基层农技推广人员的倾斜政策，进一步改善基层工作环境。四是制定农业人才队伍建设规划，注重新型农民的培养，在引进外来专业人才的同时，加大对本地区人才的培养和使用。

昌平区

2012年4月13日，科技委"加强农业科技服务体系建设，推进首都城乡一体化发展"调研组到昌平区调研。听取昌平区农业科技服务体系建设总体情况的介绍，与农民专业合作社、基层农技推广人员代表座谈，并实地考察了天润园草莓采摘园、崔村镇农资连锁直营店。

据介绍，昌平区按照"生态景观、休闲产业、都市精品"的功能定位，大力发展以设施农业为龙头、"一花三果"为主导的都市型现代农业。目前，全区高标准日光温室总规模达到1.98万栋，西部百合、东部草莓两大设施农业产业基地已经形成，设施农业总收入超过3.6亿元，百里山前苹果、山区传统林果产业持续提质增效，具有昌平特色的都市型现代农业产业格局已经形成。近年来，随着现代农业构架不断健全，昌平区不断调整和完善农业科技服务体系，逐步建立了拥有7个公共服务体系，81个服务机构，365个农民专业合作社，1.4万名社员的农业科技服务体系。一是巩固农业科技支撑，大力发展"实验室经济"，不断提高科技创新能力。建立科研专家技术团队，对栽培、繁育技术进行研究与产业开发；建设苹果、草莓、百合花等国家级农业标准化示范区和63个农业标准化生产基地；积极开展无公害农产品、绿色食品和有机食品认证，规范农业生产，提高产品质量。二是加强科技培训，提高农民的综合素质。区政府每年投入专项资金200万元，以区、镇农技推广体系和农民专业合作社为依托，积极实施农业实用技术培训和科技套餐工程。三是整合信息资源,将移动农网、农业电视栏目、电话语音系统和农村网络建设整合到一起,构建以"四电合一"为核心的农业科技信息服务框架,为农民提供快捷优质服务。

委员们对昌平区委、区政府高度重视农民培训就业工作,将农民科技培训工作列为区政府"折子工程"和"为民办实事"工程的做法给予充分肯定,认为农业劳动力老龄化趋势日趋严重,农业劳动力后继乏人已经成为制约农业现代化乃至威胁农业安全的重要因素,如何吸引有文化、懂技术、会经营的年轻人从事农业,并把农业生产作为终身职业,需要政府的大力支持和重点培养。委员们建议从区级层面理顺工作体制,健全服务机构。一是进一步明确理顺区农业局、农业服务中心的行政管理和技术服务职能,避免职能交叉、多头领导现象。二是突破镇域限制,通过政府购买服务形式,建立按产业、跨区域的农技服务机构,配置专业技术人员 5~6 名,开展公益性科技服务。三是加大财政经费投入。进一步加强基层农技推广机构基础设施和配套设施建设,加大检疫检测设备设施投入,改善农业科技服务工作条件,优化服务环境。四是建立新品种、新技术引进、试验、示范和推广专项经费,建立试验、示范基地和实训基地,积极稳妥地推进新技术和新品种的推广。

大兴区

2012 年 4 月 20 日,科技委"加强农业科技服务体系建设,推进首都城乡一体化发展"调研组到大兴区调研。听取了大兴区农业科技服务体系建设总体情况介绍,实地考察了安定镇农业综合服务中心,就基层农技推广、农村合作社建设等问题与区农委及相关技术人员座谈。

据介绍,近年来,大兴区将科技作为农业工作的重点,积极发挥科技引领作用,依靠科技创新驱动,促进农民增收,加快都市型农业稳定持续发展,取得了很好成效。坚持不断进行改革创新,从五个方面创新和健全全区基层农技推广机构的体制机制:一是建立了新型职能设置机制。养殖业设置了 14 个专业站,实现了农技推广全覆盖,种植业建立了"9 + 1"的新型建站模式。规范了区镇两级农技推广机构的名称、职责、人员编制及拨款方式，强化了区镇两级农业技术推广机构的公益性服务职能。二是建立了新型人员聘用机制。实行镇级农业技术推广人员聘用制，按照公开、公平、公正的原则，公开考试、择优聘用，稳妥地完成了人员考聘工作。三是建立了新型推广服务机制。明确了镇农业技术推广站、动物防疫畜牧水产技术推广站由区、镇双重管理的服务机制，镇级负责行政管理，区级负责业务指导。四是建立了新型资金投入保障机制。区、镇农技推广机构履行职能所需经费纳入财政预算，确保履行公益性职能所需资金及时到位。积极向上级争取资金支持，完善基层农技推广体系条件建设。五是建立新型人才培养机制。对全区350名基层农技推广人员进行封闭式系统培训，提升农技推广人员的服务能力与服务实效。通过采取这些改革措施，机构设置和管理体制更加顺畅，队伍结构更加优化，科技服务人员综合能力显著增强，有力促进了农技推广工作。通过院区科技合作、农业科技项目等方式，带动全区示范推广新品种达500余个，应用新技术130余项，形成了庞各庄西瓜、采育葡萄、长子营有机蔬菜等一批规模化、品牌化生产示范基地。培育壮大了农业主导产业，延伸了产业链条，提高了经济效益，促进了农业农村经济发展。

同时，该区基层农技推广服务还面临着相关问题，一是运行机制仍需完善。改革后，基层农技推广机构全部改为全额拨款事业单位，农技推广工作不再与经营收入挂钩，可能会在一定程度上影响某一部分人的服务积极性，需进一步完善运行机制。二是目前基层农技推广机构工作人员专业技术水平还不高，获得中高级技术职称的人员数量仅占总数的20.3%，其中近60%的人员无相关职称。三是农技推广机构的基础设施较为简陋，设备仪器相对落后，各种检测仪器设备也急需更新。四是农业科研教学单位、农民专业合作社、涉农企业、农业专业服务组织等机构在农技推广服务工作中的作用还未充分发挥，多元推广仍需加强。

委员们认为，大兴区积极创新农业科技服务体系，在与院所合作、运用信息化手段等方面成效非常突出。针对当前面临的一些问题，委员们建议，一是落实好基层农技推广体系改革各项政策，确保人员尽快到位，确保改革后的农技推广机构顺利运转。二是加大技术培训力度，加强与高校院所之间的交流，提高农技人员的技术指导水平，打造让农民满意的基层农技人才队伍。三是尽快建立财政投入、项目带动、社会参与的多渠道基层农技推广体系资金保障机制，促进基层农技体系高效运转。四是加强与农业科研教学单位、农民专业合作社、涉农企业、农业专业服务组织的多元化协作，强化多方联动，以合力促发展。

第十二章　强化科技支撑，提高首都防灾减灾能力研究[①]

在全球气候变化的大环境和城市快速发展的大格局下，灾害呈现出多发的势头，城市规模的迅速扩展，环境压力和人口聚集使得首都的防灾减灾问题日趋突出，形势更加严峻。中共十八大明确提出了"建设生态文明，加强防灾减灾体系建设"的要求。为进一步强化科技支撑，提高首都应对地震、洪涝、极端天气、火灾及各类次生衍生灾害的能力，市政协科技委员会与部分民主党派市委、市科协、市科研院联合展开专题调研，深入政府相关部门、基层社区、科研机构、行业联盟以及高新技术企业了解情况，并到四川、广东学习考察。在此基础上形成调研报告，供市委市政府决策参考。

一、北京市防灾减灾情况

近年来，在市委市政府的领导下，北京市各有关部门开展了一系列工作，全市防灾减灾工作取得了一定成效。

（一）基础设施建设初具规模

北京市气象部门建成了多功能、立体化、全天候的气象灾害监测、数据处理、预报预测和公众灾害防范服务的综合系统。消防部门成立了119消防

---

① 本研究于2013年由北京市政协科技委、民革北京市委员会、民盟北京市委员会、民建北京市委员会、致公党北京市委员会、九三学社北京市委员会、北京市科学技术研究院联合完成。

指挥中心,负责所有北京范围内119电话的受理和布警。地震部门构建了由1个测震台网中心、31个数字地震台站组成的全市地震监测网络,为震前监测、震情跟踪、震后观测提供科技手段。全市共有地震应急避难场所81处,总面积约1520.98万平方米,可容纳约265.49万人。民政部门建立了救灾物资储备制度,可满足紧急安置18万人的应急必备物资需求,完成了"1+4"救灾储备库的规划工作。

(二) 积极开展技术产品研发

市气象、地震、消防等部门依据灾害预防准备、监测监控、预警指挥、抢险救援各环节的需求,开展技术研发和制造,基础设施及装备水平有较大提升,在灾害防范与救援工作中发挥了一定作用。发挥首都科技资源集聚优势,支持央企建设"应急救援科技创新园"和"应急救援科技产业园",依托应急救援科技创新联盟,联合多家科研院所和企业,开展现场采集、网络通信、展示分析、现场救援和应急保障等多种装备研发。

(三) 逐步建立保障体制机制

初步建立防灾减灾法制体系,先后出台了《关于加强本市城乡社区综合防灾减灾工作的指导意见》、《北京市人民政府关于进一步加强本市应急能力的意见》、《北京市突发事件预警信息发布管理暂行办法》等文件,进一步规范了防灾减灾工作,明确政府综合协调的职能。在完善单一灾种系统防抗的基础上,强化科技支撑。编修灾害应急预案,建立了现代化城市综合防灾减灾统一指挥、部门联动的工作机制,形成了全市重点行业、重点区域的灾害风险管理体系。

(四) 开展科普宣传演练活动

利用传统和新型媒介,扩展防灾减灾科普宣传的内容,推动防灾减灾科普进社区、进企业、进学校、进农村、进家庭。开通市民热线电话、政府微博,进一步畅通了政府与公众沟通的渠道。通过"防灾减灾日",有针对性地开展防灾减灾演练,加强防灾减灾科普宣传,公众的防灾减灾意识、风险识别能力和防范技能得到了一定提升。

二、北京市防灾减灾形势严峻

在北京市经济社会快速发展的同时,伴随着各类灾害的隐患日益增多,防灾减灾面临的形势更加严峻,突出表现在三个方面。

(一) 各类灾害风险交织并存

近年来受全球气候变化的影响,极端天气增多,强降雨、干旱、高温、雾霾、冰雪、沙尘暴等极端天气是北京面临的主要灾害类型。北京处在Ⅷ高地震烈度区,突发地质灾害风险源有520处,可能产生地震、崩塌、滑坡、泥石流、采空塌陷等重大灾害,此外由于中心城区超高层建筑集中,轨道交通建设运营里程不断上升,高层和地下空间发生火灾的概率增加。

(二) 城市承载处于超负荷状态

北京市常住人口已突破2000万,还有大量的流动人口,水资源、能源供应、交通路网长期处于高度紧张的状态。城市的超负荷运转也使得城市在灾害面前暴露出较强的脆弱性,使得首都现有防灾减灾能力与人口、资源、环境的承载状态存在明显差距。

(三) 次生衍生影响极易放大

北京正经历着"经济转轨、社会转型"的发展阶段,灾害极易对城市功能的正常发挥造成巨大影响,应对不当更将诱发群体恐慌乃至社会动荡等事件发生,对首都经济社会活动、城市正常运行和生态环境等造成严重威胁。

三、北京市防灾减灾存在突出问题

近年来，北京市防灾减灾工作有较大的进展，全社会的防灾减灾意识有较大提升。但是，与一些发达国家相比、与一些省市相比，北京市的防灾减灾工作还存在不少差距。特别是应对城市快速发展、灾害风险增多的态势，北京市防灾减灾的能力仍显较弱，科技支撑作用没有得到充分发挥。

（一）缺乏综合协调的权威机构

北京市防灾减灾主管部门都建立了较完善的灾害灾情监测、预警、发布等信息平台。但由于没有建立全市性防灾减灾的权威机构，缺乏全局、整体和综合的对灾害进行防范规划、研析评估、统筹协调。实际工作中，条块分割、各自为政，部门壁垒，重复建设的情况时常发生。部门之间、条块之间、军地之间协同作战的联动机制不畅通。

（二）防灾减灾支撑基础比较薄弱

1. 基础设施难以满足防灾需求

极端天气增多，气象监测任务加重，但部分监测点遭到毁坏。城市轨道交通线路增加，一些地震监测点需要迁移重建、监测设备及手段亟待提升。全市消防能力严重不足，消防站点建设还未达到"十一五"规划目标，且救援装备相对落后。应急避难场所少、管理维护工作不够到位。全市应急物资储备处于低端管理水平，灾害来临时无法做到"找得到、调得动、用得上"。

2. 人才培养体系建设滞后，科技经费投入明显不足

全市还没有一个教育培训机构设置防灾减灾专业，即使相近专业仅侧重研究型人才培养，而缺乏综合性、操作性的一线防灾减灾人才的培养。灾害机理的研究、先进设备的研发投入不足，现有的技能型工程技术人员远远不能满足需求。

3. 法规标准基础还比较薄弱

北京市综合灾害预防、减灾规划和计划等重要环节还未提上日程，防灾减灾尚未纳入首都技术标准发展战略，防灾减灾技术标准体系尚未建立。城市防灾、减灾能力等缺乏高标准，影响整个防灾减灾体系的协调发展。

（三）科技应用水平亟待提高

1. 信息化建设水平、信息共享集成度较低

目前尚无能够充分整合多部门信息的综合减灾与风险管理信息系统。地区与部门、中央与地方、军队与地方、政府与企业的应急能力储备，缺乏共享集成。由于信息传播机制不健全，信息传达和数据统计渠道不统一，导致先兆信息难以进行综合分析，直接影响灾情的快速准确评估。

2. 部分救援装备落后，功能不够完善

部分地方和企业防灾减灾应急救援装备的配备严重不足，现有应急救援设备陈旧，一些救援器材仍在超期服役。应急救援抢险队伍的装备落后，缺少针对高层建筑、地下空间等特殊场所的救援手段，尤其是缺乏灾害现场的综合化、单体便携装备。现有民用自备应急装备产品，功能不全，不便携带、不易存放，难以普及。

3. 灾害监测预警预报能力较弱

北京市的自然灾害监测预警和风险防范能力亟待提升，灾害监测站网密度亟须增加，预警预报的精度需进一步提高，预警信息的传播手段和实效性还需加强。目前，预警信息有效知晓水平较低，缺乏多种形式的预警终端，灾害信息的实时发布、灾前预防措施的普及、灾中自救方法及逃生途径的及时通报也缺乏依托平台。北京市在全国率先开展了紧急广播进社区的示范工作，但由于缺乏资金支持，应急广播推广应用步伐十分迟缓。

（四）科技研发配套政策缺乏

1. 缺少鼓励和统筹防灾减灾科技研发的政策支撑

防灾减灾基础建设、科技研发和成果应用，以及采购、征用、补偿等方

面，缺乏相关政策措施、实施细则和配套清单。缺少牵头部门对防灾减灾科技研发的资源统筹和科学规划，防灾减灾技术、产品、服务尚未形成的集成应用。

2. 成果与需求对接脱节，科技转化水平不高

政府、企业、院校与科研机构之间缺乏有效的沟通协调机制，每年有大量的防灾应急科研成果被束之高阁，成果转化率低，新技术、新产品未能及时投入应用。现有防灾减灾产品市场需求未得到充分满足。除了军队、武警、公安等少量用户外，产品需求主体不明确，找不到有效用户，无法进行有目的的生产。

（五）宣教培训演练力度明显不够

1. 宣教手段单一，效果不够明显

防灾减灾科普教育仍以活动形式为主，尚未建立宣教培训长效机制，缺乏激发市民和社会参与兴趣的新型宣传教育手段，灾害前兆特征和自救互救知识的有效普及力度较弱。防灾减灾科普教育基地的建设和开放程度严重不足。一方面，领导干部的灾害风险意识、灾害科学常识以及灾害心理防御能力存在明显不足；另一方面，公众对政府的依赖程度过强，缺乏灾害发生的第一响应意识。

2. 培训演练不够深入扎实

培训演练以认知为主，与实践严重脱节，缺乏科学的教材体系和培训专业教师。目前的防灾减灾演练多是照本宣科，缺少在科学推演的灾害场景基础上开展针对性、综合性的演练，对演练效果缺乏评价和改进。由于重演轻练，导致公众对当地或所在社区应急避难场所不甚了解，也缺少自备应急装备的配置、更新和使用。

四、关于强化科技支撑提升防灾减灾能力的建议

当前，首都正处在新的发展阶段，面对城市灾害风险日益突出的严峻形

势，北京市防灾减灾工作任重道远。为进一步发挥科技支撑作用，提升全市防灾减灾能力，联合调研组提出以下建议。

（一）成立北京市减灾委员会，建立城市综合防灾减灾体系

1. 成立北京市减灾委员会

目前，全国绝大多数省市都已成立减灾综合机构，鉴于首都的特殊地位和面临的严峻形势，应尽快成立北京市减灾委员会，加强顶层设计，统筹全市防灾减灾工作，并以此为龙头逐步建立适应首都特点的防灾减灾首都体制。进一步加强巨灾风险研究分析，制定大都市圈巨灾应对预案，提升防范和应对巨灾的能力。

2. 建立全市综合防灾减灾信息服务平台

建立气象、水文、地震、消防等不同灾害信息互通和共享机制，建立政府、部门、企业以及军地间物资储备信息平台的互联互通机制。

3. 进一步完善灾害预警信息发布机制

利用网格化城市管理模式，培训网格监督员，做好灾情信息采集和监测预警。启动北京市灾害预警行为调整指南编制，做到有效预报、积极防范，保证公众可以随时随地掌握灾害预警的内容、级别以及疏散避难信息。

（二）建立防灾减灾标准体系，开展全面灾害风险评估

1. 建立防灾减灾标准体系

将防灾减灾标准体系纳入全市技术标准发展战略，制定防灾减灾管理标准、应急救援产品标准和信息对接标准。梳理相关技术标准体系，提出与技术发展相适应的标准体系建设框架，统一分散在各部门的防灾减灾技术标准接口，加强战略性和基础通用标准制定工作，避免标准重复制定，加快形成防灾减灾技术、产品、服务的认证体系。

2. 开展全面灾害风险评估

全面深入辨识北京市的灾害风险源，研判各类风险的次生衍生影响，针对高层建筑、地下管线、公共场所、老旧危房等重要风险点，做好登记、监

测、信息发布和定期更新工作。有针对性地落实风险防范应急预案和措施，由被动救灾转变为主动防范。

（三）重视基础设施建设，提升防灾减灾和应急救援能力

1. 全面加强规划和建设，切实解决防灾减灾基础设施欠账问题

一是做好全市消防站整体布局，确保"十二五"时期每年有15座消防站新建并投入使用。二是制定气象探测环境保护专项规划，科学合理规划气象设施建设用地，从源头降低被破坏的可能性，依法严肃处理对危害气象探测环境的违法建设。三是落实救灾物资储备库选址并启动建设，尽快实现"一个中心库、四个分中心库"整体布局，保证储备物资的最大覆盖。四是加快应急避难场所建设，优化布局，提升配套服务能力，对避难场所的承载能力和应急服务水平进行定期演练。

2. 强化城市综合防灾能力

综合分析首都能源供应、交通运行、环境以及防灾准备等数据，对资源、环境、能源、基础设施的承载能力进行评价，在此基础上提升道路桥梁、公共场所、高层建筑、老旧危房的防震和抗灾性能，保证城市设防能力。

此次调研中，各有关单位共同反映抵御灾害最薄弱的环节在地下，应建立地下各种管线的综合地理信息系统，制定统一预案，加大地铁、燃气、热力等地下设施运行维护的人力、物力、财力投入，提高应对突发事件的能力。

3. 运用信息化手段，提升应急救援能力

利用物联网、导航定位、遥感卫星等技术，完善自然灾害远程实时监测网络，提升灾情信息高性能计算和大数据快速分析能力，提高灾害风险预测预警的及时性和准确性，为应急救援过程中灾情研判、决策制定、信息沟通、资源调度提供支持。

（四）加大资金投入力度，建立科技支撑常态化机制

1. 建立防灾减灾投入增长机制

保障政府预算中防灾减灾基础设施建设、科技研发、公众科普、志愿者

队伍建设等各方面的资金投入比例，发挥财政资金的导向作用，鼓励社会捐赠设置防灾减灾基金。

2. 鼓励防灾减灾科技研发

将减灾应急项目纳入年度科研项目指南，发挥首都科技资源优势，鼓励整合科技资源联合申报综合应急科技开发项目；依托市属科研机构，建立综合性防灾减灾科研基地；建立综合和专项兼顾的决策专家咨询系统，为政府防灾减灾决策提供智力支撑；加强具有集成性和便携性的一批先进适用的救援技术装备的引进和研发，尤其是高层建筑、地下空间等复杂灾害现场的救援装备。

3. 支持防灾减灾产业发展

做好防灾减灾产业规划，引导鼓励民营企业进入防灾减灾产业，扶持以大型企业为龙头的产业联盟、产业园区的建设和发展，促进防灾减灾产品开发应用，带动产业链发展，也可进一步缓解首都就业压力。

（五）加强科普教育，提高全民防灾减灾意识和能力

1. 明确部门职责，做实科普宣传

宣传部门应出台政策确保电视、报纸、网络等公众媒体防灾减灾栏目的必要时间，教育部门应将防灾减灾知识普及纳入教学计划；人力资源部门应明确灾害信息监测、预警信息发布和抢险救援人员的定期培训；加强对领导干部的科普工作，提高领导干部的科学决策能力。

2. 突出社区、家庭、学校等关键环节，加强培训和演练

一是建立社区综合防灾减灾宣传教育常态化机制，普及自救和互救知识，提高市民避险与逃生能力；扩大社区救援志愿者队伍，加强专业技能培训，支持社区建立专兼职多样化的应急救援队伍。二是推广家庭应急包、应急广播等终端产品，提供"家庭应急物资储备建议清单"。三是增加中小学课本的防灾减灾知识（日本各类教材中防灾减灾知识占5%以上，我国不足1%），每年强制中小学校组织2~4次应急演练。四是建设灾害场景体验和演练的科普场馆，通过实际体验提升公众防灾意识和应急演练的实效性。

【北京调研案例分析】

2013年5~7月，课题组围绕北京地区防灾减灾状况开展了专题调研，分别走访了北京市气象局、应急救援科技创新（产业）园、北京市接受救灾捐赠事务管理中心以及相关企业，本部分着重分析了这些调研对象防灾减灾中的工作及存在的问题，同时整理了委员们针对调研中存在的问题给出的相关建议。

北京市气象局

2013年5月10日，调研组到北京市气象局调研。听取市气象局领导关于北京地区气象工作情况介绍，参观了气象预警发布中心、人影指挥中心及声像演播厅，并就相关问题进行座谈交流。

据介绍，北京市气象局负责北京市的气象观测、天气预报和预警、气候影响评价、公共气象服务、城市气象科学研究和科普宣传，以及气象灾害防御管理、气候资源开发与利用、防雷安全管理、人工影响天气、预警信息发布等工作，同时还承担着华北区域3省2市气象业务技术指导和区域天气联防。近年来，北京地区气象灾害呈现出灾种多、突发性强、造成的损失大等特点，其中具有突发性、局地性强烈的暴雨，持续时间长、范围广的雾霾，易造成交通瘫痪、影响市民生活的降雪等灾害尤其广受关注。市气象局按照"密起来、立起来、动起来"思路，不断提高气象科技支撑能力，优化探测系统布局，建成了多功能、立体化、全天候、综合探测网，为快速、灵活应对自然灾害和重大突发事件提供了重要保障。在天气预报方面，着力创建精细化预报业务体系，推进临近预报和精细预报技术实现跨越式发展，中短期预报准确率稳步提高，建立起了比较完整的气候预测业务体系。同时，还为重点行业提供有针对性的气象服务，气象信息发布手段日益完善，人工降雨、人工防雹等人工影响天气的研究也取得了很大成果。

委员们就加强气象灾害预警、提高气象监测预警信息化水平、气象对农业和国防建设的影响等问题进行了探讨交流。同时建议：针对多个气象站探测环境遭到严重破坏的问题，要予以高度重视，切实加强气象探测环境的保护；进一步完善气象防灾减灾体系，成立市、区两级气象灾害防御组织，成立气象灾害防御指挥机构和办事机构，明确职责任务，提高气象灾害预防预警、应急处置能力；建立健全配套政策，有力保障气象事业健康发展。

委员们指出，气象工作意义重大，对农业、工业、军事影响重大，和我们的生活息息相关，但同时因为其不确定性太大，也是一项专业性很强、难度很高的工作。气象部门不但承担着气象预报预警的职责，也承载着百姓的信任度问题，"7·21"灾害不仅造成了群众生命财产的损失，更对人们的心理造成很大影响和冲击，气象工作的使命因此更加凸显。北京市气象局在气象监测和办公条件并非很好的情况下，开展了大量富有成效的工作，做出了优秀的成绩，希望今后再接再厉，以精细化的工作作风，为首都发展和市民生活提供更好的气象服务。

应急救援科技创新（产业）园

2013年5月16日，调研组到应急救援科技创新（产业）园调研。听取新兴重工集团有限公司研究总院有关领导关于应急救援科技创新园和应急救援科技产业园建设筹备情况的介绍，参观了应急救援科技产业展览厅和特种装备车辆展示，并就相关问题进行座谈交流。

据介绍，应急救援科技创新园和应急救援科技产业园的项目主体是新兴际华集团有限公司，该公司是国家级创新型企业，是我国应急救援装备及物质研发、生产的龙头企业，拥有国家级和省级企业技术中心20余个，国家级高新技术企业28家。在非典疫情、汶川地震、青海玉树地震、甘肃舟曲泥石流等历次重大灾害抢险救援过程中，发挥了重要作用。2011年11月，新兴际华集团与北京市科委、丰台区委区政府签约共建"两园"。应急救援科技创新园，包含应急救援行业的国内外知名企业总部、高端研发机构、行业创新企业孵化、展览展示中心、国际会议与交流中心、培训中心等项目。经国务院批复，应急救援科技创新园已纳入中关村国家自主创新示范区。应急救援科技产业园年内将开工建设，该园将以自主创新和系统集成为核心，以创新园科研成果就地转化为重点，打造成国内最大、最高端、覆盖应急救援全产业链的集成化应急救援产业示范园区。同时，"两园"的建设也将为推动北京市应急救援产业的升级和发展，促进应急救援综合能力的规划做出重要贡献。

委员们表示，应急救援产业在国内是新兴产业，开展应急救援成套化装备研制及产业化有广阔的前景。目前，中国还没有应急救援产业相关行业标准，一些救援装备执行的是工程机械或消防安全的产业政策和综合标准，造成不同品牌装备及国外进口装备的接口不统一、不通用，由于缺少相关质量认证，产品质量也难以得到保证。为此建议，一是加快创建我国应急救援产业技术标准体系，新兴际华集团应发挥行业龙头的优势，借鉴发达国家使用成熟企业标准作为国家标准的经验，积极主动创建标准体系，并向国家标准化管理委员会申请将企业标准上升为国家标准，实现行业标准化管理；二是针对不同灾害和环境，制定应对灾害风险的系统解决方案；三是进一步细分应急救援装备的产品分类，加强适合单兵携带的救援装备包等产品研发；四是重视新技术如物联网技术的应用，提升应急指挥系统的信息化水平；五是加强与市政府相关部门的信息对接，积极争取政府的支持，为北京和周边省市乃至全国的防灾减灾提供及时、有效的专业援助。

北京金秋果实电子科技有限公司

2013年5月21日，调研组到北京金秋果实电子科技有限公司调研。听取企业关于其研发生产的应急救灾产品情况介绍，参观了企业模拟应急现场预警演习，并就应急救灾产品的进一步研发、维护和行业标准等问题座谈交流。

据介绍，北京金秋果实电子科技有限公司是集产学研于一体的中关村高新技术军工企业，专业从事通信和应急救灾产品的研发、生产与服务。该公司成立于2001年4月，在全国拥有多条军工生产线和研发基地，下设20多家分公司和工厂，现有员工近5000人，先后有40余项科研成果获得国家发明专利，6项获国家和军队科技进步奖。公司秉承"为国家信息化建设和应急救灾事业服务，在服务中求发展"的宗旨，以满足顾客期望为主线，以技术创新为动力，以增强市场运营能力为重点，以确保国军标9000体系有效运行为抓手，全力推进项目产业化、产品系列化、工艺标准化、管理制度化。金秋公司重视人才队伍建设，拥有一支素质过硬、敬业爱岗、精诚团结的研发和生产人才队伍（其中30%以上员工具有硕士及以上学历），并设有院士工作站。公司先后与清华大学、北京理工大学、解放军重庆通信学院等单位积极合作，承担了无线应急广播系统、智能机房、节能环保项目的科研生产任务，产品广泛应用于部队、政府、企事业单位、应急救灾等领域，在2008年四川抗震救灾、第29届北京奥运会、国庆60周年大阅兵、上海世博会的通信保障方面，金秋公司都做出了贡献。

委员们在座谈中就应急救灾产品的生产和应用等问题进行深入探讨，提出相关意见建议：一是政府应尽快研究建立应急救灾产品的标准化体系，避免产品研发生产打乱仗，避免重复建设。二是鉴于金秋果实公司的应急广播通信系统研制生产已经取得了阶段性的成果，产品具备了全面上市的能力，该产品的推广应用又是一项民生工程，建议市政府给予一定扶持政策倾斜和重点扶持。三是促进军用野战设备转为民用应急产品，以减少研发成本，确保产品快速投入实际应用。四是政府、社区和相关企业协同联动，组织开展应急救援定期演练，特别是要对社区居民进行应急产品使用的专门培训，落实日常维护保养，确保紧急情况下能够正确有效地使用。五是要积极推动应急产品走向超市，走向大众，实现日常备用，防患未然。

北京市接受救灾捐赠事务管理中心

2013年5月22日，调研组北京市接受救灾捐赠事务管理中心调研。听取北京市救灾物资储备工作情况及救灾物资储备库建设情况介绍，实地考察了市民政局承租的北京朗途国际物流有限公司库房和救灾捐赠物资储备库，并围绕救灾储备物资标准建设、储备库信息化建设等问题座谈交流。

据介绍，北京市救灾物资储备工作，由市民政局接受救灾捐赠事务管理中心负责。针对自然灾害频发的情况，近年来，市民政局加强了救灾物资储备和捐赠物资管理工作：一是建立了救灾物资储备机制。2001年，根据市政府的要求，市民政局开始实施政府采购救灾应急物资计划，累计采购了价值1194万余元的物资，在2008年南方冰冻和汶川地震等救灾中发挥了积极作用。2008年，北京市建立了救灾物资储备机制，即按照北京市常住人口1%的规模开展救灾物资储备工作，"十二五"期间，力争全市总体物资储备水平达到可应急保障30万人的规模。二是确定了救灾物资储备种类和品种。自2008年起，市民政局进行了帐篷、棉衣被等11类30个生活必需品的储备采购。2013年，又扩充了净水车、淋浴车等储备物资的采购。同时，还承担了中央级救灾物资代储任务。三是制定了救灾储备物资标准。在民政部的指导下，市民政局总结近10年来制定的10类、18个品种的救灾物资标准，对其中16种救灾储备物资技术标准进行修订，并于2010年作为民政部部颁标准发布。四是筹建救灾物资储备库。2008年市政府专题研究了加强北京市救灾物资储备设施建设问题，会议原则同意全市建立一个中心库和四个分中心库。五是负责北京市救灾捐赠事务管理相关业务。

委员们认为，市民政局接受救灾捐赠事务管理中心，在救灾物资储备和接受捐赠等方面做了大量工作，特别是在发生特大自然灾害及突发城市公共事件时，发挥了重要的作用。同时指出，北京市救灾物资储备现状令人担忧。目前北京市"一个中心库、四个分中心库"的救灾备灾储备库建设规划尚处于选址、筹备阶段，仍租用北京朗途国际物流有限公司的库房作为市级救灾物资储备库，该库房存储条件较差，温度、湿度、通风、消防及信息化管理等方面，都不能达到纺织品库房物资储备条件和现代物流管理标准，难以承担北京市应急保障18万人的救灾物资储备及中央救灾物资代储的重任。为此建议：一是进一步增强市区政府领导防灾减灾意识，高度重视应急救灾物资储备的重要性和必要性。二是加快北京市救灾物资储备设施规划和建设。市区（县）政府主管部门应加快救灾物资储备库建设规划的审批，加大财政资金支持力度，尽快改善北京市救灾物资储备设施建设，进一步提升全市应急救灾保障能力。三是应加快救灾物资储备的立法进程，通过依法管理提升救灾储备物资的科学化管理水平。四是提升库存管理和物资运输的信息化水平，优化业务流程，降低人力成本。五是在完善救灾物资储备机制和行业标准的基础上，采取政府购买服务的方式，通过公开招标选择部分具备相关资质的企业承担物资储备任务，不断提升全市应急保障能力。

东城区民安社区

2013年5月28日，调研组到东城区民安社区调研。听取东城区民政局和民安社区有关防灾减灾情况介绍，入户了解应急广播系统应用情况，就基层防灾减灾工作进行交流座谈。

据介绍，东城区高度重视防灾减灾工作，采取切实措施抓好落实。一是从机制上入手，制定了突发事件总体应急预案；二是从建设储备库入手，强化工作硬件基础；三是从基层入手，通过搞好社区基层队伍业务培训、绘制社区避险图等措施，逐步夯实救灾工作基础；四是做好各类防灾减灾宣传教育活动，提高社区居民应对突发情况能力。截至目前，东城区共创建"全国综合减灾示范社区"24个、"市级综合减灾示范社区"14个，其中北新桥、朝阳门两个街道，率先成为示范街道。同时，全区防灾减灾工作还存在着灾民安置转移协调能力不足，缺乏制度性保障；预警通信渠道不畅、形式单一；社区信息员队伍不稳定，缺乏补偿机制；社区居民日常宣教手段单一、经费不足、效果不确定等问题。

民安社区是全国综合减灾示范社区，也是应急广播系统试点社区。该社区负责的500户居民在防灾减灾中开展了大量有效的工作。一是成立了防灾减灾领导小组并制定了相关的工作制度，明确了职责，健全了工作体系。二是加强防灾减灾工作基础。开展日常宣传和救灾技能培训，落实日常物资储备和消防设施的配备，定期组织应急演练，并成立了18人的社区应急分队。三是重点人群，将社区孤寡、空巢老人等脆弱人群日常救助和帮扶工作，作为应急救援的重点。四是不断完善社区应急信息沟通渠道。截至2013年3月，为社区内1/3住户安装了紧急广播系统接收机，受到居民的好评。

委员们指出，社区是防灾减灾的前沿阵地，加强了社区综合减灾能力建设，不断提高基层社区抵御灾害的能力和水平至关重要。为此建议：一是市区两级政府应加大防灾减灾投入力度，确保基层防灾减灾工作有相对充足的经费，做实基础工作。二是在科学分析灾情的基础上，进一步明确基层防灾减灾工作的重点标准、内容和程序，实现效率与效益并重。三是科学量化防灾减灾物资储备。一方面依据民安社区灾害特点，有重点分层做好救灾物资储备；另一方面，积极引导居民自行储备救灾必备品。四是将宣教培训工作常态化，确实提高居民防灾减灾意识，掌握自救互救技能。五是充分利用信息技术，统筹规划社区防灾减灾硬件建设与数字社区、智能社区的建设，将日常使用和灾害防御有机结合。

西城区广外街道

2013年5月29日，调研组到西城区广外街道调研。听取西城区开展防灾减灾工作情况及广外街道应急救援分队建设情况介绍，就加强城区、社区防灾减灾工作座谈交流，并观看了应急救援分队配备的救援装备和救援车辆展示。市民政局救灾处、西城区民政局、广外街道办事处、北京市紧急救援基金会等部门负责同志参加座谈。

据介绍，西城区辖区下设15个街道办事处、255个社区居委会，常驻人口密度达到2.46万人/平方公里。区委、区政府重视防灾减灾工作，建立了由区应急办牵头负责的防汛、防震、应对人防工程事故以及其他突发事件的综合防灾减灾管理体系，积极推进综合防灾减灾事业发展，全面增强了西城区综合防灾减灾综合实力。一是加强组织指挥体系建设。制定了《西城区突发事件总体应急预案》和《西城区突发事件应急预案管理办法》，形成了"集中统一指挥、专业部门处置、上下联动、共同参与"的综合防灾减灾管理工作格局。二是强化监测预警能力。全区实现了基于无线3G技术的手机移动视频监控，设计开发了"全时空立体可视化平台"，试点安装了社区应急广播系统。三是提升救援保障能力。成立灾害应急救援队伍，完善应急物资储备库建设，规范、规划应急避难场所建设。四是推进风险管理研究。完善风险管理信息化系统，探索和创新风险管理模式。五是扩大科普宣教覆盖面。利用媒体手段扩展应急宣教阵地，开展公众防灾减灾主题活动，推进应急志愿者队伍建设，并结合社区防灾减灾救援体系建设工作，完成了26个"北京市综合减灾示范社区"的创建活动。

据介绍，西城区广外街道面积 5.49 平方公里，下辖 29 个社区，居住人口 18.6 万，驻地各类单位 5000 多个。2012 年，广外街道作为全市第一个试点街道，开展了社区防灾减灾救援体系建设工作，组建了由 170 个兼职人员组成的街道社区救援队，为每位队员配备了 1 套救援装备，并为救援队配备救援车辆 54 辆、应急物资救援箱 100 个。各社区以志愿者队伍为主体，每年至少进行一次应急演练，宣传应急救援知识，提高居民防灾避险能力。

西城区防灾减灾工作虽然取得了一些成效，但仍然存在一些突出问题：一是综合防灾减灾宣传教育工作尚未形成常态。二是综合防灾减灾基础工作依然薄弱。三是综合防灾减灾常态管理和运行机制不够健全。四是综合减灾示范区县、示范社区创建标准不够具体、统一，致使基层创建工作难以深入推进。

委员们建议：一是设立防灾减灾专项资金，加大财政投入，特别是加大对社区防灾减灾体系建设投入，夯实基层防灾减灾工作基础。二是加强防灾减灾人才队伍建设，构建志愿者队伍和社区灾害信息员培训机制，加强专业培训，提升实操水平。三是结合区情和自然灾害特征，完善各类灾害的应急救助预案，健全统一的灾情信息统计报送制度、物资管理制度，增强救援保障力量。四是进一步提升全民综合防灾减灾意识，加大宣教演练力度，有重点、有选择地开展演练活动，将普及综合防灾减灾知识日常化、常态化。

北京市消防局

2013 年 6 月 18 日，调研组到北京市消防局调研。听取市消防局局长张高潮关于北京市消防工作情况介绍，参观了北京消防 119 指挥中心，并就加强消防装备配备、提高消防抢险时通信联络水平、超高层建筑的消防救援等问题进行座谈交流。

据介绍，近年来在市委市政府的坚强领导下，首都 7000 余名消防官兵出色完成了奥运会、国庆 60 周年、中共十八大等各项重大消防安保任务，经受住了 2012 年 "7·21" 自然灾害等一系列严峻考验，为确保北京政治稳定和社会安定做出突出贡献，首都消防工作也在不断的创新实践中得到了长足发展，整体防控思路不断深化，"以面保点"防控体系不断健全，实战化勤务指挥模式不断完善，消防部队战斗力生成模式不断优化，队伍建设和业务工作平台不断创新，政府统领、基层防控、快速反应等能力进一步提高，队伍的战斗力和活力大幅度提升。与此同时，消防工作仍面临着一些突出问题，如城市消防管理难点日益增多，区域消防隐患风险特点突出，消防安全责任落实还不到位，市民整体消防素质亟待提升，消防基础设施建设薄弱，综合应急救援机制尚不完善，消防现代化水平差距较大等。市消防局将采取一系列措施进一步提高全市消防工作管理水平和救援能力，确保平安北京建设。

委员们指出，北京的消防工作事关首都政治稳定和社会安定，关乎人民生命财产安全。全市各级领导、政府部门及企业事业单位应进一步强化消防安全意识，扩大消防宣传辐射范围，提高全民消防安全意识，增强自救互救能力。

委员们建议：一是加强消防信息化建设与应用能力，不断提高消防工作的信息化水平，大幅度拓展北京市建筑消防设施远程监控物联网系统建设规模。二是针对北京城市特点，加强火灾科学及消防工程、灾害防控基础理论研究，继续将消防科学技术研究纳入科技发展规划和科研计划，推动消防科学技术创新。三是研究落实相关政策措施，鼓励和支持先进技术装备的研发和推广应用，重点加强高层、地下建筑和轨道交通等防火、灭火救援技术与装备的研发，加快新型消防灭火攻坚智能装备、个人防护特殊装备的研究开发和应用推广。四是重视消防法律法规和消防知识教育，提高宣传覆盖广度，将消防法律法规和消防知识纳入考察领导干部及公务员培训、企业培训以及义务教育等范围，提高教育普及力度。五是消防工作是高危险职业。应将非现役消防员纳入当地社会保险体系，确保工资待遇与当地经济社会发展和所从事的高危险职业相适应，落实工伤保险待遇。

分组研讨

2013年6月4~5日，调研组进行分组研讨。听取调研报告起草组关于《强化科技支撑提高首都城市防灾减灾能力调研报告（初稿）》撰写情况及主要内容的汇报，针对报告内容提出修改意见，并就北京市防灾减灾工作进行深入研讨交流。

与会委员及专家对调研报告（初稿）给予充分肯定，认为报告结构完整，内容全面，数据翔实，比较充分地反映了调研情况。与会人员指出，北京作为特大城市，迫切需要科学分析所面临的主要灾害风险和存在的隐患，各级政府要进一步提高重视程度，将防灾减灾与救灾放在同等重要的位置，加大投入、完善法规、统一标准、实现联动。市民要进一步提高风险防范意识，提高应对灾害自救和互救的能力。北京市防灾减灾工作，应进一步发挥科技支撑作用，提升灾害预警预报能力、加大应急救援的基础设施和救灾装备的投入。

与会人员认为，报告建议应进一步充实内容，如整合首都防灾减灾科技资源，形成合力，发挥作用；综合分析当前国内外防灾减灾领域的最新科技成果和技术发展趋势，提出与首都科技资源相匹配的防灾减灾科技支撑体系建设；分析评估首都面临的灾害及等级，制定首都防灾减灾综合规划；构建基础信息平台。整合资源、有效集成，立动态更新机制，实时掌握救灾储备物资情况；利用计算机模拟技术制作数据模型，进行模拟演练；注重专业人才队伍培养，重视水文、气象、地震、消防等专业部门的作用，将、武警和民兵预备役纳入到应急救援体系中；科学测算防灾减灾投入比例，并列入年度财政预算，通过法律确保一定增长比例。加大防灾减灾宣传教育力度，培养全体市民的防灾减灾意识，制定防灾减灾标准化宣传手册。强制性要求企业、学校、机关等单位，针对不同的灾种，定期组织综合演练。

委员建议：关于首都城市发展若干问题的协商议政，是十二届市政协开局之年的重要活动，科技委承担的子课题报告非常重要，它体现了调研组辛勤付出成果，也凝聚了政协委员和党派成员的智慧。下一步要进一步修改、凝练和完善。一是突出科技、形成特色。中央和北京市有很多大学、研究院所设立了专门的防灾减灾研究机构，做了大量工作，形成了很多成果。这些资源我们可以共享。从科技支撑角度分析防灾减灾中的薄弱环节，通过科技手段改进提高。二是突出重点、形成亮点。对首都北京可能会发生的巨大影响的灾害风险，分类分级分析界定，将通过科技手段提升救援能力的作为重点，例如引进消防直升机实施高楼火灾的消防救援，利用北斗卫星通信系统，制作可以通过手机下载的应急避难指引地图等。三是借鉴经验,为我所用。在防灾减灾方面,欧美等发达国家有许多先进理念,值得我们学习借鉴。一些科技成果,可以政府采购的方式进行引进、吸收再创新,促进我国应急救援产业的发展。

第十三章　推进北京产业技术联盟创新发展研究[①]

产业技术联盟发端于 20 世纪 70 年代末的发达国家和地区，是由企业、大学、科研机构或除政府部门之外的其他组织机构，以企业的发展需求和各方的共同利益为基础，以提升产业技术创新能力为目标，以具有法律约束力的契约为保障，形成的联合开发、优势互补、利益共享、风险共担的技术创新合作组织。

北京市的产业技术联盟多是围绕高新技术产业和战略性新兴产业而成立，其主要作用是能以较低的风险实现较大范围的资源调配，改变了上下游企业过去单打独斗的局面，利用高校院所和企业在技术、设备、人才、资金等重要创新要素的有效配置，实现了重大共性技术突破，增强了企业创新能力，一定程度上解决了产业技术发展的战略缺失问题，提升了产业核心竞争力。产业技术联盟的成立，有助于整合北京乃至国内外的各类科技资源，促进标准制定和成果转化，减少重复研究，提升了产业整体效能；有助于高效集成产学研各方的优势，加快共性技术攻关和科技成果的产业化进程；有助于首都"高精尖"经济结构的形成，也有助于链接全球创新网络，积极抢占产业制高点，对于全国科技创新中心建设具有重要意义。

当前，北京市正处在全面深化改革的新起点和关键时期，重新调整政府与市场的关系，是改革的重要任务之一。近年来，北京市的产业技术联盟，在建立与激发各创新主体活力和有机联络、发挥市场配置科技创新资源、联合开展技术攻关、推进产业跨界融合发展中，发挥了重要的作用。为支持产

---

① 本研究于 2014 年由北京市政协科技委、民革北京市委员会、民盟北京市委员会、民建北京市委员会、致公党北京市委员会、九三学社北京市委员会、北京市科学技术研究院联合完成。

业技术联盟创新发展，发挥联盟集群作用，市政协科技委员会与部分民主党派市委、市工商联及市科研机构组成联合调研组，围绕北京市产业技术联盟创新发展问题开展调研。2014年6~9月，调研组开展了13次活动，参加调研人数达320人次。先后听取了科技部、市科委、首都创新大联盟等有关情况通报；深入6个产业技术联盟调研、与40个产业技术联盟成员单位座谈；召开了多次专题研讨会；部分调研组成员赴广东、浙江两省进行调研，在此基础上形成了以下调研报告。

一、北京市产业技术联盟发展的基本现状

北京市创新资源丰富，产学研机构众多，具备了培育产业技术联盟的土壤和环境，产业技术联盟快速发展，发挥了重要的作用。

（一）产业技术联盟尚处于探索实践阶段，目前总量居全国前列

产业技术联盟作为一种新型产业技术组织，已经成为北京市创新活动的重要组成部分之一。近年来，北京市产业技术联盟快速增长，总体数量规模居全国前列，产业技术联盟的发展呈现出发展速度快、覆盖产业广、形式类型多、创新能力强等特点。

据不完全统计，目前北京各类联盟共有成员单位约7000家，其中企业成员约占65%，科研院所及大学约占23%，其他机构约占12%，行业龙头单位牵头或参与的联盟达80多家。主要集中在新一代信息技术（占30%）、节能环保（占26.2%）、现代农业（占15%）、生物医药（占8.5%）、先进制造（占7.6%）、新材料（占6.8%）、科技服务业（占5.9%）七大领域。北京市较为活跃的各类联盟有100余家，其中63家联盟获评科技部试点联盟，占全国试点联盟的42%，居全国首位；19家联盟被科技部评估为A类联盟，占全国的73%。为进一步加强创新资源集成和高效利用，促进产业技术联盟之间的协同创新，2014年2月，在京的23家产业技术联盟发起成立有68家联盟参加的首都创新大联盟，即"联盟的联盟"，在国内尚属首例。该大联盟

成立半年以来，在促进产业跨界协同创新、统筹资源方面初见成效。

（二）从政策层面不断对产业技术联盟发展给予引导和支持，主要以科技项目支持为主

科技部联合多个部门共同出台了《关于推动产业技术创新战略联盟的指导意见》、《国家科技计划支持产业技术创新联盟暂行规定》、《产业技术创新战略联盟评估工作方案》等政策性文件，明确联盟的概念、定位、特征等，引导联盟健康发展。北京市也出台了《关于进一步促进产业技术联盟发展的指导意见》、《中关村自主创新条例》等文件，旨在进一步从政策层面支持北京市产业技术联盟的创新发展。市科委和中关村都安排了部分专项资金，对联盟日常运行、技术研发和公共服务平台建设给予系统支持。

（三）产业技术联盟在共性技术研发、成果转化、标准创制及凝聚资源等方面取得成效

1. 联合开展共性技术研发攻关，引领首都技术创新高端化

围绕产业技术创新链条联合攻关，突破产业发展的核心关键环节，促进了战略性新兴产业的培育和发展。三年来，一些产业技术联盟积极组织成员单位联合承担国家重大科技项目300余项，带动企业投入超过50亿元。例如，非晶节能材料联盟组织上下游产业链联合攻关，研制的国产非晶带材产业化应用技术填补了我国在该领域的空白，整体提升了我国在电力系统节能和非晶高端制造技术领域的国际竞争力。

2. 推动科技成果转化及示范应用，加速首都创新发展

产业技术联盟作为产学研用紧密结合的新型组织，在科技成果转化及推广应用方面发挥了独特优势和重要作用。例如，中关村宽带无线专网应用联盟集成优势资源，大力推动宽带无线专网相关技术产品在机场、政务、船运等专网中的应用，在首都机场建设的民航信息化示范专网，使国航飞机货舱利用率提高约17.5%。首都籽种联盟组织10家作物和蔬菜育种单

位,联合开展新产品产业化示范推广,实现销售收入 6.3 亿元,带动农民增收 26 亿元。

3. 推动技术标准产业化和国际化,进一步促进首都产业链创新链构建与产业结构升级

联盟标准的建设有助于创新型国家建设,有助于产业技术创新与区域创新。目前已有 40 余家联盟建立标准委员会,申请发布国际标准近 40 项,国内标准 160 余项;30 多家联盟开展联盟标准的制定工作,已批准及正在研制的联盟标准 140 余项,其中 90 多项以不同形式在联盟内使用。如由 AVS 联盟主导制定的 AVS 视频编码标准已在全球 20 多家芯片厂商中应用。

4. 加强平台建设,进一步促进创新中心建设

建设测试检测平台、成果展示推广平台、信息交流平台等公共服务平台,为产业技术联盟成员提供公共服务,成为政府服务企业的有益补充。目前,已有 50 多家产业技术联盟建立了展厅、会刊、网站等推介平台。例如,长风联盟联合北京大学数字中国研究院等共建国内首个以"数字中国"为主题的展示体验中心。10 余家产业技术联盟建立知识产权共享平台,如 AVS 联盟建立的专利池管理中心实施"一站式"许可。

5. 创新联合研发模式,推动企业成为创新主体

产业技术联盟与企业联合投入成立了民办非营利实体,如科技部批复的国家唯一一家依托联盟成立的国家重点实验室,即半导体照明联合创新国家重点实验室,成立两年不仅取得了很好效益,而且探索了企业小、行业散"抱团取暖"的创新模式。

二、北京市产业技术联盟发展存在的主要问题

(一)针对产业技术联盟的服务不足,特别是充分发挥市场作用还不够

产业技术联盟的最大优势在于协同创新和自主利用市场配置资源。北京

市在发挥产业联盟的创新潜力及以联盟为抓手推动集群创新方面做得较好,但对发挥产业联盟通过市场资源配置、发挥作用重视不够。北京市科技创新工作分散在不同的委办局,虽然各部门对产业技术联盟的管理思路不同,但都侧重"管",放手让产业技术联盟承担一部分政府职能不够。政府主管部门对产业技术联盟开放程度的研究不够,政策分散且不统一,相关服务措施跟不上。

(二)政策支持力度不足,支持方式较为单一

扶持产业技术联盟的政策体系不够健全,方式单一,对联盟的支持主要侧重在项目经费上,政策支持的导向、深度、类别和层次有待进一步挖掘,否则不利于联盟自主长远发展;已有的收效较好的创新政策尚不能普惠到产业技术联盟,由于产业技术联盟这类机构的自身定位、机构功能还没有有效明确,法律地位不明晰,导致现有一些创新政策无法惠及产业技术联盟这类机构,只能关注企业和科研院所等创新机构。

对跨区域的产业技术联盟支持不足,尤其在京津冀一体化发展的新形势下,更突显出缺乏针对京津冀产业协同创新发展方面的联盟支持政策。

(三)北京市产业技术联盟的独立性不够强,缺乏有效的评估

产业技术联盟作为一种合作组织,要能够服务于成员单位的共同利益,就要保持产业技术联盟执行机构与各成员单位之间的独立性,同时还要避免执行机构成为一个普通的成员单位,否则就失去了联盟在促进协同创新方面的重要意义,但目前大部分产业技术联盟都挂靠在牵头单位。产业技术联盟在组织内、领域内可以发挥较大作用,由于法律地位不确定,对外交往中难以发挥应有的作用。在点对点的政策上有了一些具体的支持,比如资金支持、场地、项目支持等,但在整体外部环境方面仍然制约联盟的发展。例如,在信息交流共享、资源共享、外部制度环境的建设等方面,需要有一些顶层设计以及相关法律保护。

北京市各层次、各专业的产业技术联盟良莠不齐,缺乏统一的评估标准。

以项目为纽带的短期联盟较多,而战略性的创新联盟偏少,一些联盟存在"联而不合,结而不盟"的问题。政府鼓励产业技术联盟的多样化自主发展的导向是正确的,但如果层次区分不明确的话,则会使产业技术联盟的创新积极性打折扣。

(四)产业技术联盟的公共资源共享程度低,共享机制不健全

产业技术联盟内部的资源共享程度较低,共享机制不健全,一是产业技术联盟的成员之间的知识产权和资源共享机制不明确,部分产业技术联盟较少开展知识产权共享活动。二是产业技术联盟大型设备对外开放程度低。据初步调查,有20%左右的产业技术联盟的大型科研设备能够对成员开放,联盟内的公共科研资源并不对所有联盟成员开放,只有少数在成员单位可以共享。三是人才和信息的共享也较低,产业技术联盟内的信息共享机制还有待加强,同时产业技术联盟内成员之间的自由流动也较弱,有必要在产业技术联盟内部试行不同成员之间的人员自由流动机制。

(五)产业技术联盟国际化水平及国际影响力亟待提升

产业技术联盟的成员构成国际化水平较低,联盟成员中的国外企业、大学或科研机构以及合资机构较少;产业技术联盟的成果国际影响力较小,一些产业技术联盟尚未形成竞争合力,其技术研发、标准以及成果转移在全球范围的影响力较低;由中方机构牵头组建的国际行业或产业技术联盟在国内注册困难。以半导体照明产业技术创新联盟为例,该联盟牵头组建了国际半导体产业联盟,中方担任联盟主席和秘书长。但由于在国内注册程序复杂,该联盟注册进展缓慢,目前只能在中国香港注册。

三、促进产业技术联盟创新发展的建议

中共十八届三中全会提出,建立"产学研"协同创新机制,强化企业在

技术创新中的主体地位,激发中小企业创新活力,创新商业模式,促进科技成果资本化、产业化。当前,北京面临着建设全国科技创新中心和加快京津冀区域一体化发展的新形势,在疏解首都非核心功能的同时,更应明确科技创新驱动的战略目标和发展规划,在促进首都科技资源整合与服务上下功夫、在加快商业模式创新上做足文章。要勇于突破区域内省市行政区划界限,在京津冀范围内乃至全球大尺度范围内集成创新资源,扶植和培育一批在国内外具有广泛知名度和影响力的联盟,依托产业技术联盟做强一批龙头骨干企业,做大一批新兴、优势企业,带动首都经济结构调整和发展方式转变。为此,提出如下建议。

(一)转变职能、整合创新资源,积极建立统一的管理服务平台

明确自身职责,树立服务理念,注重政策效果,适时进行变革。一是指导和统领北京市产业技术联盟发展工作。建立相关部门之间的会商机制,把支持北京市产业技术联盟健康发展作为一件大事,作为建设全国科技创新中心的一项具体任务来抓。为产业技术联盟发展创造发展环境,提供条件,促其全力投入到首都科技创新中心的建设中。二是尽快建立服务产业技术联盟的统一管理平台,改变政出多门、多头管理的局面,从政策法规到项目、资金等各种管理制度统一,任务不重合,政策、项目去碎片化;改变各个产业技术联盟各有上级,各有归属的现状。北京已经建立了首都创新大联盟,但不能充分替代政府部门的职能,要让其走向市场,发挥自身影响力把各产业技术联盟创新工作串联起来。三是要重视知识产权、科研设备、科研人才等各种创新资源的共建共享,最大程度用统一的方法使首都丰富的创新资源激活,让中央在京资源与地方的资源互通互联,建立与国际创新资源互通互联的平台。

（二）完善相关政策法规，促进产业技术联盟的科学化、规范化和法治化发展

重视产业技术联盟对提升产业核心竞争力的作用，完善鼓励和支持其持续发展的政策法规。一是对北京市产业技术联盟进行调查摸底，建立分类指导、区别支持的管理制度，逐步完善法律条规，做到有章可循，奖罚分明。二是鼓励产业技术联盟按照市场规律自主运行、自主开发、自律守法。给予优质的产业技术联盟以一定的法律地位，允许他们承担一定的项目开发和市场开发功能。三是对于不同类型、不同行业的产业技术联盟，进行分类扶持，形成科学有效的引导机制。对于围绕战略性产业、支柱产业成立的产业技术联盟，应给予重大项目的支持；鼓励围绕新兴产业成立的产业技术联盟，对其联盟秘书处给予必要的支持，促其逐步发展壮大。四是在重大项目设计与组织管理、对接国家重大专项落地、工程（技术）研究中心组建、项目征集、产业技术政策制定、标准创制、产业技术路线图制定、国家重点实验室和资金筹措、"十三五"科技发展规划制定等方面，鼓励和支持产业技术联盟发挥作用。

（三）发挥市场导向机制，支持产业技术联盟自主自律

积极营造产业技术联盟自主自律发展的环境，使其更加适应现代产业技术创新的需要。一是逐步建立科研项目招标竞争制度，减少科研经费审批和中间环节，直接向社会公示和开展竞标。产业技术联盟可以作为竞标主体参与，但要符合一定的资质要求和确保完成项目，确保质量达标和能够通过专家组织的项目评审。建立责任人和责任机构法律追究制度，严格防止科研经费"打水漂"。二是发挥市场配置科研资源的主导作用，政府应与企业和产业技术联盟实现动态对接，对科研项目实行分类管理。对应用性的产品创新技术，由参与市场竞争的产业技术联盟或直接由企业主导、提出科研项目计划，并作为投资主体的，可申请政府资金支持。对具有基础性、战略性和公

益性的项目,以及重点行业的关键性、突破性项目,则由政府主导投资,发挥产业技术联盟的团队作用,组成有承担实力的科研队伍出面竞争和具体完成任务。三是实行严格规范的科研项目申报结题评审制度。科研领域的"市场竞争机制"是现代科学制度的基石。产业技术联盟既可成为承担科技项目的主体,也可参与同行评审的工作。克服科研评审中的行政化主导及某种范围的"关系主导"现象,以公平、正义、科学的评审机制对联盟的科研项目进行评审。

(四)促进各要素协同创新,建立灵活多样的产业链和创新链

鼓励和支持以重大项目为纽带,形成各种创新要素集聚、创新效果突出的重点产业技术联盟。一是营造用产业技术联盟将"产学研"及科技金融等创新链条整合的条件和环境,改变目前产业技术联盟以企业之间联合为主的状况。鼓励高校、院所、金融机构及市场要素加入到联盟中去,树立若干"产学研"及科技金融有机联合并产生创新效益的先进典型,适当加以宣传和推广。二是重视产业技术联盟跨区域合作,尤其要重视产业技术联盟在京津冀科技协同创新中发挥作用。发挥首都大联盟跨界融合、协同创新的优势,积极构建以环保、水资源、大气治理等相关领域的京津冀产业技术创新战略联盟,促进资源共享,组建若干国家重大创新基地。

(五)加快开展产业技术联盟标准试点工作,完善评估和共享机制

北京应借鉴广东、山东等省已开展的产业技术联盟标准试点工作的经验,加快研究并开展产业技术联盟标准试点工作。同时,积极探索产业技术联盟的评价体系。一是开展产业技术联盟标准制定及推广工作。鼓励和支持产业技术联盟围绕技术创新目标,开展标准制定与推广工作,重点支持形成具有自主知识产权、打破国际垄断的相关标准;鼓励和支持产业技术联盟探索制定程序、产业技术联盟内推广、与国家标准、行业标准的衔接等方面的新机制。二是探索北京市产业技术联盟的创新绩效评估机制。政府要树立"管住

宏观、放开微观、鼓励创新、奖优罚劣"的理念，要对不同行业、不同类别、具体情况制订评估、评价标准。弱化与产业技术联盟工作依存度不大的考核指标，采取等级评价、优胜劣汰方式，引导产业技术联盟持续健康发展。三是要加大产业技术联盟内人才、知识产权、信息、资本、设备资源、利益等共享力度。通过联合聘任、定向培养以及激励基金等多种人才资源共享形式，加大引进和培养人才的力度。搭建知识产权全过程的共享平台，构建联盟专利池。实施信息资源共享，发挥网络优势。加强联盟内部成员单位的重点实验室和条件平台共享机制建设。鼓励联盟成员以衍生公司、项目实体运营、合资建立公共研发平台、引入风险投资等多种形式捆绑利益，真正形成利益共享、风险共担、共同发展、长效合作的新机制。

（六）支持和鼓励产业技术联盟参与国际合作与交流，提升国际竞争力

鼓励和支持产业技术联盟"抱团出海"，积极参与国际合作和国际标准制定，抢占海外市场和先进技术制高点。一是支持和鼓励产业技术联盟按照产业技术创新链组成联合体，消除各种潜在技术和法律风险，在国际资源中寻找合作伙伴和双边支持途径，提升行业国际影响力。二是支持产业技术联盟搭建国内资源与国际资源的对接平台，积极引进国外高校、科研机构以及企业的创新资源，支持产业技术联盟与各类国内外技术转移机构对接合作，促进国内外优秀科技成果走出去和引进来，推动一批国外创新科技成果落地北京。三是支持和鼓励首都创新大联盟牵头组织企业"抱团出海"，参与国际技术转移、各类国际合作与产业标准制定，抢占先进技术制高点，提升产业竞争能力；支持和鼓励首都创新大联盟牵头成立或参与国际联盟组织，并进行社团法人注册，从而更好加强国际交流与国际科技合作。

【外省市调研启示】

赴广东、浙江两省考察产业技术创新联盟的调研分析

2014年9月15~21日,课题组一行10人赴广东和浙江两省开展调研。其间,听取了广东省科技厅、深圳市科技创新委、深圳市高新技术产业园区以及浙江省科技厅、宁波市科技局有关情况介绍,与广东省工业技术研究院、广东省数字化装备制造产学研技术创新联盟、浙江省光伏产业创新技术联盟、浙江省半导体照明技术创新战略联盟、宁波纺织服装联盟产业技术创新战略联盟进行座谈交流,并参观了广东省科学中心、深圳华强文化科技集团股份有限公司和宁波中国汽车技术研究中心,并结合文献分析,形成了如下调研报告。

一、产业技术创新联盟发展的基本情况

(一)广东省产业技术联盟发展的基本情况

广东省坚持市场配置创新资源,突出企业在技术创新决策、研发投入、科研组织和成果转化等科技创新活动中的主体地位。广东省从2006年启动产业技术联盟工作,源于产学研结合的需要,从最初的"三部两院一省"[①]逐步拓展到包括中电集团、军工企业等在内的众多单位和部委也逐步参与进来。广东省通过项目支持,组建新兴研发机构、平台,建立企业特派员工作站等方式促进产学研合作,并逐步深化为长效的体制、机制。广东省目前共有103家联盟,涉及全国90余所重点高校,90多家科研院所和广东省上下游1000多家企业。成立至今,联盟累计攻克两万项产业关键核心技术,申请专利超过1.6万件;承担项目总额40亿元,联盟企业出口创汇达800亿美元;

---

① "三部"指教育部、科技部和工信部;"两院"指中国科学院和中国工程院;"一省"指广东省。

各类型平台170多个,其中院士工作站7个,博士工作站130多个,联盟引进的"千人计划"20多人,培养了4000多名高层技术管理人员。

(二)深圳市产业技术联盟发展的基本情况

深圳科技创新活动极为活跃,且拥有一批以华为、中兴通讯为代表的有世界级影响的企业;其次是以迈锐、海普瑞为代表的亚洲级龙头企业;再次是一大批优秀的创新型中小微企业,同时4个90%奠定了深圳企业创新主体地位,但是深圳缺乏院所和大学,因此产学研结合形式的联盟是高新区创新创业服务体系中不可缺少的一环。目前,深圳市高新区在产业技术中,政府更多地在发挥引领和推动作用,联盟依托市场或者企业需求成立,是重要的沟通互动平台,当前比较活跃的联盟有20~30家。深圳市已经成立的联盟都是备案制,管理相对宽松,一般在区域民间组织管理局或者科创委备案。

(三)浙江省产业技术联盟发展的基本情况

浙江省委省政府于2011年启动产业及创新联盟的构建工作,突破市县行政区划,突出产业需求,在全省范围内整合资源,规范联盟建设和经费管理,会同省财政厅出台《浙江省产业技术创新战略联盟建设和管理办法》、《产业技术创新战略联盟内审核工作程序》等文件,目前已审批了46家联盟,涉及新能源、新材料、制造与装备、医药、纺织等领域,共316家单位参与,企业254家,组织实施了189个项目,研发总投入18.67亿元。投入公共财政1.2亿元对联盟启动、项目实施、联盟建设运行进行资助。冷链物流、工业设计、长三角科学仪器设备等9家联盟成为国家级联盟。浙江省90%的联盟由企业牵头,60%的联盟常设机构设在牵头单位,每个联盟确立了明确的建设任务和市场竞争目标,实质性运转。

(四)宁波市产业技术联盟发展的基本情况

宁波市技术创新联盟起步于2008年,目前成立的14家联盟全部由高校和行业协会牵头。财政引导科技创新,2011年出台《宁波市科技创新促进条例》,根据精神,科技投入高于财政经常性收入3个百分点。政府资助经费600多万元用于联盟日常办公、人员经费和举办大型活动。市县两级财政科技投入增长幅度高于国家科技投入3%以上。政府积极引导企业投入研发资金,根据企业研发投入情况,给予经费补助;积极落实高新企业税收政策优惠,为企业减免3.2亿元,依托中科院和高校,建设宁波新材料科技城,为新材料研发提供科技支撑。2013年，启动战略性新兴产业发展的新引擎，宁波出台石墨烯产业中长期发展规划，根据规划，10年内，将把石墨烯产业打造成为具有千亿元级产值规模的优势和特色产业群。

二、广东、浙江两省产业技术创新战略联盟对北京发展的启示

（一）政府服务意识强，通过搭建创新公共服务平台，营造创新环境

广东省政府创新服务意识浓厚，包容性和开放性强，充分尊重企业是技术创新活动的主体，通过搭建开放实验室、资源共享平台、共性技术研发平台等，征集企业需求，整合上下游资源，着力打造具有完善产业链的创新服务体系，为联盟的发展营造良好的创新环境。浙江省紧紧围绕战略性新兴产业培育发展与重点支柱产业转型升级的迫切需求，探索不同产业、不同行业、不同产品构建产业技术创新战略联盟的有效途径，着力构建有利于掌握核心技术和自主知识产权、有利于引导创新要素向企业集聚、有利于形成产业技术创新链的产业技术创新联盟。

（二）简化科技创新主管行政机构，行政效率高利于科技创新活动开展

深圳科技创新委员会的成立在全国开了先河，鉴于科技创新活动链较长，行政管理部门之间的行政职能有叠加和重复，降低了创新效率，无法充分发挥为创新主体服务的作用，因此深圳科技创新委员会的成立，既精简了行政主管机构，又加大了简政放权力度，也间接促进了创新效率的提升。

（三）搭建对外贸易预警平台，建立应对贸易摩擦的保护体系

探索建立知识产权律师队伍，为企业走出去提供法律援助和保障。2010年，半导体联盟成立宁波电子信息产业对外贸易预警示范点，联盟加大预警信息发布，建立企业、律师、联盟、政府四方联动机制开展"反倾销、反补贴"的应对工作，开展系列和法律服务，在"光伏"欧盟"双反"案中为企业争取出口配额。

（四）充分利用互联网和国外优秀科技资源，打造联盟多元化发展新平台

杭州科畅科技咨询有限公司组织联盟及其所属企业利用互联网开展线上线下活动。线上充分利用微信的互联网资源，成立"贝壳社"公共账号，专

注医疗健康创业者，搭建创业者与投资人、行业大咖互动的社区平台；线下在省科技厅的支持下，打造品牌论坛活动，在政府的引领支撑下，引进国外团队建立研究院，为联盟发展提供支持。宁波市纺织服装联盟与国外研发机构和大学合作，引进国外留学生在宁波市企业常驻，实现科研与产业的有效对接，提升联盟的国际化水平。

（五）优化行政管理机制，赋予联盟更多组织、协调和管理职能

浙江省产业技术联盟发展中，由于体制原因导致一些科技优惠政策落不了地，创新动力不够。存在注册登记管理无法满足联盟发展要求、联盟产业基金存在税收障碍、如何在尊重运行规律的基础上开展科学评价等方面的问题。要释放联盟的创新活力，需要赋予各个产业联盟更多组织协调管理职能。浙江政府也在尝试加快行政体制改革，政府推动企业财税改革、与国际接轨，建立知识产权保护和评价体系，营造健康有序、公平自由的创新创业环境。

（六）以项目为依托，与资本结合，通过联盟整合创新资源

广东省的高等院校或者科研院所较少，各地区的产业分布特色明显，民营经济发展活跃，企业对技术的需求十分迫切。广东省首先通过项目合作的方式，将资金交给联盟，鼓励联盟将各种创新资源融合在一起，针对企业需要的共性技术开展研究，由联盟攻克共性技术并交给企业运用，避免了企业单打独斗的松散局面，有效整合了资源，提高了技术攻关的能力。共性技术研发方面，政府拨款与企业的投资比例为1:3。联盟项目补助方面，高校科研院所牵头的项目采取前补助的方式；企业牵头的项目采取后补助、贷款贴息、股权投资等方式，根据不同的专项采取不同的方式。

（七）加强对产业技术创新联盟的评估

在评估方面，浙江省对联盟开展跟踪调研和分析，针对联盟凝聚力、牵头单位作用、技术链和项目群设计过程、经费筹集方式等运行情况，每年针对所有盟员单位开展两次匿名调查。政府在尊重客观规律和实际情况的前提下，对联盟进行评价，避免急功近利追求各种数量指标来展示工作绩效。

（八）多元化搭建创新平台，实现资源整合与共享

联盟根据成员单位的优势和专业领域特点，确定一批对联盟成员单位开放的实验室和中试基地，逐步实现联盟的科技资源共享，并积极组织国家级创新平台在广东设立分平台或者技术转移中心。联盟还通过建立网站，利用

网络信息技术促进联盟成员单位的信息、资源整合与共享，并向整个行业开展服务。

（九）以项目合作为切入点，协调联盟成员的合作

以项目合作开发为基础是产业联盟成立和发展的前提。广东省产业技术联盟以项目合作为切入点，以对广东省战略性新兴产业发展有影响力的关键技术、共性技术为主，根据企业的需求和高校研发的实际情况，组建专家组进行项目评定，由联盟秘书处牵头成立项目组，协助项目的推进，并监督项目计划执行情况。项目实行总负责人制，由项目总负责人把握整体方向，组织专家制定总体方案和实施计划，经费安排，协调各参加单位的研发工作。浙江省产业技术联盟成员以项目合作开发为基础，以产业链技术联合创新为发展模式，整合优秀资源，做好技术衔接，发挥各方优势，稳定联盟架构，加快科技成果产业化。在政府支持下建立联盟展示区域，与国内外同行或者其他联盟开展活动，举办专业展览会等。

（十）积极探索知识产权和收益分配机制

公平合理的知识产权和利益分配机制是联盟得以持久发展的保障。一是充分发挥企业的主动性，依据联盟成员在技术创新中的不同贡献，相互之间采取协商的方式，提前确定好相应的权责，保障各自的利益。广东省在联盟组织项目启动时，由各承担单位与项目组织单位共同签署知识产权协议，事先约定所产生的知识产权归属问题及推广应用时的利益分配原则。知识产权入股一般按照双方协商共同认可的价格处理。除了专利之外，软件等也可以入股。也有以商业秘密入股的形式，由于商业秘密隶属老师，所以由老师选取能够继续留下来的学生，将其派驻到联盟实现商业秘密转化落地。二是共同成立联盟基金，共享知识产权。浙江省制冷空调、皮革联盟、中药联盟、长材联盟运行以来，从项目合作经费的形式发展成立了联盟基金，由联盟对研发项目统筹投入，市场评估，进行收益分配，部分联盟正在摸索建立产业基金，进入资本市场运行。

【北京调研案例分析】

2014年6~7月，课题组围绕北京地区产业技术创新联盟发展状况进行了专题调研，分别走访了产业链完善为主导的产业技术联盟、共性技术研发为主导的产业技术联盟、产业创新服务为主导的产业技术联盟10余家，听取了这些联盟发展的状况以及发展中存在的一些问题，本部分着重分析了这些调研对象，同时也整理了委员们针对这些产业技术联盟发展给予的相关建议。

新材料、半导体以及非晶节能领域的联盟：关注标准和共性技术研发

2014年6月17日，调研组赴新材料领域联盟调研，国家半导体照明工程研发及产业联盟（CSA）、非晶节能材料产业技术创新战略联盟、北京材料分析测试服务联盟分别介绍了联盟的职能定位、运营模式以及问题和建议，中国科学院半导体研究所、北京科锐配电自动化股份有限公司、北京有色金属研究总院等联盟成员单位分别介绍了各自参加联盟的体会和收获，并与调研组成员进行了讨论交流。

国家半导体照明工程研发及产业联盟有450多家来自全球的成员单位，主要致力于支撑政府决策、构建产业发展环境、促进创新资源整合，立足建设开放的国际一流的公共研发平台。2013年，该联盟荣获科技部第一批联盟评估第一名。北京材料分析测试服务联盟是由北京新材料发展中心牵头，在京国家级测试机构、地方测试机构、高校等单位共同发起成立的区域性协作组织。现有成员30家，代表了我国材料测试的技术水平和行业水平。探索首都高校第三方商业化实验室管理运营、国有测试机构转型、联盟集成平台及一体化运营等多种创新模式，初步形成联盟品牌。国家非晶节能材料产业技术创新战略联盟汇聚了国内相关行业的骨干企业、研发机构、高等院校和金融机构，整合了非晶带材、非晶铁芯、非晶变压器及非晶电机研发、中试、产业化等创新资源，联合开展国产非晶带材的应用研究和产品开发，共同打造首都非晶产业链，联盟成员单位已增加到41家。三家联盟都建立了专职工

作组，实行理事会决策制度、联络员制度及专家组工作制度。联盟在开展共性技术研发、联合承担市科委科技重大项目，推进我国技术创新和产业结构调整、建立长效、稳定的"产学研用"合作机制，形成重要的产业技术标准等方面发挥了重要作用。

联盟还无法明确其法律地位，日常运营主要依靠会员费，尚未形成有效的市场机制。首都创新大联盟还需要建立公共技术平台，实现创新资源的有效分工与合理衔接；建立人才培养平台，加强跨界联盟人员的交流互动；建立知识产权共享机制，实施技术转移，加速科技成果的商业化运用。

委员建议，要建立首都创新大联盟与联盟、联盟与联盟单位之间的公平互惠的商业模式和市场合作机制，促进联盟跨领域合作和健康发展；要进一步强化联盟的中立地位，建立联盟共同基金；要研究联盟与政府的良性互动关系，防止相互干扰和越位。政府要建立法治化的监管手段，促进联盟单位之间的公平合作，防止行业垄断；要不断推动全方位改革，为企业联盟发展破除体制障碍；要加强各联盟间信息交流，多开展政策、行业、宏观技术领域的发展预测。

总体看，以企业大联盟的工作方式来推动北京科技创新中心的建设是一个很好的方式。体制机制障碍的症结归根结底还是人的思想观念落后，应该不断解放思想，创新工作方法。在联盟起步阶段，要研究立足企业需求，遵循市场和客观规律积极发挥产业联盟的作用，同时还要加强国际合作，建立国际联盟，争取国际联盟认证，积极参与国际标准的制定和创建国际品牌。

生物医药领域联盟：加强不同细分产业联盟的协同从而完善产业链

2014年6月19日，课题组调研了生物医药领域联盟，听取了中国生物技术创新服务联盟、中关村生物医药产业联盟、中关村医疗器械产业技术创新联盟三个生物医药领域联盟代表分别介绍了联盟发展情况，北京天广实生物技术股份有限公司、方正医药研究院和北京国药恒瑞美联公司三个联盟所属企业代表也就企业与联盟间的合作介绍了相关情况。

据介绍，中国生物技术创新服务（ABO）联盟于2005年9月由北京生物医药中心、诺赛基因、国家安评中心、中关村生物医药园、京师利源、凯因、本元正阳、京天成等8家单位共同发起成立，是中国第一家生物医药创新服务产业联盟。秉承"同一世界，同一标准"的理念，服务项目包括资源整合、品牌共享、联合营销，以及集成关键技术、提供"一站式"服务，致力于以市场为纽带，融入全球创新链条。经过十年的发展，ABO联盟规模不断扩大，目前共有40家成员单位，支撑北京生物医药服务业发展，同时强化品牌建设，与众多国际知名机构建立稳定的合作关系，建设与国际接轨的质量管理、知识产权保护等标准体系，并构建应急反应体系，对接重大科技专项，聚焦产业研究，参与政策制定，提升联盟服务水平。

中关村生物医药产业联盟成立于2006年7月，现有成员48家，2013年联盟成员单位总收入约30亿元，已经是一个产业链完整、产业发展及创新能力极强的综合体。该联盟希望通过项目合作、技术委托、技术转让、投融资、人才引进、国内国际会议、体系建设、战略合作伙伴、政策参与、相关培训等多种方式、多种渠道组织并引导企业，依靠新药研发创新与集成创新、参与生物医药重大活动和行业会议、整合及协调产业资源，展示重大成果以及各类资源对接等方式解决生物医药产业关键性技术难题，同时提升生物医药企业的自主创新能力和产业核心竞争力，形成产业上下游与跨产业合作。

中关村医疗器械产业技术创新联盟成立于2012年，联盟旨在整合中关村医疗器械领域优势企业、科研单位、大学、检测机构等成员单位的创新资源，在战略层面建立紧密连接的共同体。对于推进医疗器械领域的关键技术、核心部件和重大产品创新，中关村医疗器械产业的跨越式发展，实现医疗器械技术创新要素的优化组合、有效分工、合理衔接以及科技资源共享都有所助益，将更好地实现卫生服务质量提升与医疗器械产业发展的良性互动。

北京天广实生物技术股份有限公司成立于2003年，专业从事抗体药物的研发与产业化，是国家863工程抗体研发基地，拥有国际水平的抗体研发—产业化技术平台。

方正医药研究院有限公司成立于2008年10月，直属于方正集团旗下的北大国际医院集团，拥有北大医学部背景的创新药物研发平台，主要从事高附加值的仿制药及创新药物研发。

北京恒瑞美联信息技术有限公司成立于1996年，是一家从事医用X线影像技术研发、生产的高新技术企业，是北京市最早一批获得"双软"认证的企业。致力于高端医学图像设备的研发设计、OEM产品的生产以及面向医院的大型医疗设备的制造，并获得科技部国家级重点新产品、国家医药局SDA认证等多项荣誉和认证。

委员们认为，一是政府需要发挥公信力，鼓励以联盟为依托构建科技成果的工程化平台，以促进产学研用结合。二是促进联盟牵头进行基础性研究，建立产业的基础数据库建设。三是以联盟为依托，加强不同领域联盟之间的沟通交流与合作，促进跨界合作。深入开展资源对接服务，进一步推动联盟开展市场拓展、区域合作等工作。四是在政策制定中与联盟对接，让联盟作为代表替产业界发言。

现代农业、肉类加工以及设施农业领域联盟：关注食品安全的协同合作组织

2014年6月24日，调研组赴北京现代农业科技创新服务联盟调研，北京现代农业科技创新服务联盟、肉类加工产业技术创新战略联盟、首都设施农业科技创新服务联盟、未名兴旺前沿实验室、北京顺鑫农业股份有限公司鹏程分公司、北京市农业机械研究所等联盟成员分别介绍了各自的运行情况、科技合作、成果转化以及问题和建议，并与调研组成员进行了讨论交流，会后，调研组赴北大生物城，考察未名兴旺前沿实验室实地考察。

北京现代农业科技创新服务联盟是2013年注册的法人社会团体，目前有会员单位87家，涉及种业、设施、农产品加工、物流、投入品等农业全产业链。联盟以种业科技为核心、构建知识产权为纽带的产学研用合作机制与利益共享机制，开展以食品安全为主线的全产业链协作及跨领域合作，研发集成应用食品安全新产品、新技术、新装备，打造食品安全检验检测服务平台；开展食品安全风险评估与预警新技术研发，推动食品安全风险评估防控体系建设。联盟成员企业与许多国家有较为密切的科技交流与贸易合作。肉类加工产业技术创新战略联盟筹建于2009年，联盟成员共计42家，联盟参与制

修订的国际标准4项，国内标准16项。联盟积极推动肉类加工产业相关产品标准、技术标准和操作规范的立项，每年组织成员单位积极申请《农业行业标准制定和修订（农产品质量安全监管）项目》，向中国商业联合会申报商业标准。联盟从制定联盟标准入手，组织联盟成员签署了《肉类食品安全质量保障承诺书》，创建消费者认可的联盟品牌。设施农业科技创新服务联盟于2009年正式成立，由30家设施农业相关设备制造企业、设施农业生产企业和设施农业相关的科研院所大专院校等组成。联盟大力推广设施蔬菜新品种示范、节能、生态、可持续发展技术，开展设施农业物联网温室智能环境调控系统优化工作，并在顺义、大兴等11个区县建立了20个综合示范基地和108个示范村。

参加座谈的联盟提出，作为非营利机构，工作中遇到工作经费紧张、专业人才短缺的问题。希望政府加大对联盟的专项工作经费、科技金融政策、人才引进的支持力度。

委员指出，应该认真研究产业联盟的定位职能，根据定位申请政府的政策支持；要组织成员单位抱团联合申请国家专项，而不是当科研专项的"二传手"，在科研专项设立前，联盟要积极与政府部门沟通，使科研专项设立详尽合理，符合市场需求。联盟内部要建立公平公正、互惠互利的规则，要兼顾中小联盟单位的利益，推进创新协同和技术支持。联盟要担当一定的社会责任，积极开展社会监督和行业自律，充分发挥联盟的公共治理、公共服务职能。委员建议，政府有关部门下放职权，将部分公共职能交由联盟承担。如行业标准制定、各种国际性会议、评估评价、技术推广等。在产业技术创新联盟中长期发展、技术创新改造、联盟标准应用等方面，政府应多关注，加强政策引导。

新能源领域的3家联盟：未来更多关注共性技术开发

2014年6月26日，调研新能源领域联盟，听取了城市生物质燃气产业技术创新战略联盟、中关村储能产业联盟、北京新能源汽车产业联盟等新能源领域联盟的情况介绍,并与联盟成员单位北京健坤伟华新能源科技有限公司、北京氢璞创能科技有限公司和北汽福田汽车股份有限公司进行了座谈交流。

据介绍,城市生物质燃气产业技术创新战略联盟成立于2010年3月27日,成员单位包括从事城市生物质燃气领域的工程企业、设计企业、设备企业、投资和运营企业、高校、科研院所及行业服务机构。该联盟秉承联合、沟通、孵化、合作的理念,旨在推动实施国家生物质燃气战略,沟通科研与产业及政府间关系,致力于生物质燃气技术创新和产业化,提高行业整体技术水平,促进该产业与国际市场全方位接轨。

中关村储能产业联盟成立于2012年,截至2013年底,成员单位75家,其中国内56家,国际19家,基本覆盖了发电、输电、配电、新能源并网以及主流储能技术厂商在内的整个储能产业链以及投资机构、咨询公司等。联盟以推动储能产业的发展作为自身使命,致力于为政府制定储能产业政策提供决策基础和依据,推广储能的应用以及加强基础研发,搭建共性技术创新平台。

北京新能源汽车产业联盟依托北京新能源汽车设计制造产业基地成立于2008年12月28日,是一个以技术为主线,以创新为动力,以标准为突破,以系列服务为模式的战略性产业联盟。其成员覆盖新能源汽车全产业链的众多成员,包括北汽集团、福田汽车、北京汽车新能源汽车、重庆长安、美国伊顿、康明斯、中信国安盟固利、普莱德,以及清华、理工、交通等众多高校。各成员单位通过充分合作与交流,取得了许多技术上的突破,开发出众多车型与关键零部件,为国家"十城千辆"工程做出了重要贡献。

委员们指出,当今世界各国更加重视新能源的开发和利用。对于北京这样的特大型城市,优化能源结构,发展新能源产业,凸显绿色可持续性发展更为重要。建议,一是进一步优化新能源产业发展环境,支持和扶持小型高科技企业进入新能源领域参与公平竞争。二是鼓励和支持新能源产业技术攻关,对于一些处于起步期,技术尚未成熟的新兴产业,如储能产业,政府要给予政策支持。三是新能源产业要重视基础研发,加强产学研协同创新,确保产品质量,不断提高产品的市场占有率,巩固用户的信任度。

新一代信息技术联盟：关注标准制定推动行业发展

2014年7月1日，课题组调研了新一代信息技术联盟，闪联产业技术创新战略联、TD产业技术创新战略联盟、北京长风信息技术产业联盟、闪联信息技术工程中心有限公司、北京星河亮点技术股份有限公司、首都信息发展股份有限公司等联盟和成员单位分别介绍了各自的运行模式，科技合作、成果转化情况、存在问题以及对策建议，并与调研组成员互动交流，调研组还参观了闪联展厅。

据介绍，北京市闪联信息产业联盟成立于2005年，是由国内联想、TCL、康佳、海信、长城等大企业联合组建的标准组织与产业联盟，致力于促进3C（计算机、通信、消费电子）产品融合协同发展，目前拥有海内外会员210家。负责制定并推广我国自主的IGRS（闪联）标准。目前，闪联联盟已经成为我国电子信息领域代表性行业组织，并被科技部、国家发改委、工信部纳入国家科技创新体系和重大基础设施布局之中，科技部"产业技术创新战略联盟"首批试点单位，是北京电子信息领域唯一的5A级社团法人，开放兼容的国际化行业组织。TD产业联盟（TDIA）成立于2002年，现有90家成员单位。联盟根据市场需要，组织成员共同规划技术与产品发展路线，共用技术的开发，参与的网络测试，推动有利于TDD技术与产业快速发展的产业环境形成；组织联盟内外企业参加国内外市场活动，逐步形成以中国企业为主体，国际企业积极参与的完整产业链。TD-LTE在国际上取得广泛的认同，正全面由产业化发展阶段向商用化发展阶段转移。长风联盟2005年在北京成立，目前联盟会员135家。联盟是通过汇聚政、产、学、研、用各方资源，以用促研，以集成商带动平台软件厂商的产业链合作促进方式，以智慧城市作为方向，推动软件与信息服务产业的技术和模式创新平台建设，在电子政务、社会管理、教育、金融等应用领域，开展广泛交流合作与互助分享。

与会联盟及联盟单位建议，一是要建立联盟参与战略研究与重大专项的机制，与市委市政府重大战略决策、十三五科技规划等衔接；二是利用联盟的社会化组织特点，推动政府通过购买社会组织服务的方式推动国家机制体制改革；三是北京应加强对软件与信息服务产业的重视，重点围绕大数据、智慧城市等领域，立足于关键核心技术创新，针对软件向平台化、服务化以及网络化发展等方面，加强支持力度；四是加强联盟职业化、专业化人才建设，要重视培养和激励联盟职业化人才进入联盟。

联盟单位还建议：一要完善联盟的准入和信用机制建设，严格联盟评审标准，加强联盟管理；二要加强对推荐性自主标准的推广力度，依托联盟加强测试认证平台建设，鼓励联盟标准的研制和推广应用；三要充分发挥联盟的公共价值，防止联盟成为企业，造成重复建设，资源浪费；四要加强首都大联盟的信息交流及渠道分享，建立成果共享的商业模式，利用首都大联盟的跨领域合作优势，承接国家及北京市的重大项目。

装备制造领域联盟：加强共性技术研发促进产学研协同发展

2014年7月3日，调研组调研装备制造领域联盟，听取了中国汽车制造装备创新联盟和农业装备产业技术创新战略联盟的情况介绍，并与联盟成员单位机械科学研究总院先进制造技术研究中心、现代农装科技股份有限公司进行了座谈交流。

据介绍，中国汽车制造装备创新联盟成立于2007年11月7日，是由机械科学研究总院和中国汽车工程学会组织10家汽车制造厂、8家机床企业、11家设计研究单位、7家高校（共计36个单位）共同发起并成立的。成立用意在于搭建汽车装备研发应用推广平台，建立政府和企业之间，产学研用之间的桥梁纽带，引领装备技术的发展，同时技术辐射，培育汽车装备的产业集群。

农业装备产业技术创新战略联盟成立于2007年6月10日，由中国农业机械化科学研究院作为理事长单位，牵头组织行业重点企业、科研院所和学校共15家单位组成，是科技部、国资委、财政部等部委联合推动建立的首批四个产业技术创新战略联盟之一。时至今日，该联盟扩增至42家成员单位，其中企业14家，大学17家，科研院所11家，凝聚了行业高新技术研发、先进制造能力、高素质人才培养和产业化生产能力，是行业重大技术组织和实施主体。该联盟成立目的在于突破产业共性和关键技术瓶颈，培育重大产品创制的产业集群主体，目前已经整合了行业的优势科技资源、先进制造能力和产业优势人才，构建了产业技术创新链和产学研结合的协同创新机制，引导产业发展，推动技术创新，做到了支撑了农机化和农机工业又好又快发展。

机械科学研究总院先进制造技术研究中心成立于2006年，前身是由原机械工业部和国家科委于1997年批准组建的机械工业部先进制造技术研究中心。研究中心下设3个研发实体，拥有先进成形技术与装备国家重点实验室、国家技术转移示范机构、国家国际科技合作基地、国家工信部"精密塑性成形技术与装备创新能力平台"等创新基地及机构，还拥有一支由院士领衔，优秀专业人才众多的人才梯队。科研成果已广泛应用于机械制造、纺织机械、交通运输、信息产业、环境保护、能源等行业。

现代农装科技股份有限公司是以中国农业机械化科学研究院为主发起人，由中国农业机械化科学研究院、钢铁研究总院、清华紫光股份有限公司、北京首创资产管理有限公司、机械科学研究院等五家发起设立的专业从事"中农机"品牌现代农业装备研发、生产和经营的高新技术企业。设有技术中心及多个子公司及装备生产基地。

委员们指出，目前我国装备制造业普遍存在基础技术与技术创新能力薄弱，又因自主创新能力不足制约产业技术发展及市场竞争力等问题。建议：一是政府对于联盟健康持续运行以及开展重大产业技术创新活动，提供持续系统性的、稳定的政策支持。二是建立公共技术服务平台，进一步发挥联盟在立项、管理、验收等过程的主体作用，以便有效促进产学研产业技术协同创新，以提高成员企业自主创新能力。三是对联盟在协同创新、产业共性技术联合研发、工业企业技术改造和产品升级等方面提供资金支持。

移动通信领域联盟:关注标准制定占据行业高端

2014年7月8日,调研组调研了移动通信领域联盟,调研组到北京新一代移动通信产业创新联盟、中关村数字电视产业联盟调研,分别听取了工业和信息化部电信研究院LTE/LTE-A关键技术和产品公共试验平台建设以及数字电视国家工程实验室情况介绍,并参观了电信研究院MTNet实验室和数字电视国家工程实验室。

据介绍,北京新一代移动通信产业创新联盟(以下简称北京4G联盟)成立于2011年,积极推动北京4G产业在技术标准、设备研制、终端芯片设计、测试验证、应用与服务等领域战略协同发展。为北京4G产业各领域企业、高校、研究院所等提供更广阔的交流合作平台,同时将空间信息、物联网、文化创意等融入4G服务创新应用,用技术促生产应用,靠应用拉动技术进步。电信研究院是以通信业为基石、以互联网为主线、涵盖信息通信产业和信息化发展主要环节、辐射综合政策领域的研究体系和业务优势,信息通信领域国家权威智库和国际知名研究机构。开展决策支撑、国家专项、监管服务、测试认证和咨询等核心业务。LTE公共测试验证平台是在"新一代宽带无线移动通信网"重大专项课题支持下建立的、用于TD-LTE技术验证、产品研发、产业推进、国际推广的开放测试环境。系统厂商、终端芯片厂商、仪表厂商在这个平台上相互合作、共同推进,对TD-LTE产业链的形成起到了良好的推动作用。

中关村数字电视产业联盟成立于2007年,汇聚了数字电视产业链上141家企业;为成员企业提供包括信息共享、技术交流与合作、整合联盟成员优势力量,促进联盟成员的合作,共享联盟范围内的信息资源和技术成果,规范市场、避免恶性竞争,提高产业整体竞争力,创造一个多赢的沟通机制与平台。中关村数字电视产业联盟提升国内企业自主创新能力,增强我国数字电视产业的整体竞争优势,组织企业探索国标(DTMB)的国外推广的应用模式发挥重要作用。在联盟基础上,2010年6月注册成立了北京数字电视国家工程实验室有限公司。数字电视国家工程实验室（北京）专注于数字电视技术研发，确保国标技术的国际领先，成为推动 DTMB 标准海外推广应用，占领数字电视国际标准制高点的国家队和我国数字电视技术、标准、产品和服务成套出口的策源地。

调研中发现：第四代移动通信技术进一步改变人们的生活方式，希望"无限城市"的利好更快普及到百姓生活中。中国现代通信技术迅猛发展，成绩喜人，逐渐成为国家引领产业，经济支柱。应该迅速推进以自主创新研发的先进技术成果，带动我国地面、有线、卫星和网络电视的产业链发展，运营方式和业务更新改造，大力促进 DTV 传输网与电信网、互联网的三网融合，中国标准海外推广和应用，以领先的通信技术为承载让中国文化走向世界。委员们兴致勃勃地观看了实验室，并亲身体验了 4D 技术的奇幻效果。

建材领域联盟：搭建具有前瞻性的高端研发平台

2014 年 7 月 10 日，调研组调研了建材领域联盟，调研组到中国建筑材料科学研究总院，听取情况介绍并参观了院史展，考察了总院绿色建材重点实验室、CTC 光伏实验室。

据介绍，中国建筑材料科学研究总院（以下简称建材总院）创建于 1950 年，是新中国第一个建材科研机构，1999 年转制为科技企业，集成了建材行业水泥、玻璃、陶瓷、新型建材、墙体材料和无机非金属新材料，以及机电自动化与精密制造等相关领域，拥有 1 个国家重点实验室，3 个行业开放重点实验室；2 个国家工程技术研究中心，3 个省部级工程技术研究中心；5 个联合国技术发展与促进中心，1 个国家级行业生产力促进中心；11 个标准化技术委员会，约 30 个国家与行业级质量监督检验认证机构，以及中国建筑材料工业联合会和中国硅酸盐学会等所属的国家、地方和行业的 20 余个专业分会。拥有科技人员 3000 余名，其中包括中国工程院院士在内的高级科技专家 1200 余名。中国建材检验认证集团是国内建筑材料及建筑工程领域内规模最大、综合性、第三方检验认证服务机构，主持制订并发布国际标准、国家、行业和地方标准几百项，为社会提供上千种产品的检测。绿色建材实验室针对绿色建筑材科学的国际前沿问题，通过开放、流动、联合的运行机制开展合作研究绿色建材的重大关键问题，研究和制定绿色建筑材料的国家和行业标准认证体系，引领建材行业科技发展。几十年来，建材总院完成国家和行业科研项目3100项，主持制定和修订国家和行业标准1200项，有力地促进了行业技术进步和产业结构升级，为建材工业的发展、国民经济建设以及国防建设做出了突出贡献。

建材总院在汇报中提出，应进一步强化检验认证科技服务业在重点高新技术领域中的地位。检验检测机构是科技含量较高的科技服务型企业，由于科技部、财政部和国家税务总局在2008年4月联合印发的《关于印发〈高新技术企业认定管理办法〉的通知》，没有明确包含"检验检测技术服务"，使检验检测机构难以被认定高新技术企业，并无法享受相关政策优惠。检验认证行业在日常经营活动中几乎获取不到增值税发票，对于检验认证机构的税负是增加的，不利于检验认证行业的发展。对于检验认证机构整合应给予一定的资金支持，推动检验检测认证高技术服务业做强做大。

委员们建议，一是国家重点实验室和检验认证机构要进一步加大开放力度，促进行业共性关键性前瞻性技术的研发平台建设。注重培育一批技术能力强、服务水平高、规模效益好、具有一定国际影响力的检验检测认证集团。二是要发挥中央院所的科研基地作用，与企业紧密合作，积极开展培训、技能竞赛等行业活动，不断增强自主创新能力。三是北京要充分发挥驻京中央院所在结构调整和产业升级任务的主体和引领作用，积极邀请中央院所参与制定科技创新政策。四是北京市领导要关心和帮助解决中央转制院所历史遗留问题、尽快研究社区建设、危房改造等问题，切实为驻京中央院所减负。

战略篇

第十四章 京津冀区域协同创新发展研究[①]

京津冀协同发展是当前重大的国家战略之一,而以科技协同创新作引领是完成这一战略任务的关键环节,也是三地一体化发展的根本出路和现实选择。为完成好以协同创新引领京津冀区域发展的任务,北京市政协科技委与北京市科协在2014年初学习了习近平同志"2·26讲话"后迅速行动,联合组建调研课题组,多次往返于三地进行实地调研和联络,与津冀两地政协和科协的同志共同协商研究,召开了"推进京津冀科技协同创新专题座谈会",邀请科技部、中国科学院等机构的专家进行了指导。现将主要调研成果及建议报告如下。

一、京津冀科技协同创新目前需要破解的难题

调查了解到,在习总书记"2·26讲话"后,京津冀三地都迅速行动起来,在协同创新引领发展方面已有较大进展和一定起色。北京市制订了"4+N"(即北京与河北张承地区、曹妃甸地区、首都新机场临空经济区、天津滨海新区及多个创新对接协作点)的协作方案,中关村科技园区已与天津、河北达成了建立多个中关村产业基地或分支机构的共识。天津、河北也有积极行动,推动协同创新的积极性很高。总体看,三地联合推进落实中央指示的进度良好。但应当看到,京津冀协同创新的前景还有若干难题需要解决,目前整个京津冀城市群科技资源呈现"大集聚、小分散"特征,创新要

[①] 本研究于2015年由北京市政协科技委、北京市科学技术协会、部分民主党派联合完成。

素空间分布落差很大，区域产业技术创新的协作程度较低，造成科技资源投入结构雷同、科技创新效率低下、协同创新发展难题破题难等诸多困境。这次调查发现难题主要表现在如下几个方面：

（一）地区间协同创新的体制机制还有待完善

京津冀科技合作有多年的历史，在许多重要领域的项目、产业、人才交流等层面开展了卓有成效的合作。但目前京津冀三地科技创新的功能定位和区域分工尚不明确，政府间高层次的联合办公或合作磋商机制尚不健全，尤其是在区域科技规划、科技政策、重大项目、技术标准等的沟通协调机制不完善，协同创新缺乏有效的制度保障，致使区域科技协同创新的联系和协作程度低。由于行政区划壁垒制约，多层次、常态化的创新合作机制尚未建立，缺乏总体统筹协调，以致无序对接、同质竞争的情况仍部分存在。

（二）区域内科技资源共享及创新利益共享程度还有待提高

京津冀各自的科技资源共享初见成效，三地的大型仪器设备共享已在推进阶段，并均建立了信息网络平台。但省际间科技资源的共享范围和合作程度有限，尤其是区域之间科学数据资源尚缺乏有效的管理，数据标准化、规范化方面也面临较多困难，阻碍了区域科技资源的有效共享和高效使用。过去长期的过度行政化科技资源配置格局及科技项目、经费方式等科技管理深层次问题导致利益固化和科技资源配置效率不高。在创新成果转化及效益机制等方面还没有合理的解决方案，利益共同体尚未形成。这些因素，阻碍了区域产学研协同创新。

（三）有利于科技人员跨区域流动的政策条件及生活环境有待改善

京津冀区域各地在支持科技人才创新创业政策、激励与评价政策等方面存在较大制度落差，三地一体化的人才市场也存在诸多的行政壁垒和制度障碍；北京周边各大中城市在民营科技型企业落户指标、公共服务、社会保障、职称认定等方面缺乏吸引能力；加上三地经济社会发展割裂明显，教育、医疗及自然生态等生活条件落差大，致使区内研发人才、技能人才的培养与交流难以推进。需要强有力的政策措施及生活保障措施才能改变目前京津两地的人才"虹吸"现象。

（四）创新资源整合的一体化要素市场存在割裂

京津冀各地科技中介服务和技术交易市场自成体系，区域内技术承接能力不强，金融制度的地区壁垒与创新资源的共建、共享与开放不足等，都割裂了一体化区域要素市场建设，致使创新资源流动受阻。如2012年，北京万人技术成果成交额为9635.05元/人，天津为1644.02元/人，河北仅为51.87元/人，北京的技术输出与吸纳能力均强于天津、河北，且以技术净输出为主，其输出技术成交金额占京津冀地区输出技术成交金额的90.1%；而天津和河北技术吸纳能力的不足，致使大量科技成果流向区域以外，形成北京科技成果跨地区转化的"蛙跳"现象。如2013年，首都地区技术流向京津冀区域内的技术合同58668项，比流向长三角区域的科技成果少13509项。

（五）区域内部创新资源配置落差过大，国家级科技资源对区域发展的辐射动力不足

河北、天津与北京相比，存在着"高层次人才均比较缺乏、R&D经费投入少、专利授予量少"等问题，阻碍了区域内部的科技协作和产业协同。截至2012年底，北京的R&D人员数为155.81人/万人，天津为89.47人，河北仅为17.14人；北京R&D人员中博士、硕士占比分别为17.69%、24%，天津为5.91%、13.77%，河北为3.18%、12.63%；北京的R&D经费投入强度为5.95，天津为2.8，河北省仅为0.92；北京专利授权数为24.41项/万人，天津为14项/万人，河北省仅为2.10项/万人。在创新机构与科技平台

数量上，北京拥有高等院校数量为767个，分别是天津的13.95倍和河北的4.36倍；北京拥有科研院所379个，是天津的6.53倍和河北的4.99倍；北京市拥有国家重点实验室107个，而天津和河北国家重点实验室数量仅为5个和3个；北京拥有国家级工程技术（研究）中心65个，天津和河北仅为10个和4个。创新资源配置上的显著落差，造成了区域内部科技创新能力上的不平衡，地理上的邻近而科技发展明显不平衡，意味着区域科技溢出效应不强、技术扩散滞后，进而导致区域内部科技创新的协作程度低、投入结构雷同，制约了区域产业链与创新链的融合发展。上述各数字对比中，在京的国家级资源占比较大，前段时期的对接主要强调了北京市属资源的疏解，而中央在京资源缺乏向周边辐射的动力，有的机构向沿海辐射的惯性较大，需要政府推进与市场调节联合驱动，以利于整体发展。

二、关于进一步推进京津冀协同创新的建议

新形势下应立足地区实际，面向重大问题与创新需求，以京津冀科技协同创新为突破口，通过强化和构建区域科技协同创新共同体，促进区域内部知识流动、资源共享、技术扩散，增强面向全国乃至全球资源的集聚力、承载力、辐射力和竞争力。对此，我们提出如下对策与建议。

（一）建立京津冀区域科技协同创新的组织机制，设立三地政府共同主导的联合创新平台

在京津冀政府间建立协同创新联合办公制度，建立一个统筹协调的创新平台，下设信息交流平台、专项资金与融资平台、科技资源协商调度平台及技术市场交流平台等。联合创新平台由少量专职人员及各地科技管理部门和较大型高新技术产业园区兼职人员派驻组成。联合办公的主要内容应包括：联合编制京津冀科技协同发展规划和制定区域科技合作政策；建立京津冀基础性科技资源共建共享机制和一体化的技术交易市场；建立健全大型合作共

建项目收益分配调节机制;建立中央项目及三地合作项目的管理机制、联合攻关机制及科技资源开放共享机制;指导建立产业技术合作联盟及知识产权保护合作联盟;共同建立科学公正的科技决策、咨询、评估与监督机制,对区域性研发组织进行统筹布局,引导高校、科研机构、中介和企业开展科技合作;等等。

(二) 建立协同创新资源共享和利益共享的机制

按照当代智能制造业发展趋势和大数据时代进步的特点,重新在京津冀区域构建一体化的创新链、产业链与利益分配机制。充分发挥政府、市场与社会各方面的资源调节作用,特别是金融资本对战略性新兴产业发展的驱动作用,合理进行资源与利益再布局。一是建议参照"华盛顿特区"财政管理模式,建立京津冀地区财政管理创新模式,对资源转出地实行一定的转移支付补偿,以利于首都城市战略定位得到尽快实施。呼吁中央在协作创新中为欠发达地区解决生态涵养、基础设施建设及社会设施配套等问题给予一定资金支持。二是支持开展跨区域利益共享机制试点,对三地联合共建的重大项目、共建园区、共建产业基地、产业转移等形成的GDP、地方税收等在报国家有关部门备案后进行跨区域的GDP分计核算。允许区域间协商划拨区域共建形成的地方性税收。三是支持三地联合设立京津冀协同创新基金,探索以资本为纽带的"公司+基金"等市场化合作模式,支持联合共建科技新干线、创新共同体及其他重大项目。创新基金由三地共同投资,采取贷款贴息、投资入股等方式,支持区域内高校、科研院所、企业联合开展技术研发。四是整合财税、金融等多种创新政策,合力推进区域协同创新。全面清理不适应三地协同发展的地方法规和政策,纠正保护性、歧视性的做法,形成有利于资金、人才、成果等各类要素自由流动。引导三地银行围绕科技创新,建立科技支行;共同组建科技创新投融资管理平台,吸引VC、PE等社会资本参与京津冀科技创新创业;建立三地一体的科技信用体系和科技担保公司,加快推进京津冀一体化的科技投融资体系建设。

(三) 联合共建一批协同创新示范基地

围绕首都建设全国科技创新中心的总体定位,以各类科技园区为载体,支持中关村示范区、滨海新区与区域内创新社区、科技园区、科研基地等联合共建一批集教育、科研、技术转移转化与孵化等功能于一体的科技协同创新示范基地,推动北京创新资源有重点地向以企业为研发核心的天津、河北转移,强化科技创新的分工与协作,促进三地产业链与创新链的有效融合。协同开展科技自贸区、科技金融创新示范区、创新人才特区、海关特别监管区、临空型自贸易区等系列体制机制改革,使京津冀成为我国科技创新综合改革试验田,为全国创新发展先行试点示范。

(四) 联合打造京津冀全区域的创新创业生态系统

打破过去的对口支援、对口对接、产业转移的思路,以联合打造区域创新创业新环境的思路促进京津冀协同创新的开展。一是按照三地产业基础、发展阶段、功能定位等的差异,重新进行协同创新分工及总体提升配套条件和吸引创新要素的能力。从研发、实验、企业孵化、产业化和市场应用研究等多方面重新进行差异化定位,以新定位引导创新资源合理流动。二是鼓励高校、国家级重点实验室等创新源头在新的功能定位区开设实验基地或实验室分站。没有大学和科研机构不可能创新,但大学不易搬动,只能在功能区另开实验基地。与当地企业及创新链合作,加强当地的创新能力及吸纳大学生就业。三是生活及自然生态设施先行,以良好的全方位环境吸引创业人员。大力在各功能定位区开展教育、卫生及其他优于特大城市的基础设施建设,大力建好卫星城,大力开展自然生态环境保护,突出对创新创业人员工作居住条件环境的提升,以此吸引人才,留住人才。以宜居的自然生态保证创新生态的提升。

建项目收益分配调节机制;建立中央项目及三地合作项目的管理机制、联合攻关机制及科技资源开放共享机制;指导建立产业技术合作联盟及知识产权保护合作联盟;共同建立科学公正的科技决策、咨询、评估与监督机制,对区域性研发组织进行统筹布局,引导高校、科研机构、中介和企业开展科技合作;等等。

(二) 建立协同创新资源共享和利益共享的机制

按照当代智能制造业发展趋势和大数据时代进步的特点,重新在京津冀区域构建一体化的创新链、产业链与利益分配机制。充分发挥政府、市场与社会各方面的资源调节作用,特别是金融资本对战略性新兴产业发展的驱动作用,合理进行资源与利益再布局。一是建议参照"华盛顿特区"财政管理模式,建立京津冀地区财政管理创新模式,对资源转出地实行一定的转移支付补偿,以利于首都城市战略定位得到尽快实施。呼吁中央在协作创新中为欠发达地区解决生态涵养、基础设施建设及社会设施配套等问题给予一定资金支持。二是支持开展跨区域利益共享机制试点,对三地联合共建的重大项目、共建园区、共建产业基地、产业转移等形成的GDP、地方税收等在报国家有关部门备案后进行跨区域的GDP分计核算。允许区域间协商划拨区域共建形成的地方性税收。三是支持三地联合设立京津冀协同创新基金,探索以资本为纽带的"公司+基金"等市场化合作模式,支持联合共建科技新干线、创新共同体及其他重大项目。创新基金由三地共同投资,采取贷款贴息、投资入股等方式,支持区域内高校、科研院所、企业联合开展技术研发。四是整合财税、金融等多种创新政策,合力推进区域协同创新。全面清理不适应三地协同发展的地方法规和政策,纠正保护性、歧视性的做法,形成有利于资金、人才、成果等各类要素自由流动。引导三地银行围绕科技创新,建立科技支行;共同组建科技创新投融资管理平台,吸引VC、PE等社会资本参与京津冀科技创新创业;建立三地一体的科技信用体系和科技担保公司,加快推进京津冀一体化的科技投融资体系建设。

(三) 联合共建一批协同创新示范基地

围绕首都建设全国科技创新中心的总体定位,以各类科技园区为载体,支持中关村示范区、滨海新区与区域内创新社区、科技园区、科研基地等联合共建一批集教育、科研、技术转移转化与孵化等功能于一体的科技协同创新示范基地,推动北京创新资源有重点地向以企业为研发核心的天津、河北转移,强化科技创新的分工与协作,促进三地产业链与创新链的有效融合。协同开展科技自贸区、科技金融创新示范区、创新人才特区、海关特别监管区、临空型自贸易区等系列体制机制改革,使京津冀成为我国科技创新综合改革试验田,为全国创新发展先行试点示范。

(四) 联合打造京津冀全区域的创新创业生态系统

打破过去的对口支援、对口对接、产业转移的思路,以联合打造区域创新创业新环境的思路促进京津冀协同创新的开展。一是按照三地产业基础、发展阶段、功能定位等的差异,重新进行协同创新分工及总体提升配套条件和吸引创新要素的能力。从研发、实验、企业孵化、产业化和市场应用研究等多方面重新进行差异化定位,以新定位引导创新资源合理流动。二是鼓励高校、国家级重点实验室等创新源头在新的功能定位区开设实验基地或实验室分站。没有大学和科研机构不可能创新,但大学不易搬动,只能在功能区另开实验基地。与当地企业及创新链合作,加强当地的创新能力及吸纳大学生就业。三是生活及自然生态设施先行,以良好的全方位环境吸引创业人员。大力在各功能定位区开展教育、卫生及其他优于特大城市的基础设施建设,大力建好卫星城,大力开展自然生态环境保护,突出对创新创业人员工作居住条件环境的提升,以此吸引人才,留住人才。以宜居的自然生态保证创新生态的提升。

（五）积极推动以企业为主体的京津冀都市圈技术创新体系建设

结合首都地区产业转移与功能疏解的整体部署，以企业为主体，围绕新能源、电子信息、新能源汽车、物联网、云计算等重点领域，实施一批区域重大科技创新应用示范工程，支持三地企业与高校、科研机构合作建设研发中心和中试基地，引导创新要素向企业集聚，真正建立起以企业为主体、产学研用相结合的技术创新体系。

在京津冀地区把主要精力放在新兴产业的增量培育上，举三地之力共同做大战略性新兴产业集群。沿京津唐、京保石、京唐秦三条主要交通干道，推动和引进国内外最新科技成果落地转化，三地联合打造一批贯通全区域的新兴产业发展带，实现各区域优势互补，创新联动，产业协同。

（六）统筹加强区域科技人才的交流与共享

将三地科技人才的培养与使用纳入科技发展规划进行统筹考虑，组建跨区域人力资源开发孵化基地和人力资源共同市场、人才协调与政策服务中心，培养职业化的技术经纪人、专利代理人，加快区域科技人才和科技成果的信息交换与共享。深化三地在人事档案管理、社会保障、科研评价等相关制度的改革与对接，研究制定鼓励体制内科技人员到企业中从事技术创新的具体政策，推动三地高校和科研机构创新人才向企业流动和兼职；鼓励河北、天津有条件的企业设立博士后科研工作站、院士工作站，推动首都高端科技人才到津冀开展创新创业。

在京津冀全区域建立高端人才互通互用机制，鼓励人才临时流动和自由流动，在户籍归属、医疗关系、养老关系及子女教育等方面为高端人才开绿灯。三地打通人才使用渠道，特殊人才可以为多个公司或科研机构录用。在录用外籍人士方面也给予特殊照顾。采用多种形式建立人才合作通道。

第十五章　全国科技创新中心建设的改革路径研究[①]

全国科技创新中心是北京新的战略定位之一。这个定位既是在新的发展阶段党中央对北京城市发展提出的新要求，也是北京实现创新驱动发展，疏解非首都功能，建设国际一流和谐宜居之都的内在动力。为加快推进全国科技创新中心建设，按照中共北京市委关于《北京市政协2015年协商工作计划》要求和市政协工作安排，市政协科技委开展了一系列相关工作，面向专委会全体委员开展"献一策"活动，与各民主党派市委联合开展专题调研，组织专家学者进行理论和实践研究，并赴广东、上海调研考察，充分发挥专家智力优势，广泛听取和汇集各方建议。经过多次研讨及与有关部门协商，形成了比较一致的意见建议。

经过调研，委员们认为北京推进全国科技创新中心建设是落实"京津冀协同发展"及"一带一路"等重大国家战略的重要举措，是首都在经济"新常态"下转变发展方式，调整经济结构，实现创新驱动发展的难得机遇。北京科技智力资源密集，是全国创新创业最活跃的区域，已经成为国家参与全球创新竞争的先导城市，基本具备了加快向建设全国科技创新中心城市迈进的条件。但仍存在服务创新的体制机制还不完善，对世界高端创新要素的集聚能力不强，高端创新人才和创新团队数量少水准不够，与中央在京创新资源对接不够及企业的创新主体潜力发挥作用不强及缺少有重大影响的创新企业、创新成果、创新产品等问题。市政协科技委委员及部分党派的同志一起在分析和梳理问题的基础上，提出多方面的推进科技创新中心建设的建议，

---

① 本研究于2015年由北京市政协科技委、民革北京市委员会、民盟北京市委员会、民建北京市委员会、致公党北京市委员会、九三学社北京市委员会、北京市科学技术研究院联合完成。

现择其中重要若干问题的建议如下。

一、关于推进全国科技创新中心建设的总体目标

经过认真学习和深入调研，委员们认识到，推进全国科技创新中心建设，首先要把思想统一到中央精神上来。中共中央、国务院下发的《京津冀协同发展规划纲要》中指出："北京重点提升原始创新和技术服务能力，打造技术创新总部聚集地、科技成果交易核心区、全球高端创新中心及创新型人才聚集中心。"这一要求，就是推进全国科技创新中心的主要任务和主要目标。建设全国科技创新的任务应当在以下几个层面展开。

（一）强调"提升"与"改革"

要全面提升首都原始创新能力，加快构建引领经济发展新常态的"高精尖"产业创新体系。全面改革体制机制，加强各级政府部门为建设全国科技创新中心服务的能力。

（二）着眼"核心"与"聚集"

要成为国家科学中心和国家技术交易核心区，聚集创新机构和创新人才，进一步发挥中央创新资源作用，协同京津冀区域资源，建设我国自主创新的重要源头和研发核心技术的主要策源地。

（三）注重"国际"与"高端"

要加强国际影响力与竞争力，不断提升在世界科技创新网络中的地位。打造高端经济增长极，把首都建设成为走在世界前列的重要创新型城市之一。

二、关于以改革精神建立服务创新的体制机制

在推进全国科技创新中心建设过程中,首要和最困难的任务是建立市场导向的创新体制机制,深化科技管理体制改革,建立一系列鼓励创新的机制,清除各种障碍,让创新主体、创新要素、创新人才充分活跃起来,形成推进创新的强大活力及市场化、法制化、国际化的创新环境,政府的注意力转到建设高端、便捷、更有效率的创新服务体系与大众创新平台方面。具体建议如下:

(一)发挥市场配置资源的决定性作用和政府协调作用,从体制上解决科技与经济分离、科技体制分割问题

政府工作的重点放在建立服务创新体系上,做好制定规划、法规和标准上,均衡公共服务资源。此外的领域最大限度发挥市场配置资源的决定性作用,引导企业按照市场规律,加强自主技术创新,加强技术交流与转化。加快政府职能转变,简政放权,促进政策集成化、法制化。建立跨政府部门的统筹决策和联动管理制度,在区县层级推广石景山区及海淀区将科技园区与政府相关部门整合的做法,提高部门协同和资源整合水平。

(二)综合协调政府各部门科技投入专项资金,改革对各类科技计划、专项的分配办法

建立覆盖基础研究、应用研究和产业化的项目投入管理和信息公开平台。除基础科学研究和公益性、前沿性技术研发等经费外,其余财政资源及专项安排等主要由市场机制配置。以风险补偿、后补助、创投引导等方式发挥财政资金的杠杆作用,变"锦上添花"式的科技投入方式为"雪中送炭"式的竞争性分配机制。

(三) 建立与国际技术市场对接的科技创新管理制度

培育与国际创新资源连接，促进国内外创新资源高效集聚和自由流动的市场机制，健全协调与规范国内外创新活动组织、创新成果交易转化的法律制度，建立激励创新的分配机制。

(四) 集中力量解决科技资源分散、效率低、科技创新成果产业化水平不高问题

要建立与国际规则接轨，促进国内外创新资源要素高效集聚和自由流动的市场机制。要促进知识产权市场化，通过建立全链条保护和服务机制，推动知识（成果）转化为专利（知识产权），专利转化为股份，股份转化为收益，充分释放知识和创新带动经济发展的活力。特别是在知识产权的有效转化方面，要强化制度性保障。打通专利产品化和产业化的渠道，创新专利证券化途径，确保对专利所有者的股权激励与有价证券持有得到制度保障，充分发挥知识产权创新带动经济的作用。解决科技成果的归属问题，改变高校院所没有成为技术转移和交易主角的现状，使之具有科研成果。

(五) 认真研究科技进步对生产关系和经济领域改革的推动，破除体制性障碍

电子商务、网购等互联网经济新业态，推动了商业形态的变革和支付形式变化，需要各级政府快速适应这种互联网技术带来的变化，研究制定新的规章制度，打击造假并保护知识产权。要善于运用互联网思维，适应科技企业发展规律和财务运行特点，在政府思维模式、管理模式、管理手段等方面进行根本性转变。对于北京市事权范围内的制度调整，要主动进行改革，加强各相关部门的联动，确保政策简洁实用、有效实施；对于中央事权范围的制度，要从全国科技创新中心建设是国家战略的角度，积极提出制度构想和

建议，争取中央单位支持，在北京进行先行先试。

三、关于加快向"高精尖"产业结构转型升级

要主动把握和积极适应经济新常态，坚持首都城市战略定位，抓住非首都功能疏解的历史机遇，重新布局和部署首都的产业结构。紧密围绕产业发展的高端化、服务化、集聚化、低碳化等要求，着力以技术创新引领产业转型升级。率先形成"北京创造"、"北京服务"的城市品牌，全面转向创新驱动发展，形成"高精尖"产业聚集，实现经济转型升级与绿色低碳发展的双赢。调整首都产业结构要实现三大转变。

（一）进一步破除大而全的产业发展思路，走"高精尖"产业发展之路

积极调整疏解非首都功能，腾退"高污染、高能耗、高排放"产业，实现"瘦身健体"，形成高端引领、高附加值、创新驱动、绿色低碳的产业发展模式。

（二）进一步融合创新链与产业链，走协同创新发展之路

将基础研究、应用研究、试验与发展、产品（服务）生产乃至营销等创新环节联结起来，进入高创新率、高附加值和高进入壁垒的核心技术创造与生产。发展原创性新兴产业，发展互联网＋经济模式，充分促进科技成果产业化和新技术新产品的推广应用。

（三）进一步摸清家底，促进原有产业全面转型升级

瞄准世界高水平目标，从跟跑和并跑向领跑迈进。发布北京市高精尖产

业行动计划和高精尖产品目录,实施好"三四五八"战略,做好相关政策落实的配套工作,推动传统产业特别是生产性服务业的整体转型升级,大力发展科技服务业特别是科技金融业。不断催生新技术、新产品、新模式、新业态。重点打造生产性服务业、下一代信息技术产业、生物医药产业、新材料与新能源产业、高端制造业、环保产业与现代八大创新产业集群。

四、关于加强京津冀协同创新

(一) 推进中关村国家自主创新示范区与天津自贸区协同创新发展

以贯彻《京津冀协同发展规划纲要》为契机,有效推动"自由贸易"与"自主创新"的"双自联动",形成"1+1>2"的叠加效应。借鉴天津自贸区政策,支持在中关村设立适应科技企业特点和需求的保税仓库;借鉴天津自贸区金融改革的各类成果,降低科技创新成本,为科技创新提供便利;推动中关村、天津自贸区、滨海新区政策整合,促进京津冀范围内创新一体化。通过试点促进京津冀三地仪器设备、信息数据、研发队伍、专家资源、创新及贸易政策、研发及技术转移组织、园区三地共建机制等开放共享,努力建设国际一流的区域性创新平台和国际化平台,联合打造跨京津冀科技创新园区链。

(二) 联合共建一批协同创新示范基地

以各类科技园区为载体,推动京津冀联合共建一批集教育、科研、技术转移转化与孵化等功能于一体的科技协同创新示范基地,促进北京创新资源有重点地向天津、河北转移,强化科技创新的分工与协作,促进三地产业链与创新链的有效融合。

(三) 加强科技成果转化服务体系建设

围绕京津冀三地科技创新的战略定位，着力打造京津冀科技成果数据库，实行科技报告和科技成果登记制度，筛选一批技术先进、前景良好、战略性、前沿性强的科技成果在三地进行应用示范和推广。联合建立健全三地技术市场，完善信息共享、标准统一的技术交易服务体系；组建一批三地技术交易联盟等联合技术转移服务机构；探索和培育技术交易跨京津冀乃至跨国的新业态；支持在京高校院所在京津冀地区建立技术转移转化平台；提高现有技术交易和科技机构的专业服务能力，积极推动技术流动和成果转化顺畅。

五、关于加强中关村国家自主创新示范区引领与辐射作用

(一) 建设中关村科技创新特区，率先在国际发挥创新影响力

设立涵盖"一区十六园"的"中关村科技创新特区"，或将海淀、昌平、石景山三个分园（或行政区）合并设立"中关村科技创新特区"。主动争取国家科技创新综合配套改革在中关村进行试点，探索推动产品环评、建筑容积率核定、人才引进制度以及税务、财政、政府采购等诸多方面的改革创新。

(二) 用足先行先试政策并扩大到全市范围

进一步发挥"1+6"、"新4条"、"京校10条"、"京科9条"以及市级层面和中关村管委会各项促进创新创业政策的效能，采取多种措施将政策用实、用透、用足。将中关村示范区先行先试政策进一步扩大到全市层面，最大限度地释放改革红利，引导企业注重标准、专利、品牌等发展战略，占据

产业链发展前端，以信息化带动传统产业升级，从而以点带面推动全市整体发展。

（三）率先建成国家创新平台

持续优化创新创业生态系统，完成国家技术创新示范区建设等示范工程及一批国家级工程。实施"创业中国·中关村引领工程"，促进创新创业要素充分发挥积极性，培育各类创新主体。多点培育建设创新型孵化器，形成一批线上线下结合、功能多样、特色鲜明的"众创空间"，加快"一城三街"建设，打造功能更加齐备的创业社区。

六、关于建立创新型人才聚集高地

坚持以人为本，将现有的人才政策梳理、集成和法制化，为各类人才创造更加便利、舒适的工作生活环境，使创新创业人才在首都安居乐业。

（一）建立京津冀一体化的人才发展与流动机制

在疏解首都人口的同时加大科技人才引进力度，使人才留得住，用得好。适当照顾进京户口指标，并积极探索创新人才在京津冀地区流动和发展的试点政策。

（二）注重引进海外学成归来的杰出人才及国际人才

对符合条件的高端海外人才，在户籍、出入境、医疗、保险、住房、配偶安置、子女入学等方面给予政策支持。汇总针对海外人才归国创新创业指南，使其应用更加便捷。注意吸引高端国际人才，争取放宽技术型人才取得外国人永久居留证的条件。

（三）完善对创新创业人才的激励机制

允许国有企业与发明人事先约定科技成果分配方式和数额，提高科研经费中用于人力资源的经费比例，对重要科技人员和管理人员实施股权和期权激励。逐步从主要通过政府的特殊优惠政策吸引转变为依靠产业和文化吸引人才。

（四）在注重科技人才的同时重视管理人才引进与使用

管理人才是科技创新的组织者、指挥者与决策者，要选拔有思想、有能力、懂科技、能创新和全力支持创新的管理人才，用在关键岗位上。用招聘、引进、竞争等多种办法发现人才、使用人才。建立管理智库，用互联网+的思维和方法融天下有识之士，建设创新管理人才高地。

七、关于进一步发挥中央在京创新资源的作用

北京目前拥有数量众多的各类科技资源中，中央科技资源占据绝对优势。对于北京而言，国家创新系统与地方创新系统的互动和资源整合具有尤为重要的全局性意义。要更加主动地加强与中央在京资源的沟通与对接服务，加强国家级创新资源的整合利用。

（一）打破条块分割的壁垒，加强资源整合与精细化服务

以创新产业联盟等形式进行新的科研力量重组，以产学研一体化联合建立工研院等形式承接大型项目，进行重点研发活动。细化对在京资源的服务，从粗放的土地、资金支持进入到全面服务、精细服务。打破条块分割的壁垒，强化对新型研究组织的支持和服务。

(二) 进一步打通与在京资源对接与整合的渠道

要转变思想观念,把中央在京创新资源和市属资源统一规划,统筹使用,在创新链、产业链、价值链上形成合力,更好地发挥中央在京创新资源的作用。首先,利用区域科技计划整合地方与中央科技资源,制订若干大型研发计划,以市场化和竞争式的方式吸引中央资源参加。其次,与中央有关部门共建共享科技基础条件设施和平台,鼓励以企业为主导、以企业为网络中心建立各种类型的研究开发联盟。最后,通过"科技投入指南",促进多个政府部门的配合和衔接,以及不同机构之间的合作研究、联合资助。

(三) 有针对性地用其所长

选择适合在北京落地的中央单位科技项目和知识产权成果,大力促进就地转化,并为转化创造条件。这样做不仅有利于取得科技成果,还有利于强化中央与地方科技合作关系,获得制度层面的成效。

(四) 发挥国家级创新平台作用

充分发挥区域拥有的国家重点实验室、国家工程技术研究中心及大科学中心的作用。主动对接服务,主动利用这些资源承接更前沿和战略性的研发任务。

八、关于真正落实企业的创新主体地位

(一) 进一步鼓励企业加大研发投入

多种措施强化企业研发费用加计扣除政策的落实,研究建立全方位技术创新投资保证体系和技术创新投资风险与担保机制,以支持企业开展技术创新活动。深化分配制度改革，进一步贯彻落实技术要素参与收益分配的政策。加强对国有大型企业技术研发的督导与服务。支持有条件的企业并购行业内创新型中小企业，或独立建立企业技术中心；支持企业整合利用国内外创新资源，探索建立具有国际一流水平的高端实验室和创新中心，并对此类机构给予资助，提高企业自主创新能力。

（二）鼓励企业开展有效的产学研用合作，加快创新成果转化应用

充分利用北京高校、科研院所资源丰富的优势，探索技术创新模式，通过企业和科研机构、高等院校结成技术创新战略联盟，解决企业研发机构人员缺乏、研发能力不强的问题。鼓励具有专利技术的企业参与行业标准制订，对企业参与行业技术标准制定发生的费用，给予一定比例的资助。

（三）发挥财政资金引导作用

通过扩大采购领域、提高经费预算、规范优秀企业创新产品纳入目录的制度、帮助创新产品打入市场等多种方式加大本地自主创新产品政府采购力度，发展自主品牌，扶持一批自主创新成果产业化。搭建科技成果转化的公共信息平台，引导企业及时公布已有成果，公布企业对外部技术和产品的需求，为科技成果转化提供良好平台。

九、关于建立与创新体系相适应的多层次金融市场

建立多层次资本市场，促进资本与科技紧密结合，建立覆盖创新成果从种子期、初创期到成长期、成熟期直至产业化全过程的资金链。

（一）加强对资本市场的引导

在种子期和初创期阶段，加大对天使投资及其他风险投资的支持和引导，

探索以事业单位的形式成立专门创业服务中心和科技金融中心作为投资主体，利用科技发展专项资金设立天使投资引导基金，吸引社会资本参与天使投资，鼓励科研院所、高校、区县及产业园区利用自有资金与社会资本合作设立天使基金。设立创业种子基金，以公益参股和无息信用贷款方式，对创客创业给予资金支持。在成长期、成熟期阶段，创新国资创投管理机制，允许符合条件的国有创投企业建立跟投机制，出资参与和引导股权投资。鼓励建立股权转让及私募股权投资、众筹等融资渠道，以多层次金融服务吸引社会资金支持创新企业成长。

（二）推动科技创新企业上市

采取一定措施推动尚未盈利但具有一定规模的科技创新企业上市融资。进一步发挥三板和新三板市场的作用，打通各板之间的转板方式和渠道，拓展股权交易方式和金融支持。

（三）丰富股权融资产品和渠道

继续完善主板、中小企业板、创业板、三板、新三板等股权市场体系建设，建立四板场外市场、区域性股权市场。鼓励投资银行、民营银行和商业银行或其他金融机构更灵活地创新科技金融产品服务，加大对科技企业的信贷投放力度。建立各种形式的担保机制、股权融资（公众市场或私人股权等）和债权融资机制。

（四）规范发展债券市场

扩大债券市场规模，推进金融产品创新和多元化，加大资产证券化力度。完善融资机制，发展中小企业集合债券、私募债券等融资工具，拓宽企业融资渠道。债券管理部门加强协调配合，提高信息披露标准，落实监管责任。

【北京调研案例分析】

科技部专家通报会

2015年3月24日,市政协科技委召开"加快全国科技创新中心建设"调研动员会暨第一次情况通报会,邀请科技部所属中国科学技术发展战略研究院副院长武夷山、区域所所长刘冬梅、中国科学技术信息研究所战略研究中心副研究员杜红亮向委员们通报了全国科技创新发展情况;邀请市经济信息化委副主任樊健通报了北京市"十二五"专项规划完成情况,并围绕建设全国科技创新中心,就如何激发市场活力、服务实体经济、营造更加宽松的创新氛围等问题与委员们进行了互动交流。

来自科技部的3位专家结合全国区域创新态势分布、国际科技创新中心共性特征和国际创新型城市的指标体系三个不同的角度,对北京建设全国科技创新中心的优劣势进行了对比分析,并提出了建设性意见。据介绍,中共十八大以来,新一届政府明确提出了"一带一路"、"京津冀协同发展"、"长江经济带"等战略构想,充分体现了"以点带面,从线到片,逐步形成区域大合作"的经济带(区)构建思路,区域性的重大问题对区域协同创新提出迫切需求。从科技资源角度看,京津冀地区与长三角、珠三角地区相比,其最大的优势就在于拥有大量的中央和国际高端创新资源,而中关村国家自主创新示范区将成为我国最具特色和活力的创新中心,以及高新技术产业发展引领区、首都经济发展的强大引擎。为此建议,在京津冀协同发展的区域战略背景下,应以三地市间的科技创新协同发展为突破口,全面提升首都科技创新的原始创新能力,有效集聚和利用高端的创新资源,全力推进中关村示范区的创新建设,为宏观经济社会发展注入新的动力。

"十二五"期间,北京市主动调整疏解不符合首都城市战略定位的产业,组织实施北京奔驰产品升级等100余项重点技术改造项目,规模以上工业万元增加值能耗同比下降11%,提前完成"十二五"工业节能降耗目标;以科技创新为驱动力,加速传统产业转型升级,2014年规模以上工业税收增长11.4%,利润增长18.5%;构建"高、精、尖"产业体系,战略性新兴产增加值增长17.9%；推进京津冀协同发展，实现经济发展稳中有进、稳中提质。2015年，市经济信息化委将以破解"大城市病"为出发点和落脚点，以改革创新为动力，力争在产业调整疏解方面推出新举措，在构建"高、精、尖"产业体系方面迈出新步伐，在京津冀产业协同发展方面取得新成效，在两化融合、军民融合、信息基础设施城乡一体化发展等方面实现新提升，推动经济和信息化增效升级，实现"十二五"圆满收官。

市政协有关领导讲话指出，建设全国科技创新中心是一项系统化工程，科技委开展这项专题调研要从国家制定的区域经济发展战略的大局出发，摆正首都在全国这盘棋里的位置，深入基层倾听企业呼声，在广泛了解基本情况的基础上，从北京的实际情况出发，对一些具体问题进行分析研究，提出针对性的意见建议。政协要运用好话语权，充分发挥政协委员的平台作用，汇聚各界别委员及专家在正反两方面的意见，以问题为导向，以"倒逼"机制推进改革。政协委员建言献策要知无不言、言无不尽，真正做到言必真、策必实、行必正，做到于国有利、于民有计、于己有为，无愧政协委员的光荣称号。

领导还指出，建设全国科技创新中心是中央赋予北京的新定位，但并非表明只有北京能做"科技创新中心"，上海、深圳都制定了建设全球科技创新中心的规划目标，与世界很多发达城市相比，我们的创新指标还有一定差距，可以说竞争与机遇并存。科技委开展这项调研，首先，要明确科技创新中心的内涵与定位，北京的创新能力并不弱，但科技创新不能仅仅停留在专利上，创新成果不实现转化就难以形成持续推动经济发展的驱动力。其次，要分析和把握北京面临的机遇和挑战。国务院即将发布京津冀协同发展规划，我们要抓住疏解北京非首都功能的契机，抓住依靠创新驱动优化升级经济结构的机遇，认真思考北京未来的发展方向。最后，要积极响应李克强总理提出的"大众创业、万众创新"倡导，深入研究优化创新创业生态环境，建真言献实策。

市科委和中关村的通报会

市政协科技委召开"加快全国科技创新中心建设"调研第二次情况通报会（3月26日）邀请市科委副主任、中关村示范区管委会副主任分别向委员们通报了科技北京和中关村发展"十二五"专项规划完成情况，以及下一步工作思路和重点安排，并围绕加快全国科技创新中心建设与委员们进行交流讨论。

《北京市"十二五"时期科技北京发展建设规划》确定了18个方面40项重点任务，截至2014年底，规划提出的十大发展指标中，除了企业研发经费支出总额等3个指标尚未得到公开发表的统计数据，其他7个指标均提前完成了2015年的规划目标，总体工作进展情况良好，主要体现在：首都科技资源融合不断深化，一批重大科技成果不断涌现，累计325项成果获得国家科学技术奖励；战略性新兴产业成为首都经济持续健康发展的重要力量，2014年规模以上高技术制造业、现代制造业增加值分别增长11%和12.2%；科技支撑民生工程取得新进步，特别是交通管理、生态环境建设、食品安全和医疗健康领域科技保障不断加强；科技体制改革深入推进，创新创业服务体系优化完善，创新型人才队伍建设进一步加强，截至2014年底，累计有1103名人才入选中央"千人计划"，612名人才入选北京市"海聚工程"；科技北京辐射引领和国际化水平取得新提升，科技开放合作不断增强。针对加快全国科技创新中心建设面临的全球科技创新发展加速、其他省区市创新驱动发展态势迅猛、改革进入攻坚期和深水区、创新发展面临诸多深层次问题等四大挑战，下一步将重点推进以下工作：一是深化全面创新改革，完善创新生态系统；二是加强基础前沿领域研究，提高原始创新能力；三是加强技术创新和转化应用，支撑首都经济社会发展；四是加强示范引领和辐射带动作用，主动融入全球创新网络。

《北京市"十二五"时期中关村国家自主创新示范区发展建设规划》提出了6个方面12项主要指标，目前总体进展情况良好，主要指标完成情况超出预期。在经济总量方面，2014年实现总收入3.57万亿元，提前完成3万亿元规划目标，年均15%增长指标超出预期；在自主创新方面，发明专利申请量和授权量年均20%以上的增长指标超出预期；在高端产业和企业发展方面，重点培育"十百千工程"企业300家，培育创新能力强的科技型中小企业1000家的规划目标提前完成；在科技金融方面，企业每年获得创业投资金额不低于130亿元的规划目标，上市公司总数达到361家，提前实现规划目标；在产业集群方面，2014年南部高技术制造业和战略性新兴产业聚集区实现总收入8009.4亿元，北部研发服务和高技术产业聚集区实现总收入18411.6亿元。当前，中关村创新发展面临的主要挑战是：集聚全球人才、技术、资本等高端创新要素和引领全球科技创新与新兴产业发展的能力还不足；还存在不少体制机制障碍和政策束缚；在建设国家科技创新中心等国家战略中的示范引领作用还需进一步发挥。下一步将重点做好以下工作：一是坚持以全球视野，高标准谋划示范区"十三五"发展；二是当好改革创新"试验田"，率先建设国家创新平台；三是抢占科技创新制高点，引领高端产业发展方向；四是持续优化创新创业生态系统，率先形成"大众创业、万众创新"新局面；五是适应引领新常态，在首都动转方式调结构中发挥创新驱动作用；六是推动构建协同创新共同体，以协同创新引领京津冀协同发展。

委员们建议：一要立足于首都功能定位推进全国科技创新中心建设，积极争取中央的政策支持，发挥好首都资源优势；二要有国际化视野和开放的胸襟，注重吸收借鉴国外科技创新城市和上海、广东等地区的先进经验；三要进行系统化思考，把科技创新与京津冀协同发展、文化氛围营造等有机结合起来，从整体发展角度进行研究；四要深入了解企业的实际情况和意愿，倾听企业的呼声，确保相关政策措施能够真正落地。

为落实市政协领导批示，会议组织调研组成员集体学习了《中共中央国务院关于深化体制机制改革加快实施创新驱动发展战略的若干意见》。

北京碧水源科技股份有限公司

2015年3月31日，科技委"加快全国科技创新中心建设"第一调研组赴北京碧水源科技股份有限公司调研观看公司发展宣传片并参观膜技术产品展厅,听取公司科技创新和整体发展情况介绍,进行座谈交流。

北京碧水源科技股份有限公司成立于2001年,注册资本10亿元,净资产超过50亿元,在全国拥有近30家下属公司,2010年在深交所创业板挂牌上市,是国家首批高新技术企业、国家第三批创新型企业和首批中关村国家自主创新示范区创新型企业。公司业务领域涵盖水务全产业链,包括膜技术研发以及膜设备制造、城市污水和工业废水处理、固废污泥处理、自来水处理、海水淡化、水务工程建设、水务投融资,以及民用商用净水设备。坚持以技术创新为核心竞争力,研发出拥有完全自主知识产权的增强型微滤膜、超滤膜、超低压反渗透膜以及膜生物反应器技术,拥有200余项专利技术,先后获得国家科学技术进步奖二等奖、教育部科学技术进步奖一等奖等诸多荣誉,承担了国家"863"计划项目、国家水专项等国家重大项目课题。建有"博士后工作站"和"北京市企业技术中心",与清华大学合作建成"清华碧水源环境膜技术研发中心",并承建了国家环境保护膜生物反应器与污水资源化工程技术中心。目前,已完成数千项污水资源化工程,总规模近1000万吨/日,每年可为国家新增高品质再生水近40亿吨,参与太湖流域、南水北调丹江口水源保护地、北京奥运龙形水系工程以及国家大剧院水处理工程、高碑店再生水厂工程等国家水环境重点治理工程,并在新农村建设水环境治理中发挥着重要的作用。

委员们认为,碧水源科技股份有限公司持续推进科技创新,主动承担社会责任,为国家的水环境保护事业做出了积极贡献。结合企业创新发展中遇到的问题,委员们建议:一是政府部门要以更加开放的心态,打破市场壁垒和行业利益链条,营造公平竞争的市场环境,支持民营科技企业发展。二是要努力培育良好的创新生态系统,在住房保障、交通拥堵治理、人才引进等方面采取行之有效的措施,降低企业创新的社会成本。三是建立面向企业的技术创新培训和管理机构,为企业持续深化技术研发提供有针对性的支持。

小米科技有限责任公司

2015年4月2日,科技委"加快全国科技创新中心建设"第二调研组赴小米科技有限责任公司调研听取小米公司创业发展理念、创新商业模式以及未来发展规划的介绍,并围绕技术创新的主要模式、政策环境需求等问题进行座谈交流。

据介绍,小米公司是一家专注于移动互联网行业的创新型科技企业,自2010年4月在北京成立以来,抓住产业变革机遇,利用"软件+硬件+互联网服务"的创新优势,进行技术、商业模式和服务创新,制造高性价比、高体验度、高性能的智能终端设备,并通过以成本价进行销售的"硬件免费"方式,以软件、互联网服务盈利的模式支撑着公司快速发展,2014年销售额达到743亿元。小米公司正依托终端设备"技术、产品、服务"上的经验和优势,利用互联网和移动互联网逐步打造一个基于智能终端用户的生态体系,并不断加快国际化进程,进一步拓展国际市场。

委员们认为,小米公司用短短4年多的时间发展成为具有广泛影响的国内互联网企业,既得益于中关村示范区不断深化体制机制改革,培育了利于企业创新的人才、金融、技术等创新要素环境,更凸显了互联网思维给传统产业转型升级带来的机遇和挑战。委员们强调,技术创新是提高竞争力的核心,小米公司只有在自主创新方面取得新的突破,加强知识产权、发明专利的申请和保护,才能使自己的核心技术和优质产品走向全国、走向世界,真正成为我国互联网行业的领军企业。

市政协有关领导讲话指出,小米公司的成功在"互联网+"的时代具有深远的影响意义,企业是技术创新的主体,要推进创新型国家的建设,就必须培育出大量充满生机的创新企业。在首都建设全国科技创新中心的大背景下,政协委员要关注、研究小米现象,分析总结小米公司创新发展的成功经验,为其他企业创新提供有益借鉴。他强调,小米科技的"异军突起"离不开良好的创业环境,而政府在优化创业环境中扮演着重要角色。在全面深化改革中,要建立政府的权利清单、负面清单和责任清单,不断释放市场主体活力，使市场在资源配置中起决定性作用和更好发挥政府作用，为提升企业自主创新能力做出新贡献。

中关村科技园区石景山分园

4月8日，科技委"加快全国科技创新中心建设"第一调研组赴中关村科技园区石景山分园调研实地考察北京东土科技股份有限公司、北京航天测控技术有限公司、创业公社、石景山创新平台数字沙盘展厅，听取石景山分园管委会和三家企业发展情况介绍并座谈。

中关村科技园区石景山分园规划面积13.34平方公里，经历前期产业培育、快速聚集阶段，目前已经进入产业高端融合发展时期，重点发展高新技术、现代金融、文化创意及科技服务等新兴高端产业。在首都建设全国科技创新中心的大背景下，进一步统筹区科委、经信委、金融办、投资促进局等区属部门职能，以园区为主战场，形成了大科技、大园区的体制创新格局。不断优化科技金融服务体系和标准化服务体系，探索"试点基地＋中介联盟＋龙头企业＋信息平台"的四合一服务模式，着力优化创新发展环境。下一步，将结合"十三五"时期整体发展，争创首都科技成果转化应用强区，实施"创新创业石景山"启航工程，打造科技金融文化融合的高精尖产业结构。

委员们对石景山园区科技创新理念和管理机制给予肯定，同时就加快全国科技创新中心建设提出建议：一是坚持全市一盘棋，进一步创新政府工作方式，统筹政府部门职能，加强政策引导和市场培育，促进科技成果转化应用。二是加强对工业互联网发展的政策扶持，支持工业企业运用互联网技术提升发展质量，促进工业互联网技术落地，实现工业化、信息化融合发展。三是深入推进军民融合，一方面鼓励军用技术转化到民用领域，实现产业化、规模化发展；另一方面为企业创造与部队交流合作机会，使创新的领先技术在国防建设中发挥积极作用。

未来科技城

4月9日,市政协科技委"加快全国科技创新中心建设"第二调研组赴未来科技城调研参观考察了未来科技城展厅和央企项目、市政工程施工现场,实地了解国电新能源技术研究院入驻情况、综合管廊项目运行情况,并围绕搭建研发共享平台、建立国际一流科研社区,提速教育体系、医疗服务、商业娱乐等公共服务配套设施建设,优化投资结构、开放市场合作等问题,与未来科技城管委会及国电、华能两家入驻央企研究院负责同志进行了充分的交流讨论。

未来科技城是为了深入贯彻落实中央关于建设创新型国家的战略部署,加快引进海外高层次人才,加大科技创新力度,加速打造世界一流大型企业集团,由神华集团等中央企业集中建设的具有一流水准、引领我国应用科技发展方向、代表我国相关产业应用研究技术最高水平的人才创新创业基地。截至目前,15家入驻央企累计引进"千人计划"专家162人;认定19个市级重点实验室、工程技术研究中心;筛选培育了50个重点项目,提供2.1亿元的科技资金支持;累计获得有效专利1166项,央企研发创新成果保值、增值的良性环境进一步凸显。

委员们对未来科技城的市政基础设施和公共服务设施建设、央企项目入驻及央企人才引进和研发成果培育等工作取得的成绩给予肯定,就新常态下,未来科技城建设要紧紧围绕建设全国科技创新中心的新时期首都城市战略定位,推动人才发展体制机制改革和政策创新,打造更具国际竞争力的人才制度优势;拓宽央地科技合作与成果转化渠道,发挥平台共享优势,辐射带动区域经济发展和全国科技创新;建立多元化市场投资结构等提出建议。

中关村软件园

4月15日,科技委"加快全国科技创新中心建设"第一调研组赴中关村软件园调研实地考察软件园展厅沙盘及广联达软件股份有限公司,听取中关村软件公司和企业代表介绍发展情况并座谈。

中关村软件园位于海淀东北旺,面积 2.6 平方公里,是中关村国家自主创新示范区的新一代信息技术产业高端专业化园区。软件园发展按照"政府主导、市场化运作"的总体思路,向着区域辐射、创新聚集的方向迈进,率先发展软件与信息服务业,助力北京打造全国科技创新中心。坚持立足于自主创新推动园区发展,汇聚高端产业、总部企业,着力打造"高精尖"产业结构。引导园区企业构建互联网生态,逐步形成了云平台型、互联网服务型企业发展模式。积极参与京津冀协同发展,园区企业共在天津河北地区建立分公司及办事机构 22 家,加强广泛合作,促进一体化协同发展。

委员们对中关村软件园及园区内企业发展迅速并取得的显著成就给予肯定,同时提出建议:一是要利用好北京市大院大所多,科技类政策多的优势,要针对不同类型不同发展阶段的企业,加大政策的宣传推广。二是软件园作为人才聚集区,职住分离现象严重,在总体规划时应关注配套房和人才公寓的建设和建立班车制度,不但有助于留住人才也能降低企业用人成本,更可以缓解交通压力。三是在参与未来中关村软件城规划建设时,应优先选择更加具有创新活力的中小微企业,激发创新活力。

中关村顺义园

4 月 16 日市政协科技委"加快全国科技创新中心建设"第二调研组赴中关村顺义园调研听取园区总体发展情况介绍,实地考察了威乐(中国)水泵系统有限公司和东方斯泰克信息技术研究院(北京)有限公司,并就推进科技创新产业发展、引领现代制造业转型升级交流讨论。

中关村科技园区顺义园管理委员会 2014 年 8 月挂牌,主要承载顺义区三大经济板块中的"科技创新"功能,着力打造汽车(新能源汽车)和高端制造两大主导产业,培育新一代信息技术、新材料和新兴现代服务业三大新兴战略产业。2015 年,园区将借助与中关村示范区对接的战略契机,实施"摇篮计划"和"企业上市计划",整合创新资源、完善创新创业项目发展环境,吸引高标准推进优质产业项目入区，争取到2020年在高端制造和战略性新兴产业领域形成一批特色鲜明的产业集群，建成一批世界一流的研发基地，使园区成为顺义创新发展和转型升级的核心引擎。

委员们认为，顺义园是中关村国家自主创新示范区的重要组成部分，是推动区域经济转型升级和提质增效的关键引擎，要根据自身产业基础和定位，主动对接北京市整体战略部署，借助中关村的品牌、政策、资金和经验，发挥现有产业发展空间和平台优势，全力推进科技创新和战略产业培育，努力打造成为顺义创新发展的策源地和发动机。

企业代表研讨会

5月28日，市政协科技委"加快全国科技创新中心建设"调研组召开企业代表研讨会邀请百度公司、北京碧水源科技股份有限公司、北京理工雷科电子信息技术有限公司和北京芳晟投资管理中心等企业代表，围绕"强化企业创新主体地位，加快全国科技创新中心建设"问题进行交流研讨，提出意见建议。

与会企业代表从企业创新发展角度对建设全国科技创新中心提出了意见建议，认为企业在发展壮大过程中面临的突出问题主要包括高层次海外人才引进难、创新型人力资源管理成本高、行业垄断程度高、市场竞争不充分、优惠政策落地难、政府资金自持力度有限等。为此建议：一是建立与国际惯例接轨的人才流动机制，提升宜业宜居的城市环境；二是深化科技投入和创新资源配置改革，建立发达的科技创新服务业和多层次资本市场，鼓励保险企业建立创新保险机制；三是制定产业发展配套实施计划，改变以重大项目牵引的政府投资模式；四是打破行业垄断、市场分割，发挥市场配置资源的决定性作用，塑造鼓励创新的公平竞争环境；五是进一步发展创新服务的中介机构，为草根企业争取政策优惠提供智力支持。

市政协有关领导讲话指出，北京建设全国科技创新中心，要在京津冀协同发展的大背景下统筹谋划，要与调整疏解首都功能的重点工作结合起来，科技委要认真梳理调研中发现的制约科技创新的体制机制问题，以案例为依据，深刻分析问题的症结所在，提出有见解、有特色、切实可行的建议。

【外省市调研启示】

赴广州、深圳和上海市考察全国科技创新中心建设的调研报告

2015年4月,市政协科技委"加快全国科技创新中心建设"课题组一行10人在科技委主任带领下赴广州、深圳及上海市开展调研。其间,听取了广州欢聚时代信息科技有限公司、广州创新谷公司、深圳清华研究院、中科院深圳先进技术研究院、上海产业技术研究院、辉旭微粉技术(上海)有限公司有关情况介绍,与广州市天河区科技和信息化局、深圳市科创委、上海市科委、张江高新技术开发区管委会进行座谈交流,并参观了威创视讯科技股份有限公司、中科院广州生物医药与健康研究院、中科院深圳先进技术研究院创客学院、上海贝尔公司、碧云社区、上海通用汽车有限公司、上海同步辐射光源中心。调研整理如下:

一、基本情况

(一)广东省

广东省全面深化科技体制改革,坚持一手抓科技业务管理"阳光再造行动",一手抓创新驱动发展,推动自主创新工作实现新突破。2014年底,广东全年R&D经费支出达1620亿元,占GDP比重提高至2.4%,高新技术产品产值达5.18万亿元,同比增长15%。

(二)广州市

2014年,广州市按照中央部署加快落实创新驱动发展战略,全力建设创新型城市。在科技部的关心和指导下,按照推动科技与产业、平台、金融、知识产权、人才、民生、国际合作相结合的总体思路,以强化企业创新主体地位为导向,加大科技改革力度。实施《广州市科技创新促进条例》,创建校地协同创新联盟,创新机制日趋完善。全市专利申请量达39751件,其中

发明专利12156件，增长23.8%。

（三）深圳市

深圳市科技工作瞄准"三个定位、两个率先"的总目标，以"深圳质量"为标杆，大力实施创新驱动发展战略。2014年，深圳全社会研发投入占GDP比重达到4.02%；高新技术产业增加值约5000多亿元，同比增长11%；战略性新兴产业总规模接近1.9万亿元，占GDP比重提高到35%；PCT国际专利申请量达到1.16万件，增长15%，占全国总量的48.9%，连续11年稳居全国首位。

（四）上海市

上海是全国最大的经济中心、全国金融中心，技术创新资本具有独特优势。2014年，上海市将建设成为具有全球影响力的创新中心作为全市工作的重中之重，举全市之力营造科技创新中心建设的良好氛围。2014年，上海市用于研究与试验发展（R&D）经费支出831亿元，相当于上海市生产总值的比例为3.60%；全年受理专利申请81664件，全年专利授权量为50488件。

二、三个城市科技创新建设的经验总结

（一）加强顶层设计，为创新驱动发展保驾护航

1. 加强实施创新驱动发展战略顶层设计，高度重视创新中心建设

上海将"大力实施创新驱动发展战略，加快建设具有全球影响力的科技创新中心"作为2015年的一号课题，成立科技创新中心领导小组，市委书记、市长亲自抓。坚持问题导向，把握关键环节，部署聚焦发展目标、体制机制改革、创新人才发展、创新创业软环境建设、国家科学中心和重大科技创新前沿布局等5个专题。创业方面，上海市发布《"创业浦江"行动计划（2015~2020年）》，把打造全球创客最佳实践城市的"全城创客"行动列为首个重点，以国家技术转移东部中心落沪为契机（南部中心在深圳，北部中心在北京），探索设立"浦江技术银行"。再比如，广州市始终高度重视创新驱动发展的顶层设计和总体布局，把分散在各部门、各行业的扶持政策进行统筹，建立金融科技扶持政策体系。整合金融、科技、经信、财政、税收、环保等部门的力量资源，加强部门协作，形成工作合力。

高度重视科技金融工作。上海常务副市长屠光绍亲自抓科技金融,开展包括制定纲领性的指导文件、搭建两类平台、拓展银行贷款、各类股权融资、股票债券融资三条渠道、出台科技中小企业信用风险补偿及奖励政策分担银行坏账损失、推动浦发硅谷银行和传统商业银行的科技特色支行及新型金融机构等发展工作。此外,上海市成立了"中国科技金融天使联盟",联盟工作落脚点是发展科技金融,其愿景之一是打造出属于中国的硅谷银行。

2. 深刻把握科技创新中心建设内涵,针对发展瓶颈,找准切入点

明确科技创新中心内涵,服务国家发展战略。上海市提出了科技创新中心的3个内涵:一是对标具有全球影响力;二是聚焦科技创新;三是体现出中心城市的优势和功能。强调上海必须站在国家发展全局的高度,谋划科技创新中心建设,更好地服务国家战略。

建设创新中心,应把切入点放在问题查找上,以便有针对性地提出解决办法。比如,上海提出科技创新的"五大瓶颈":一是开放力度和开放有效度不足;二是政府与市场定位不清,行政审批烦琐;三是高端人才不足和发挥作用不够;四是知识产权保护和转化乏力;五是企业创新动力能力不足。明确打好"众创牌"、"国际牌"和"互联网+"三张牌。通过积极谋划布局承担战略任务的"四梁八柱",对全市科技创新资源的系统梳理,明确承担战略任务的不同主体。上海市提出关键是要解决体制机制问题,基础是营造良好的创新生态环境,核心是集聚和用好各类人才,抓手是重大举措创新。深圳依据自身科研机构、高等院校匮乏的困境,积极与国内外科研院所和高等学校合作,通过合建科研院所、高校分支机构等开展合作办学、弥补科研资源不足的劣势。

(二)建设更有效率的科技成果转化平台

1. 积极搭建开放创新的成果转化功能平台

致力于推动共性技术的研发,科技成果的转化和商业模式的创新。如深圳以"全面深化改革"为工作主线,提出"三化一平台"概念,即市场化、法治化、国际化和前海战略平台。市场化方面,深圳市加快形成企业自主经营、公平竞争,消费者自由选择、自主消费,商品和要素自由流动、平等交换的现代市场体系;放手把创新的选择权、话语权交给市场、交给企业,探索法治型的市场经济,构建良好的制度、社会和文化氛围。法治化方面,围

绕建设"一流法治城市"的战略目标，深圳部署了三个阶段、23 项专项行动，出台了"1+6"系列实施方案；利用特区立法权和较大市立法权优势，深圳共制定了 200 多部地方性法规和 250 多项政府规章，成为全国地方立法最多的城市。国际化方面，深圳坚持以开放促改革，以国际化推动对外开放升级，以世界先进城市为标杆，以更高水平开放倒逼体制改革深化，带动发展方式、治理体系、制度规则、文化观念等方面的深刻变革。平台建设方面，深圳将前海作为全面深化改革的战略平台，率先营造法制化国际化营商环境。借鉴香港审批机构经验，前海打造规范的行政审批一站式服务体系；参照香港地区、新加坡做法设立法定机构前海管理局。深圳国际仲裁院，以粤港澳合作共建为基础，推动中国商事仲裁的国际化，被境外工商界和法律界誉为"深圳一小步、中国一大步"。

2. 加强重大创新平台载体建设，支撑创新驱动发展战略深入实施

如广东省通过推进高新区、专业镇等创新载体建设，推动省级以上高新区加快管理体制机制改革，支持河源、清远、湛江等省级高新区加快升格国家级高新区。深入实施省部院产学研"一校一镇"、"一院（所）一镇"科技特派团行动计划，深入开展"重点示范专业镇"行动，以高新技术和新兴业态改造提升传统产业。探索实行珠三角与粤东西北地区高新区、专业镇对口帮扶和联动发展机制。

（三）聚集科技资源优势，打造国家大科学中心

发挥基础研究优势，打造国家大科学中心。如上海以大科学中心为主体，打造国家科学中心，侧重重大基础研究设施和项目的集聚，重点聚焦科研本身。通过集中建设大型科研基础设施，降低创新成本，提高创新效率。目前已建成的中科院上海同步辐射光源和国家化合物样品库是国家科学中心的平台之一。以"上海光源"为支点的国家级大科学中心，既可以服务全国各地 10 多个领域的基础研究和企业应用研究用户，又能近水楼台"溢出"至张江核心区，通过探索协同创新的新模式和新机制，产生更多具有全球影响力的科技创新成果。又如珠三角大科学工程已成为创新发展的"新洼地"。中国（东莞）散裂中子源、中微子实验室（二期）等大科学工程进展顺利，依托中国（广州）超算中心启动建设"国家大数据科学研究中心"，推动"急速器驱动嬗变系统研究装置"、"强流重离子加速装置"等国家重大科技基础设

施落户惠州，大科学工程及其应用机构逐步成为广州汇聚人才、技术、咨询、资金和培育发展新兴产业的"新洼地"。

（四）打好自贸区和创新示范区两张牌，以自贸区促创新获叠加效应

充分发挥张江国家自主创新示范区和上海自由贸易试验区的优势，推动"自由贸易"与"自主创新"的"双自联动"，形成"1+1>2"的叠加效应。上海借鉴自贸区金融改革的成果，利用贸易便利化的各种政策和办法，降低科技创新成本，为科技创新提供便利；在此基础上，进一步扩大开放、完善监管，营造更宽松自由的投资环境，充分激发社会创新的活力，吸引更多研发中心、企业总部落户，使国际科技创新特区成为上海乃至全国实施创新驱动发展战略、全面深化改革开放的引领区。

（五）积极转变政府职能，为创新创业营造良好氛围

1. 转变政府职能，精简部门设置，以做好"服务"为根本宗旨

在转变政府职能、发挥市场作用上"减法"、"加法"、"乘法"一起做，切实解决好政府"缺位"、"错位"、"越位"等问题，努力实现政府、市场、社会各尽其责、良性互动。深圳市精简部门设置，将科委与高新园区管委会两套班子合并到同一行政主管部门中，以深圳市科技创新委员会作为科技行政主管部门，统筹协调科技发展和创新能力建设，加快政府职能的深刻变革，减少政府对资源的直接配置。

2. 政府做好监管工作，而不主要直接配置资源

全面深化科技管理制度改革，转变财政资金投入结构和方式，不断完善稳定性和竞争性相协调的投入机制，以案治本建立科技管理权力制衡监督机制，全力打造科技业务管理阳光政务平台。比如，广东省2014年全面加强了科技管理制度建设，出台《关于加强广东省省级财政科研项目和资金管理的实施意见》、《广东省省级科技计划项目理想工作规程（试行）》等省级财政科研项目和重要项目管理制度，在项目审批、资金管理、信用管理、监督检查、购买服务、内部审计、绩效评价、内部管理等方面整理完善了一整套管理办法。

3. 营造宽松的创新环境

深圳市对科技项目实行项目专员负责制。由深圳市创新委的工作人员对立项项目进行跟踪负责，从而有效地保证了政府资金管理的规范化，也有利

于项目的科学推进。与此同时,深圳市通过立法的方式,营造宽容失败的创新环境。《深圳经济特区改革创新促进条例》为风险性项目的改革者"网开一面",规定改革创新工作未达到预期效果,但如果改革创新方案制定和实施程序符合有关规定,个人和所在单位没有牟取私利,也没有与其他单位或个人恶意串通的,可免于追究有关人员的责任。

(六)推进区域创新协作,区域发展迈上新台阶

1. 通过科技创新推进产业融合,区域间合作不断深入

深港合作是提升深港地区自主创新能力的重要"引擎"。2007年起,港深两地签署"深港创新圈"合作协议,统筹推进两地的互动合作,深港逐步加强创新人才、设备、项目信息资源等公共服务领域的交流,通过科技创新推进产业融合,是深港两地合作的关键领域和重点内容。在两地政府的共同推动下,累计投入3.5亿元联合资助科技合作项目,6所香港高校在深建立了产学研基地。"深港创新圈"现已成为整合两地科研资源、形成产业链、提升深港地区和珠三角区域自主创新能力的重要"引擎"。

2. 区域内部一体化逐步推进

广东省深莞惠三市签署共建区域创新体系合作协议,加强创新资源共享、成果转化、人才培养等方面合作。深莞惠三市将从发展战略、城市规划等10个方面进行对接,率先在珠三角地区实现经济一体化,打造成珠三角开放度最高、辐射力最强的经济合作区域,争当珠三角区域经济一体化的先行者。

(七)新型研发机构涌现,创新活力竞相迸发

1. "民办官助"科研体制形成了民间和政府的科研合力

"民办官助"作为新型研发机构最鲜明的体制特色,能够将民间科研资源和政府科技资源很好地整合起来,充分调动民间和政府的科研积极性,形成快速提升科技研发能力和促进科技发展的强大合力。"民办"体制最大限度地避免了各种体制性束缚,增强了研发主体的独立性和自主性。如深圳清华大学研究院,是深圳市政府和清华大学共建的以企业化方式运作的事业单位,双方各占50%股份,实行理事会领导下的院长负责制。研究院全面构建辐射海内外的科技创新孵化体系及产业投资平台,培育战略性新兴产业。深清院的成立和创新发展,拉开了"科技+产业+资本+教育(培训)"的"四位体"模式在深圳新型科技机构的发展序幕。

"官助"是新型研发机构体制特征的另一个体现。因为一是新型研发机构不具有盈利功能,但又有支撑和促进新兴科技产业发展作用;二是新型研发机构所从事的新兴源头创新研发,具有高投入和高风险的特点,社会上的营利性资金既不愿进入也难以进入。因此,新型研发机构在开办和运行之初,就势必需要政府的财政资金予以大力资助。例如,广东省和深圳市以无偿支持、平台建设、基础设施建设等方式,对华大基因、光启研究院等新型研发机构的创立、建设、启动和运行,给予根本性的支持和保障,初步奠定了深圳市前沿科技源头创新能力从无到有、不断增强的坚实基础,开创了以创新带动发展的新模式和新范例。

2. "三发"一体化研发模式有效克服科技与经济"两张皮"

新型研发机构能够将科学发现、技术发明和产业发展结合起来,开创了"三发"一体化的研发模式,实现了三者的"无缝对接",有效克服了科技与经济相脱离的"两张皮"问题,极大地增强了占领科技与产业发展制高点的能力。深圳市新型研发机构坚持"产业化的科研导向",充分激发研发主体的自主能动性,提高源头创新的效率。此外,新型研发机构定位于将具有产业前景的前沿科技探索与产业发展紧密结合起来,一方面关注知识链方面的应用研究、前沿研究和基础研究;另一方面也考虑经济效果的价值链定位,引领和面向市场、催生产业成果,包括衍生企业、孵化企业或服务于企业发展。此外,为了实现产业的培育和发展,创新型研发机构采用引入产业资本、风险资本等方式,重视对商业模式的探索,积极推进科技成果转化和产业化应用,以期顺利实现科技成果转化。

(八)充分发挥市场在资源配置中的决定性作用,推动企业成为创新主体

政府积极为企业创新营造良好氛围,做好创新服务工作。具体措施包括加快建立健全技术创新、知识产权、信息网络、电子商务、创业孵化、企业融资、人才培训等公共服务平台,为中小微企业提供全方位与全过程的创新服务,建立一批新型孵化器等。比如,广东省在产学研、重大科技专项等重大科技项目的带动下,以企业为主体,充分发挥市场的决定性作用,促使企业的技术创新主体地位不断提升。再比如,深圳企业的创新主体地位通过6个90%可以得到最好证明。由于深圳创新体系中院所和高校极度缺乏,市场主体的重任只能交给企业，政府需要为企业服好务，为企业的研发、转化等寻找各类合作伙伴，真正营造出"小政府、大市场"的良好发展氛围。

（九）培育鼓励创新的文化氛围，激发创新活力

1. 重视政策引导，宽容失败，强化知识产权意识

深圳市相继出台一系列鼓励创新的政策文件，为培育创新精神、弘扬创新文化、激发创新潜力发挥了积极作用。2006年，深圳率先出台了《深圳经济特区改革创新促进条例》，这个条例至今仍为人称道的一点就是"宽容失败"。此外，深圳还出台相关文件，对创业失败的人才给予基本生活保障，深圳连续6年发布《深圳市知识产权发展状况》白皮书，知识产权文化建设蓬勃开展。

2. 移民城市特质明显，创新创业热流涌动

深圳是全国最大的移民城市，市民有创业创新的冲动，率先崛起的创新型企业又为传播这种创新文化起到了示范带动作用。政府重视对创新文化的培育和引导，全市中小学校将科学和创新教育作为教育均衡发展的基本要求；各级科协等社会组织积极举办科普展览，建设科普基地，开展多种形式的设计创意大赛，广泛传播科学精神和创新意识。

编后语

2008年，政协北京市第十一届委员会顺应加快推进建设创新型国家战略实施和"科技北京"建设的趋势，设立了市政协科技委员会。科技委自成立以来，组织市政协委员围绕科技奥运、中关村发展、科技政策实施、全国科技创新中心建设、京津冀协同创新等问题持续进行调查研究，并与北京市科学技术研究院及其所属的北京决策咨询中心紧密合作，形成了丰富的调研成果。

本书收录了北京市政协科技委与北京市科研院联合撰写的15篇调研报告，这些报告均以建议或专报等形式送市政府及有关部门，有的被北京市委市政府领导批示后转有关部门落实，有的与主管部门进行对口协商，有的作为科研成果发表在一些刊物上，成为政协委员参政议政的重要实践。

在调研及撰写调研报告过程中，北京市政协领导给予了重要指导。各民主党派市委、市工商联积极参与调研，北京市科委、北京市知识产权局、北京市经信委、中关村科技园区管理委员会给予了大力支持。焦志忠、申建军、胡新生、陈昕、阮培颖、王立、郭德富、王海芸、朱伟、吴长林、于洪、王书华、黎凡、张钰凤、刘克会、徐丽萍等调研报告执笔人付出了辛苦努力。在此一并致以衷心感谢！

本书成书时间仓促，不当之处在所难免，希望广大读者积极给予批评指正！

丁辉　申建军
2016年元旦于北京